탈향과 귀향 사이에서

현대 중국의 사상과 이론 04

탈향과 귀향 사이에서
— 농민공 문제와 중국 사회

허쉐펑 지음 | 김도경 옮김

2017년 9월 29일 초판 1쇄 발행

펴낸이 한철희 | 펴낸곳 돌베개 | 등록 1979년 8월 25일 제406-2003-000018호
주소 (10881) 경기도 파주시 회동길 77-20 (문발동)
전화 (031) 955-5020 | 팩스 (031) 955-5050
홈페이지 www.dolbegae.co.kr | 전자우편 book@dolbegae.co.kr
블로그 imdol79.blog.me | 트위터 @Dolbegae79

주간 김수한
편집 김진구·오효순
표지디자인 장원석 | 본문디자인 이은정·이연경
마케팅 심찬식·고운성·조원형 | 제작·관리 윤국중·이수민
인쇄·제본 영신사

ⓒ 賀雪峰, 在脫鄕與歸鄕之間
ISBN 978-89-7199-822-9 (04910)
      978-89-7199-571-6 (세트)
이 도서의 국립중앙도서관 출판시도서목록(CIP)은 서지정보유통지원시스템(http://seoji.nl.go.kr)과
국가자료공동목록시스템(http://www.nl.go.kr/kolisent)에서 이용하실 수 있습니다.(CIP제어번호:
CIP2017022290)

책값은 뒤표지에 있습니다.

현대 중국의 사상과 이론 04

농민공 문제와 중국 사회

탈향과 귀향 사이에서

허쉐펑 지음 ⊙ 김도경 옮김

돌베개

중국의 발전과 현대화의 비밀

제가 최근에 쓴 몇 편의 글이 한국어로 번역·출판됩니다. 그 책에 서문을 남길 수 있어 매우 기쁩니다. 이 자리를 빌려 이 책이 출판되는 데 힘써준 김도경 교수와 그 외 한국의 여러 친구들에게 감사의 말씀 드립니다.

지난 1970년대 한국에서는 빠른 공업화와 농촌 공동화空洞化가 나타났습니다. 당시 한국 정부는 '새마을 운동'을 전개해 농촌에 나타났던 쇠퇴를 완화하고자 했습니다. 21세기 들어 중국은 농업세農業稅를 취소한 이후 '사회주의 신농촌 건설'의 전략을 제기한 바 있습니다. 이는 '새마을 운동'의 영향을 받은 것입니다. 당시 중국 정계 및 학계의 많은 사람들이 한국의 '새마을 운동' 경험을 배웠습니다.

한국과 달리 중국은 인구가 14억에 달하는 대형 국가입니다. 중국의 10여 개 각 성省의 인구는 한국의 전체 인구보다도 많습니다. 지난 1980년대 개혁개방 이후 중국은 빠른 경제 성장을 이루었고 많은 농촌 인구가 도시로 나가 일하기 시작하였습니다. 그리고 그에 따라 중국 농촌에 공동화 문제가 나타났습니다. 보기에 따라서는, 21세기 들어 중국이 제기한 신농촌 건설의 전략이 농촌에 나타난 그 공동화 문제를 해결하기 위한 것일 수 있습니다.

중국이 독특한 것은 농촌이 여전히 집체 소유제를 유지한다는 점이고, 그에 따라 농촌의 토지 자원이 집체에 속해 있다는 점입니다. 개혁개방 이후 중국 농촌은 경작지를 개별 농가에 나눠주었고, 그 토지 경영을 개별 농가에게 맡겼습니다. 개별 농가가 토지 청부 경영권을 쥐게 된 것입니다. 사람 수에 따라 그 토지 청부 경영권이 주어졌기 때문에, 중국 농가는 모두 비슷한 규모의 토지를 갖고 있습니다.

나아가 중국 농촌은 거주를 위한 거주지, 그리고 1가구 1주택의 원칙에 입각해 중국 농가에게 모두 주택부지를 나눠주었고, 중국 농가는 그 주택부지 위에 직접 자신의 집을 지었습니다.

대량의 농촌 노동력이 도시로 나가 일을 하기 시작하였지만, 중국 농민은 온 가족이 도시로 이주한 것이 결코 아니었습니다. 많은 경우 나이가 비교적 젊은 자녀들이 도시로 나가 일을 하였고, 나이가 비교적 많은 부모들은 농촌에 남아 경작에 힘쓰면서 농업소득을 유지했습니다. 이런 식으로 현재 중국 농촌에는 '세대별 분업에 기초한 반농반공半農半工'의 가계 모델이 형성되어 있습니다. 이 가계 모델은 거의 70퍼센트에 육박하는 중국 농민 가정에서 나타나고 있습니다.

'세대별 분업에 기초한 반농반공'의 가계 모델이 있었기 때문에, 농촌 가구는 농업소득을 그대로 유지한 채 도시에서 벌어들이는 소득을 더할 수 있었습니다. 농촌은 생활비용이 비교적 적게 들기 때문에 도시화 과정 속에서도 농촌 가구는 성공적으로 소득을 제고할 수 있었고 생활의 질을 높일 수 있었습니다. 그리고 농업활동이 여전히 유지되었기 때문에 도시 정착에 실패한 농민들이 고향 농촌으로 돌아갈 수 있었습니다.

중국 농민이 도시로 나가 일을 하게 될 때, 만약 좋은 기회를 붙잡아 높은 소득을 올리게 되면 당연히 도시 주택을 마련하고 인간다운 삶을 살게 됩니다. 그런데 자신의 소득으로 도시에서 인간다운 삶을 살 수 없게 된다면, 즉 도시 생활에서 실패했을 때 농촌이 그들의 퇴로가 됩니다. 농촌이라는 퇴로가 있기 때문에 중국 농민들은 도시화의 과정 속에서 더 많은 선택권과 능동성을 가질 수 있습니다.

1980년대 이후 중국은 매우 빠른 경제 성장을 이루었을 뿐 아니라 매우 높은 사회 안정을 유지했습니다. 그 원인 중의 하나가 바로 중국 농촌이 중국 현대화의 사회 안전판이자 노동력의 저수지로 작용했다는 데 있습니다. 중국 농민이 도시와 농촌 사이에서 자유롭게 선택할 수 있었기 때문에 중국은 일반적인 개발도상국가에서는 보기 힘든 안정을 이룰 수 있었습니다. 중국의 발전 경험에서 중요한 것은 중국이 특별히 사회주의 성격의 농촌 사회를 유지하고 있었다는 점입니다.

김도경 교수가 이 책을 위해 고른 글들은 중국 현대화의 비밀, 그리고 중국 농촌의 성격과 관련되어 있습니다.

이 글들을 통해 한국 독자들이 중국을 이해하는 데 도움이 되길 희망합니다.

2017년 8월 19일 저녁

허쒜펑

차 례

일러두기

1. 이 책은 허쉐펑의 글을 옮긴이가 선별·편집하여 번역한 것이다. 출처는 해당 글 말미에 명기했다.
2. 한국 독자들의 이해를 돕기 위하여 원문의 장·절 제목 일부를 수정하고 변경하였음을 밝혀둔다.
3. 페이지 하단에 저자의 주는 ●로, 옮긴이의 주는 숫자로 표시하여 실었다.
4. 본문에 쓰인 사진 도판은 원문에는 없으며, 한국어판에만 있다. 저작권자의 허가를 미처 구하지 못한 채 사용한 사진 도판의 경우, 추후 정보가 확인되면 적법한 절차를 밟을 것이다.

틈틈을 열어주는 사회

1

2008년 농민공 실업은 왜 '문제'가 아니었나

2008년 말 금융 위기가 발생했을 때, 중국에서는 대략 2,000만 명의 농민공이 일자리를 잃고 집으로 돌아갔다. 여기에 설 연휴를 맞아 귀향에 나섰던 농민공까지 생각하면 그 수는 1억 명을 헤아린다. 이렇게 엄청난 규모의 인구가 고향으로 돌아가는 현상을 어떻게 이해해야 할까? 일자리를 잃게 된 2,000만 명의 농민공은 향후 어떠한 미래를 맞이하게 될까? 2,000만 명에 달하는 실업자가 발생하면 세계 어느 국가든지 심각한 사회적·정치적 문제를 겪지 않을 수 없다. 그렇다면 금융 위기가 야기한 2,000만 명의 실업 사태는 중국에 어떤 결과를 낳았는가? 중국 사회는 어떻게 이 대규모 실업의 충격을 이겨낼 수 있었는가?

　2009년의 설은 결코 여느 때와 같은 평범한 명절이 아니었다. 정부 부처와 언론매체, 그리고 전문가들은 모두 고향으로 돌아가는 농민공을 예의주시했다. 만약 적절한 조치를 취하지 않으면 2,000만 명에 달하는 실업 농민공이 커다란 사회적·정치적 문제를 야기하리라는 것이 일반적인 시각이었다. 서구 매체는 2,000만 명에 달하는 실업 농민공으로 인해 중국 사회가 심각한 문제에 봉착할 것이라고 예상했다. 심지어 정치적 위기가 발생할 수도 있다고 보았다.

최근 20년 동안 중국에 대한 서구의 예상은 항상 빗나갔다. 이는 서구가 농촌이라고 하는 중국 사회의 무게중심을 제대로 이해하지 못하는 것과 관련된다. 윤리적 차원의 이야기가 다수를 점하면서, 중국 사회 역시 갈수록 중국 농촌을 제대로 이해하지 못하고 있다. 중국의 농촌을 모르면 중국을 제대로 이해할 수 없다. 국내와 국외에서 다양한 경제 위기가 발생했을 때 어찌할 바를 몰라 당황하기 쉬우며, 자칫 심각한 판단 착오와 잘못된 대처 방안이 나타날 수 있다.

중국의 농촌 인구는 고향에서 경작에 힘쓰는 7억 명의 농민과 도시에서 임금노동을 하는 2억 명의 농민공을 모두 포함한다.[1] 도시에서 임금노동을 하는 절대다수의 농민공은 결코 안정적인 직장과 소득원을 가진 이들이 아니다. 농촌이 전제되지 않는다면, 그들은 노동력의 재생산조차 안정적으로 이루기가 힘들다. 즉 도시에서 결혼하여 아이를 낳고 가정을 꾸리며 인간다운 생활을 할 수가 없는 것이다. 어쩌면 농민공은 도시에서 임금노동을 하더라도 농촌을 완전히 떠난 것이 아닐 수 있으며, 농촌을 완전히 떠나는 것 자체가 불가능

1 　중국국가통계국 자료에 따르면 2015년 현재 중국의 도시 인구는 7억 7,000만 명이고 농촌 인구는 6억 명이다. 보통 도시 인구는 6개월 이상 도시에 거주한 사람을 가리키기 때문에, 약 2억 7,000만 명으로 추산되는 농민공은 기본적으로 도시 인구에 속한다. 허쉐펑의 방식대로 계산한다면, 2015년 현재 중국의 농촌 인구는 대략 8억 7,000만 명이다.

설 연휴를 맞아 귀향길에 나선 광저우廣州의 농민공 행렬. 다큐멘터리 〈집으로 가는 기차〉의 한 장면으로, 이 글에서 논의되는 2000년대 후반 농민공의 삶이 영화에 잘 묘사되어 있다.

한 일일 수 있다. 그리고 완전히 농촌을 떠난 것이 아니기 때문에, 나이가 들어 도시 생활이 힘들어질 경우 언제든지 고향으로 돌아갈 수 있다. 2008년 말 금융 위기로 인해 2,000만 명의 농민공 실업이 발생했을 때, 그들은 고향으로 돌아가는 것을 선택했다. 그들에게는 돌아갈 집이 있었고, 그곳에서 생활을 이어갈 방편이 있었다.

중국의 9억 농민은 자유롭게 도시로 이주할 수도 있지만, 또한 자유롭게 고향 집으로 돌아갈 수도 있다. 이 때문에 중국의 농민은 공업화의 혜택을 누릴 수 있을 뿐 아니라 공업화가 불러온 부작용을 피할 수 있다. 중국 농민의 도시 이주와 회귀, 그리고 이를 가능하게 해주는 중국 특유의 도농都農 이원구조가 중국 농촌과 중국 사회를 이해하는 핵심이다. 중국 특유의 도농 이원구조를 이해할 때, 중국 사회의 무게중심인 농촌이 왜 안정적으로 유지될 수 있는지, 중국 농촌이 어째서 중국 현대화의 안전판이자 저수지로 기능할 수 있는지를 이해할 수 있다. 뿐만 아니라 중국이 어째서 그토록 다양한 위기 속에서도 비교적 효과적으로 대응할 수 있었는지, 세계화의 조류 속에서 어떻게 자신의 이익을 지킬 수 있었는지도 바로 이를 통해서 이해할 수 있다.

농민공 회귀의 논리

2008년 금융 위기가 발생했을 때, 농민공은 아무렇게나 고향으로 돌아갔던 것이 아니라 업종과 연령 등의 구조적인 영향 속에서 고향으로 돌아갔다. 그 양상을 좀 더 구체적으로 살펴보면, 2008년 금융 위기가 발생하자 서구 선진국의 소비능력은 저하되었고, 이로 인해 중국의 수출 주도 경제는 심각한 타격을 입었다. 많은 가공업체들이 급격한 주문 감소에 직면했고, 줄어든 수출 물량은 직장 폐쇄로 이어졌다. 생산라인의 노동력 수요가 줄어들자 공장은 대부분 인력을 줄이거나 혹은 노동시간을 줄였다. 농민공의 실업과 노동시간의 감소가 여기에서 비롯된 것이다. 2008년 금융 위기로 인해 발생한 농민공의 실업은 기본적으로 직장 폐쇄로 인한 실업이었으며, 공장 생산라인에서 근무하던 '일반 노동자'의 실업이었다.

생산라인의 노동은 연령이 매우 중요하다. 생산라인의 작업은 단조로운 노동의 반복이기 때문에 정확한 손놀림과 민첩함, 빠른 반응

세계 금융 위기의 영향 속에서 중국의 많은 제조업체들이 문을 닫았다. 완구 및 신발 제조 공장이 밀집되어 있는 광둥성廣東省의 둥관東莞도 예외가 아니었다.

속도 등이 절대적으로 요구된다. 특히 장시간 단순 작업에 몰두할 수 있는 집중력과 인내심이 필요하다. 그렇지 않으면 생산라인에서 불량 제품이 대량으로 발생되고 만다. 그런데 이러한 신체적 조건은 연령과 직접적으로 관련되어 있다. 젊은 사람들이 상대적으로 솜씨가 좋고 반응 속도도 빠르기 때문에 생산라인에서 일하기에 적합하다. 나이가 많아질수록 반응 속도는 떨어지며, 그에 따른 불량률 역시 높아지게 마련이다. 요컨대 공장의 생산라인은 연령을 중시한다. 어떤 생산라인의 경우에는 연령에 대한 요구가 매우 까다로워서 18~24세의 여성 직공만을 원하기도 한다. 바꿔 말하자면, 24세가 넘어서면 그 반응 속도가 떨어진다고 가정하는 것이다.

젊은 사람의 수는 한정적이기 때문에, 금융 위기가 발생하기 전에는 공장의 생산라인이 이 연령 기준을 엄격하게 유지하기가 힘들었다. 35~40세의 노동자도 얼마든지 생산라인에서 일할 수 있었던 것이다. 그런데 금융 위기로 인해 인력 감축의 필요성이 제기되자, 공장은 우선 나이 많은 농민공부터 정리하기 시작했다. 상대적으로 젊은 농민공은 설사 공장이 폐쇄되더라도 쉽게 새 직장을 찾을 수 있었다. 물론 일자리를 유지할 수 있었거나 혹은 새 일자리를 찾은 젊은 농민공조차 초과 근무 시간이 줄어드는 것은 피할 수 없었다. 그에 따른 소득의 감소 역시 감수해야 했다. 생산라인에서 우선적으로 정리된 농민공은 처음에는 육체노동과 고위험 업종으로 옮겨갔고, 이마저도 힘들어진 농민공은 하나둘 집으로 돌아가기 시작했다.

이 회귀가 이전과 다른 점은 다시 도시로 돌아갈 계획을 세우지 않았다는 것이다. 그들은 더 이상 도시에서 떠돌지 않기로 결심했다. 사실 나이가 비교적 많은 농민공은 금융 위기가 발생하기 훨씬 전부터 언젠가는 고향으로 돌아가리라 마음먹고 있었다. 그들은 현재 임금소득이 괜찮기에, 체력이 허락하고 고향 집 부모님이 일할 수 있는 한 2~3년 정도 바짝 일해서 2만 위안 정도 더 벌자는 생각이었다. 그런데 금융 위기가 발생하여 공장이 문을 닫게 되었고, 임금 하락으로 돈을 벌기가 어려워졌다. 당초 계획보다 더 빨리 고향 집으로 돌아가 자본가의 착취에서 벗어나기로 결심했다.

2008년 금융 위기로 인해 고향으로 돌아간 농민공들에게는 몇 가지 공통된 특징이 있다. 그들은 대부분 나이가 비교적 많았고, 가정

2009년 초 언론은 중국 농민공의 대규모 실업이 심각한 사회 문제로 발전할 것으로 예상했다. 당시 한국 언론의 보도에서도 그 양상이 잘 드러난다.

경제의 부담이 컸으며, 생산라인에서 오랫동안 일했던 사람들이다. 이들은 결코 갑작스레 고향으로 돌아가기로 마음먹은 것이 아니었다. 오래전부터 언젠가는 고향으로 돌아가겠다는 생각을 하고 있었다. 금융 위기가 일어나기 전부터 그들은 손놀림이 이전만 못하고 체력이 생산라인의 작업에 맞지 않다는 것을 알고 있었다. 몇 년 더 버틸 것인지, 아니면 지금 당장 돌아갈 것인지의 문제에 불과했다. 금융 위기로 인해 많은 농민공이 실업 상태에 빠졌지만, 이는 사실 집으로 돌아가겠다는 그들의 당초 계획을 몇 년 앞당겼을 뿐이었다.

그들은 얼마나 빨리 집으로 돌아가게 된 것일까? 간단한 계산을 통해 추측해볼 수 있다. 농민공의 노동 연령을 18~40세로 가정해보면, 23개의 연령층이 존재한다. 통계에 따르면, 현재 도시에서 일하는 농민공의 수는 대략 1억 6,000만 명(10년 전 수치. 공식 통계와도 차이가 있다—옮긴이)이다. 그렇다면 각 연령층에 700만 명의 농민공이 있다고 가정해볼 수 있다. 그리고 2,000만 명이면 대략 3개 연령층에 해당하는 수치다. 즉 만약 연령만 가지고 농민공을 해고한 것이었다면,* 금융 위기가 유발한 2,000만 명의 농민공 실업은 계획보다 농민공을 3년 일찍 귀가시킨 일에 불과하다. 본래 40세에 돌아가려 했던 농민공을 37세에 집으로 돌아가게끔 만든 것이다.

금융 위기로 인한 농민공의 대규모 실업이 고향 집으로 돌아가려던 당초의 계획을 단지 3년 앞당겼을 뿐이라면, 농민공의 실업 사태가 어째서 중국에서 큰 문제가 아닐 수 있었는지를 이해할 수 있다. 그리고 바로 이 지점에서 2008년의 농민공 회귀가 어째서 외국 매체의 비관적인 예측이나 중국 내 전문가의 우려와 다른 결과로 이어졌는지를 이해하게 된다.

농민공 출현의 논리

2008년 금융 위기는 농민공의 대규모 실업과 그들의 농촌 회귀를 초래했다. 그런데 이것이 중국에서 정치적 혹은 사회적 위기로 이어지

---

* 물론 이는 '만약'일 뿐이다. 연령을 유일한 요인이라고 할 수는 없으며, 그보다는 주요 요인이라고 하는 것이 적합할 것이다.

지 않았던 것은 농민공 스스로가 자신을 도시 주민으로 생각하지 않고 여전히 농촌 사회의 일원으로 생각했기 때문이다. 도시로 이주하는 것은 자유였지만, 그렇다고 해서 도시에서 번듯한 생활을 할 수 있는 것은 아니었다. 도시에서 일해 번 돈을 농촌에서 쓴다면, 어느 정도 생활을 유지할 수 있다. 그러나 도시에서 벌어 도시에서 써야 한다면, 그 돈은 얼마 안 가 바닥을 보일 것이 분명하다.

여기에서 두 가지 중요한 문제가 제기될 수 있다. 하나는 농민이 도시에서 일할 때 그들이 돌아갈 준비를 하는지 혹은 정말로 돌아가길 원하는지의 문제이고, 다른 하나는 농민의 소득이 어떻게 구성되는지 혹은 현재 중국 농가가 어떤 방식으로 노동력을 재생산하는지의 문제다.

먼저 첫 번째 문제에 대해 생각해보자. 필자의 조사에 따르면, 농민들의 도시 이주에는 두 가지 논리가 존재한다. 하나는 도시에서 일을 한 후 번듯한 모습으로 고향 농촌으로 돌아가는 것이고, 다른 하나는 도시에 완전히 정착하는 것이다. 전자의 논리에 입각한 농민공은 고향 농촌에서는 경제적 소득을 늘릴 수 있는 기회가 적다고 본다. 즉 도시에서의 임금소득을 소득 증대의 한 방편으로 삼는 것이다. 1인당 1무^2 남짓, 가구당 10무가 채 안 되는 토지에서 소득을 늘린다는 것은 결코 쉬운 일이 아니다. 게다가 그 정도 규모의 토지라면 많은 노동력이 필요하지도 않다. 따라서 농민들은 소득을 늘리기

2 　무畝는 중국에서 자주 사용되는 경작지의 단위다. 1무는 대략 666.67제곱미터(200평)다.

위해, 그리고 그 늘어난 소득으로 그럴듯한 집도 짓고 자녀의 결혼을 준비하기 위해 도시로 나가 임금노동을 한다. 그들에게 도시의 임금노동은 일종의 겸업 행위에 지나지 않는다.

이 논리에 기초한 농민들은 도시에서 돈을 벌어 고향으로 돌아가고자 한다. 농촌 고향에 집을 새로 짓고 사치품을 구매하며 번듯한 생활을 누리고자 한다. 타지에서의 생활이 아무리 고생스럽더라도 그들에게는 중요한 문제가 아닐 수 있다. 중요한 것은 그들이 도시에서 돈을 벌 수 있는지, 그리고 농촌에서 그 돈을 소비할 수 있는지, 나아가 그 소비를 통해 삶의 의미를 찾을 수 있는지 등이다. 따라서 이들 농민에게 삶의 의미는 여전히 농촌을 중심으로 형성된다. 그들이 참조하는 대상은 고향 마을의 친구들이지 도시 사람들이 아니다. 그들의 소속감은 고향 마을에 있고, 그 뿌리 역시 고향 마을에 있다. 그렇기에 그들의 삶에 정情과 의미, 근본이 존재하게 된다. 도시에서의 노동은 수단일 뿐, 돈을 벌어 집으로 돌아가는 것이 그들의 최종 목표다.

이러한 논리는 주로 1세대 농민공에게서 나타난다. 1세대 농민공은 많은 경우 결혼 이후의 경제적 어려움 때문에 도시로 가서 가계에 보탬이 되고자 했던 사람들이다. 그들은 고향 마을에서 이미 많은 시간을 보냈고, 따라서 고향 농촌을 중심으로 삶의 의미가 형성되어 있다. 이 1세대 농민공은 아내가 고향에 남아 농사를 짓고 남편이 도시로 나가 일하는 경우가 많다. 남편이 도시에서 돈을 버는 목적 역시 당연히 고향 농촌 살림에 보탬을 주기 위해서다.

중국 봉제공장의 생산라인. 이 사진은 지난 2015년 광둥 미술관이 개최한 제1회 아시아 격년전隔年展 출품작이다. 작품 제목은 〈세계 공장〉.

1세대 농민공은 동향 출신의 중개업자나 작업반장을 따라 건축업에 종사하는 경우가 많았다. 그러나 이후 많은 농민공들은 연해지역의 제조업 생산라인에서 일하게 되었다. 공장에서 일하게 된 농민공은 이제 육체노동이 아니라 일정한 기술이나 정교한 손놀림이 필요했다. 생산라인에서의 일은 비록 강도는 떨어지지만 지구력과 정교함 등의 새로운 신체적 조건이 요구된다. 이는 젊은 사람들의 일로서, 고등학교 학력의 미혼 청년들에게 가장 적합한 노동이라고 할 수 있다. 이제 막 중학교를 마치고 도시로 이주한 농촌 청년들은 진정으로 농촌 생활을 경험했다고 볼 수는 없으며, 고향 농촌에 특별한 의미를 부여하지도 않는다. 그들이 받았던 교육, 그리고 텔레비전에서 보았던 이미지들이 환상에 사로잡힌 그들을 끌어당겼다. 그들은 단조로운 농촌 생활에 염증을 느꼈고, 도시로 나가 바깥세상을 직접 보고 싶어했다. 바깥세상은 너무나 다채로웠다. 중학교 시절, 그들은 설을 맞아 고향으로 돌아온 젊은 농민공을 통해서 신기한 전자제품과 다양한 도시 이야기를 접할 수 있었다. 그 속에는 여가 시간에 이뤄지는 연애 이야기도 있었고, 문화적 차이에서 비롯되는 재미나는 에피소드도 있었다.

이러한 배경에서 농촌 젊은이들은 조금은 성급하다 싶을 정도로 서둘러 (심지어는 중학교도 마치지 않은 채) 도시로 떠나기 시작했다. 그렇다면 이들이 도시로 떠났던 것은 단순히 돈을 벌기 위해서가 아니라고 할 수 있다. 화려한 바깥세상을 경험하고 호기심을 충족시키려는 이유가 가장 크다. 설사 농업 수입이 도시의 임금 수입보다 많을지라도 고향 농촌에 남아 있으려 하지 않는다. 농촌을 떠난다는 것 자체가 이들 젊은 농민들에게는 중요한 일이다. 여기서 농민공이 출현하는 두 번째 논리를 발견할 수 있는데, 다시는 농촌으로 돌아오지 않겠다는 것이 이 논리의 핵심이다. 이른바 신세대 농민공에게서 이러한 논리를 쉽게 발견할 수 있다.

그런데 이상에서 살펴본 농민공 출현의 두 가지 논리를 단순히 농민공의 세대별 특징으로 구분할 수는 없다. 실제 상황은 이보다 훨씬 복잡한 경우가 많다. 예를 들어 허난河南 지방, 특히 안양安陽[3]이나

---

3 허난성 북부에 위치한 지급시地級市. 중국의 행정구역에서 지급地級은 두 번째로 높은 단계로서, 한국의 군郡에 해당한다. 다만 중국은 중심 도시가 그 주변의 소도시 및 농촌을 관할하는 형식을 취하기 때문에, '지급시'라는 명칭이 만들어지게 되었다. 즉 지급시로서 '안양시'가 가리키는 곳은 '안

카이펑開封[4]의 농민들은 보수적인 편이다. 여성의 경우 젊었을 때에는 도시로 나가 일하더라도 일단 결혼을 하면 외지로 나가 일하는 경우가 극히 드물다. 이들 지방에서 아내는 집에 남아 가사와 육아 및 경작을 담당하고, 남편은 도시로 나가 돈을 번다. 아내가 농촌에 남아 집을 지키고 남편이 도시로 나가 돈을 번다면, 이는 농촌을 떠난 것이 아니라 가계 소득을 늘려서 집을 짓고 더 나은 삶을 영위하기 위한 것이라고 보아야 한다. 따라서 도시로 나간 남편은 도시의 생활 비용을 최대한 줄이려 애쓴다. 도시는 다른 누군가의 세상일 뿐, 자신의 생활은 여전히 농촌과 미래에 있다. 도시의 젊은 농민공과 비교해보면 이것이 얼마나 다른 생활인지 알 수 있다. 젊은 농민공의 관심은 당장의 도시 생활에 있다. 이른바 월광족月光族[5]이라는 말이 이를 보여준다.

만약 도시에서 살기 위해서가 아니라 고향 집에 돈을 보내기 위한 것이라면, 이들 농민공에게 중요한 것은 소득이지 도시 생활이 아니다. 따라서 그들은 높은 소득을 향해 쉽게 이동한다. 건축 공사장이나 탄광처럼 강도 높은 육체노동이나 위험한 일도 마다하지 않는다. 고되고 힘든 업종일수록, 언젠가 집으로 돌아가겠다는 의지는 더욱 강해진다.

양이라는 대도시와 그 주변의 소도시 및 농촌 일대다.

4　허난성 중동부에 위치한 지급시.

5　매달 수입이 얼마이든 그 수입을 모두 소비해버리는 사람들을 가리킨다. 중국 사회에서는 주로 세대 간 차이를 설명할 때 이 용어를 자주 언급하는데, 절약 및 저축에 힘쓰는 기성세대에 비해 소비를 중시하는 젊은 세대의 특징이 드러난다.

그런데 어떤 농촌 지역에서는 내부 가치체계가 비교적 허약하여 마을 사람들이 보편적으로 도시로 나가고자 하는 경향을 보이기도 한다. 능력이 있다면 도시에 집을 사야 하고 높은 소득의 일자리를 찾아야 한다는 것이다. 농촌 내부의 경쟁은 여기서 그다지 중요한 문제가 아니다. 따라서 이들 지역의 농민들은 도시로 나가 돈을 벌더라도 고향에 새로 집을 짓는 경우가 거의 없다. 마을 주택 역시 대부분 낡은 상태로 남게 된다. 후베이湖北의 징먼荊門[6]이나 쓰촨四川의 청두成都[7]에서 그 예를 찾아볼 수 있다. 반면 내부 가치체계가 비교적 강한 농촌에서는 도시로 나가 돈을 버는 목적이 주로 고향 농촌에 새 집을 짓기 위함이다. 이들 지역의 농민들은 서로 경쟁적으로 높은 집을 짓곤 한다. 허난과 장시江西, 후베이의 어둥鄂東[8] 등이 대표적인 예다.

이외에도 남성에 비해 여성이 도시로 나가 살려는 경향이 비교적 강하다. 농촌에는 남초男超 현상이 비교적 뚜렷하기 때문에, 여성은 남성에게 지방 소도시의 주택을 결혼의 전제조건으로 제시하곤 한다. 설사 나이가 많아 더 이상 대도시나 연해지역에서 일을 하지 못하더라도 소도시에서 살지언정 농촌에서는 살지 않겠다는 뜻이다.

중국 농촌에서 일어난 대규모 농민공 현상은 대체로 2000년을 전

---

6 후베이성 동부에 위치한 지급시.
7 쓰촨성의 정부 소재지임과 동시에 행정구역상으로는 부성급副省級 도시이기도 하다. 성급 지방 정부의 소재지 10곳과 중앙 직속 계획도시 5곳이 부성급 도시로 지정되어 있다. 형식적으로는 성급 지방정부의 관할 아래 있지만(그래서 한 단계 아래의 등급인 것처럼 보이지만), 실제로는 인사·재정 등의 거의 모든 부분에 중앙이 직접 관여하고 있다.
8 후베이성 동쪽 지역을 가리킨다. 중국의 각 성省은 모두 약칭을 갖고 있는데, 후베이의 약칭이 바로 '어'鄂이다. 황강시黃岡市, 황스시黃石市, 어저우시鄂州市 3개 지급시가 여기에 속한다.

후하여 본격화되었다. 그 이전의 농민공은 주로 도시의 건축 현장에서 일하는 기혼 남성이었다. 2000년대 중국 제조업이 발전을 거듭하면서 농촌의 미혼 청년들이 공장의 생산라인에 투입되기 시작했다. 생산라인의 삶은 너무나 단조로웠기 때문에, 그들에게는 여가가 대단히 중요했다. 함께 거리를 노닐고 술을 마시며 유흥을 즐겼고, 그 속에서 연애와 결혼이 이뤄졌다. 처음부터 현대 문명과 도시의 생활 방식을 접하게 된 이들 젊은이들은 이제 더 이상 조상 대대로 살아왔던 고향 농촌으로 돌아가려 하지 않는다.

이상의 내용을 정리해보면, 농민공이 출현하게 되는 두 가지 서로 다른 논리는 대략 다음과 같은 요인에 의해 영향을 받는다고 할 수 있다. ①세대 차이. 1세대 농민공은 대체로 첫 번째 논리를 갖지만, 2세대 농민공은 대체로 두 번째 논리를 가진다. ②혼인 여부. 기혼 농민공은 대체로 첫 번째 논리를 갖지만, 미혼 농민공은 대체로 두 번째 논리를 가진다. ③도시 이주 전의 농촌 생활 여부, 특히 경작 경험의 여부. 농사를 경험한 적이 있으면 첫 번째 논리를 갖게 되고, 중학교를 졸업한 후 바로 도시로 이주한 경우에는 두 번째 논리를 갖게 된다. ④이주 양상. 부부 중 어느 한쪽이 도시로 이주한 경우에는 첫 번째 논리를 갖게 되며, 부부가 모두 도시로 이주했다면 두 번째 논리를 갖게 된다. ⑤성별. 미혼 여성이 미혼 남성보다 상대적으로 더 쉽게 두 번째 논리를 가진다. ⑥고향 농촌의 문화적 차이. 고향 농촌의 내적 가치체계가 비교적 강하다면 그 마을 출신의 농민공은 상대적으로 첫 번째 논리를 갖기 쉽다. ⑦교육 수준. 나이가 적고 교육 수준이 높을수록 두 번째 논리를 갖게 된다. ⑧업종 차이. 공장의 생산라인과 높은 소득의 서비스 업종에서 일하는 농민공은 대체로 두 번째 논리를 가지며, 육체노동이나 고위험 업종에 종사하는 농민공은 대체로 첫 번째 논리를 가진다. ⑨소득 수준. 고소득의 농민공은 일반적으로 두 번째 논리를 갖지만, 저소득의 농민공은 일반적으로 첫 번째 논리를 가진다. ⑩자영업 여부. 도시나 지방 소도시에서 자영업에 종사하는 농민공은 대체로 두 번째 논리를 가진다.

이상은 농민공 출현의 두 가지 논리와 그 원인을 정리한 것이다. 그런데 그 결과에 주목하면 다음과 같아진다. 일반적으로 첫 번째 논리에 입각한 농민공은 자신이 번 돈을 고향 마을에서 소비하기 때문에 그 마을의 경제가 활기를 띠게 된다. 더 많은 주택이 새로 지어지고, 마을 사람들과의 정도 더욱 돈독해지며, 혼인과 장례 의식 역시 더욱 융성해진다. 농민공이 많은 자원을 가져오기 때문에 그 자원을 토대로 마을의 각종 전통과 가치가 함양되고, 그에 따라 농촌이 전체적으로 생기를 띠게 된다.

그러나 두 번째 논리의 결과는 사뭇 다르다. 두 번째 논리를 가진 농민공은 영원히 고향을 떠나는 것이 목표이기 때문에, 그들이 도시로 이주한다고 해서 고향 농촌에 자원이 유입되는 것은 아니다. 이들 농민공은 도시에서 청춘을 즐기는 경우가 많고(특히 도시로 이주한 지 얼마 안 되는 미혼 청년들은 연애를 즐긴다), 혹은 돈을 저축해 도시에 집을 장만하려는 경우도 있다(주로 읍내나 지방 소도시의 주택이 여기에 해당되는데, 대도시나 연해지역의 집은 처음부터 생각하지 않는다). 요컨대 이러한 농민공의

중국 신세대 농민공
의 고단한 일상 모습.

출현은 노동력의 유출일 뿐 아니라 자원의 유출이기도 하다. 노동력
과 자원의 유출만 있을 뿐, 새로운 자원의 유입은 없기 때문에, 농촌
은 빠르게 쇠퇴할 수밖에 없다. 전통과 가치 역시 사라져버리게 되
고, 인간관계도 점점 서먹해지며, 가치나 여론을 형성하는 일도 한층
드물어진다.

물론 현재 중국 농촌에서 이 두 가지 논리를 명확하게 구분할 수
있는 것은 아니다. 같은 지역이라 하더라도 첫 번째 논리와 두 번째
논리가 섞여 있기도 하고, 같은 농민공이라 하더라도 시간 및 환경에
따라 자신의 행동 논리를 바꾸기도 한다. 특히 동일 조건이어야 할
것은 연령과 노동력 재생산의 상황이다. 앞에서 열 가지 요인을 살펴
보았던 것처럼, 개인에 따라 연령의 차이와 결혼 여부의 차이, 가족
구성의 차이, 직종 전환의 차이, 성공 및 실패의 차이, 그리고 예상치
못한 다른 차이 등이 존재한다. 따라서 농민공 출현의 논리를 절대화
해서는 안 되고 변증적으로 바라볼 필요가 있다. 그들의 희망만 볼

것이 아니라 그들의 현실 조건을 함께 보아야 하는 것이다.

조금 빨리 시작된 '세대별 분업'의 교체

이제 농민의 소득 구조를 자세히 살펴보자. 농민공이 출현하게 되는 가장 중요한 현실 조건이 그들의 소득 구조 때문이기도 하고, 동시에 나이가 많아짐에 따라 가정의 재생산 구조를 완성해야 한다는 현실적인 압력도 커지기 때문이다.

중국국가통계국의 자료에 따르면, 중국 농가의 수입원은 크게 농업소득과 임금소득으로 나뉜다. 그중 농업소득이 대략 53퍼센트를 차지하고, 임금소득은 대략 47퍼센트 선이다.[9] 이는 53퍼센트의 농가가 순수하게 농업소득에만 의존하고, 47퍼센트의 농가가 순수하게 임금소득에만 의존한다는 뜻이 아니다. 중국의 일반 농가는 농업소득과 임금소득을 함께 가진다. 그런데 여기서 더 강조해야 할 점은 농가의 소득 구성이 그 가구의 세대별 분업과 밀접하게 관련되어 있다는 것이다. 젊은 사람들은 일반적으로 외지에 나가 일하는 반면, 장년 및 노년은 집에 남아 농사를 짓는다. 농가는 이러한 세대별 분업을 통해 임금소득과 농업소득이라는 두 가지 소득원을 동시에 가지게 된다.

9 중국 농가의 소득원은 크게 네 가지다. 임금소득, 농업소득, 재산소득, 이전소득移轉所得이다. 2015년의 자료에 따르면, 그 비율은 각각 40.20, 39.43, 2.20, 18.08퍼센트다.

농가의 이러한 소득 구성은 이미 중국 농촌의 일반적인 양상이라고 할 수 있다. 대부분의 농가에는 도시로 나가 임금노동에 종사하는 사람도 있고, 집에 남아 농사를 짓는 사람도 있다. 중국 농가의 이러한 소득 구성을 이해하는 것이 중국의 발전 모델을 이해하는 핵심 사안이다.

구체적으로 살펴보면, 중국의 농민은 1인당 1무 남짓, 가구당 10무가 채 안 되는 경작지를 소유하고 있다. 이 정도 규모의 경작지라면 그다지 많은 노동력이 필요하지 않다. 중국의 농가는 일반적으로 장년층의 부모 세대와 청년층의 자녀 세대로 구성되어 있는데, 만약 이 자녀가 결혼을 했다면 여기에 어린아이들을 더할 수 있을 것이다. 이러한 가족 구성에서 나이가 많은 부모는 집에 남아 농사를 짓는다. 사실 그들이 도시로 나가 일할 가능성은 상대적으로 낮은 편이다. 그들은 많은 나이로 인해 체력적으로나 정서적으로나 도시에서 일하기가 쉽지 않다. 그러나 농사라면 충분히 가능하다. 50세, 심지어 그보다 더 나이가 많을지라도 농사를 짓기에는 충분한 솜씨를 갖췄을 수 있다. 특히 기계화의 수준이 높아지고 기술이 부단히 향상되는 상황에서는 강한 체력이 농업생산에 절대적으로 필요한 요소는 아니다. 실제로 현재 중국 농촌의 대부분 지역에서는 나이 많은 할아버지와 할머니들이 농사를 짓고 있다.

그런데 농촌의 젊은이들은 설사 고소득이 보장된다 하더라도 진흙을 묻혀가며 농사를 짓고 싶어하지 않는다. 오히려 도시로 나가 세상을 경험하면서 상대적으로 깨끗하고 밝은 생산라인에서 일하고 싶어한다. 나아가 그들은 도시에서 일하기에 적합한 체력과 기본적인 기술(학습 능력)을 가지고 있다.

나이 많은 부모는 일반적으로 집에 남아 농사를 짓는다. 비록 제한적인 수입이지만 최소한의 먹고사는 문제를 해결할 수 있기 때문이다. 게다가 가정의 일상적인 지출(예컨대 경조사)도 농업소득을 통해 해결할 수 있다. 그렇다면 젊은 자녀가 외지에 나가 벌어들이는 수입은 순수입으로 잡힐 수 있고, 저축의 가능성은 상대적으로 더 높아진다.

나이 많은 부모가 집에 남아 농사를 지으면서 적은 비용으로 손자손녀를 돌보기 때문에, 농가의 소득은 먹고사는 문제를 해결하는 데 사용하고, 농민공의 임금소득은 순수입으로 잡힐 수 있다. 반대로 얘기하자면, 이 두 가지 소득원 중 어느 하나가 사라지게 되면 농가의 경제 상황이 나빠진다. 현재 중국 농촌에서 경제적으로 어려움을 겪는 가구는 대부분 도시로 나가 일할 젊은 세대가 없는 경우다. 만약 한 농가에 도시로 나가 일하는 젊은 세대가 있다면, 그 농가의 경제 상황은 빠르게 호전될 수 있다. 중국 농가의 소득은 그 가족 구성원의 생활 주기와 밀접히 관련되어 있다. 이는 알렉산드르 차야노프A. V. Chayanov가 러시아의 소농경제를 연구하면서 발견한 결과와 정확하게 일치한다.[10] 다만 중국의 경우가 그의 설명과 다른 점은 한

---

10 차야노프는 소농의 경제 상황이 가족 내 소비자와 생산자의 주기적 변화에 따라 결정된다고 보았다. 청년 부부가 이제 막 결혼하여 부양해야 할 가족이 없다면 그 가정의 경제 상황은 비교적 좋을 수 있지만, 노부모나 혹은 어린아이처럼 소비능력만 있고 노동력을 제공할 수 없는 가족이 있다면

정된 경작지로 인해 가족 중 비교적 젊은 사람이 반드시 도시로 나가 가정경제에 보탬을 줘야 한다는 사실이다. 자녀가 아직 미성년이거나 학업으로 인해 일하는 것이 불가능하다면, 혹은 부모가 일찍 병들고 노쇠하여 외지로 나가 일할 수 없다면, 그 가정은 농업소득이라는 한 가지 수입원만 가지게 되고, 그에 따라 가정의 경제 상황은 어려워진다.

일반적인 경우라면, 중국 대부분의 농가는 농업소득과 임금소득, 이 두 가지 소득원을 가지고 있다. 농업소득의 경우, 경작지 면적이 대체로 비슷하기 때문에 동일 지역에 위치한 개별 농가들은 서로 비슷한 수준의 농업소득을 획득한다. 임금소득 역시 마찬가지인데, 중국의 노동시장은 농민공에 대해 언제나 비슷한 임금을 주기 때문에, 특정 기술을 가지고 있거나 혹은 관리직에 종사하는 농민공이 아니라면, 농민공의 임금소득 역시 큰 차이를 보이지 않는다. 중국의 중서부 농촌이 비교적 넓은 지역임에도 개별 농가의 소득이 언제나 비슷하게 나타나는 것은, 그리고 그들의 소득 변화가 언제나 비슷한 궤적을 그리는 것은 바로 이러한 이유들 때문이다.

구체적으로 그 상황을 상상해보자. 30세 부부의 가정이 5세 딸과 3세 아들, 55세의 부모로 구성되어 있다면, 부모는 농촌에 남아 아이를 돌보면서 농사를 짓고, 젊은 부부는 외지로 나가 일을 할 수 있다.

경제 상황은 나빠진다. 차야노프는 농가의 빈부 격차가 이러한 인구 분화에 따라 자연스럽게 나타나는 현상이라고 주장했다.

이 가구는 두 가지 소득을 가질 뿐 아니라 노동력 재생산에 필요한 비용 역시 상대적으로 낮출 수 있다. 왜냐하면 주된 생활의 근거지가 여전히 농촌이기 때문이다. 15년이 지나 부모의 나이가 70세가 되면 농사짓는 일이 힘들어진다. 젊은 부부 역시 45세가 되면 도시에서 적합한 일자리를 찾기가 어려워진다. 어린 자녀들도 그때쯤이면 고등학교 교육을 마치고, 만약 대학에 진학하지 않는다면 도시로 나가 돈을 벌 수 있다. 이 시기가 아마도 그 가족에게는 가장 중요한 전환점일 수 있다. 자녀는 성장해 도시로 나가고, 젊은 부부는 장년에 접어들어 부모님을 대신해 소농경영을 잇게 된다. 아마도 15년이라는 시간이 지나기 직전의 마지막 몇 년이 경제적으로 매우 힘든 시기일 수 있다. 70세에도 여전히 농사를 짓는 것은 어려운 일일 수 있으며, 45세에 외지에서 임금노동을 하는 것도 쉬운 일이 아니기 때문이다. 또한 자녀가 외지로 나가 일한다고 해서 갑자기 많은 돈을 벌 수 있는 것도 아니다. 어쩌면 이때가 그 가정에는 가장 어려운 시기일 수 있다. 그러나 이 어려움은 곧 지나가게 마련이다. 시간이 지날수록 자녀들은 더 많은 임금소득을 올릴 것이고, 이미 중년에 접어든 부부는 고향 농촌에서 소농경영을 계속할 것이다. 두 가지 소득원이 유지될 수 있고, 농촌의 노동력 재생산도 순조롭게 진행될 수 있다.

임금활동과 농업활동을 겸하기 때문에, 일반 농가는 노동력 재생산의 비용을 낮출 수 있다. 임금소득이 얼마나 되는가는 결코 중요한 문제가 아니다. 관건은 임금소득의 존재 여부다. 없는 것보다 있는 것이 좋다. 임금소득이 없다면 농가의 수입이 줄어들고, 가정생활도 어려움에 봉착한다. 물론 농업활동이 있기 때문에 농가의 기본적인 생활은 여전히 유지될 수 있다.

중국의 농가는 임금소득과 농업소득이라는 두 가지 소득원이 있기 때문에 상대적으로 안정적인 생활을 유지할 수 있다. 그리고 농업소득으로 먹고사는 문제와 일상적인 지출을 해결하기 때문에, 임금소득에 대한 의존도가 절대적이지 않다. 농촌에서의 삶 자체가 상대적으로 낮은 비용을 요구하기 때문에 노동력 재생산에 필요한 비용을 낮출 수도 있다. 농촌 생활의 낮은 비용과 농업활동에서 나오는 소득 덕분에 중국은 낮은 비용으로도 높은 품질의 노동력을 재생산할 수 있으며, 중국 농민은 인간다운 삶을 유지할 수 있다.* 이것이 바로 중국 사회가 안정을 유지하면서도 경제를 빠르게 발전시키고, 세계화의 조류 속에서도 자기 이익을 획득할 수 있었던 비결이다.

요컨대 농민공의 가정 수입은 단순히 도시에서의 임금소득만을 의미하는 것이 아니다. 사실 농민공은 계속 도시에서 살 계획이 없다. 그들의 계획은 도시에서 일하는 것이 힘들어지면 고향으로 돌아가는 것이다. 도시 생활이 어려워지면, 그들은 당초 계획보다 조금 일찍 일을 그만둔다. 핵심은 고향 농촌에 돌아가면 여전히 농사를 지을 기회가 있다는 사실이다. 그들의 자녀 역시 계속 성장하고 있기에, 머지않아 그들처럼 도시에서 일을 할 수 있다. 그렇다면 농민공의 회귀는 정상적인 세대별 분업의 교체라고 할 수 있다. 무슨 대단

---

* 다른 개발도상국과 비교하면 그렇다는 의미다.

한 사건이 아니다. 2008년의 금융 위기가 2,000만 명의 실업자를 양산했음에도 중국 사회에 별다른 풍파가 일어나지 않았던 이유가 바로 여기에 있다.

'중국식 도농 이원구조'라는 비밀

이제 논의를 조금 더 확장해보자. 현재 중국의 농민이 언제든지 자유롭게 농촌으로 돌아갈 수 있고 중국 농촌이 중국 현대화의 안전판이자 저수지로 기능할 수 있는 것은 그 배경에 중국식 도농 이원구조가 있기 때문이다. 중국식 도농 이원구조란 농민이 자유롭게 도시로 이주할 수 있고, 또한 자유롭게 농촌으로 돌아갈 수 있는 다양한 제도의 집합을 가리킨다. 여기에는 최소한 네 가지 제도가 관련되어 있다.

첫째는 토지제도다. '가구 단위 청부',[11] 그리고 '개별 농가와 집체의 이중 경영'[12]을 핵심으로 하는 중국의 농촌 경영제도는 농촌 토

---

11   1980년 이후 중국 농촌에서는 개별 농가가 집체경제 조직과 계약을 맺어 집체 소유의 토지 중 일부를 청부받아 사용하기 시작했다. 그 토지에서 일어나는 모든 경제활동을 개별 농가가 책임을 지게 된 것이다. 당시에는 농업세를 비롯한 일부 세금이 그 조건으로 남아 있었지만, 지금은 그 세금들이 모두 폐지된 상황이다. 아직도 중국 농촌에서는 이 청부관계가 계속 유지되고 있다.

12   개별 농가가 집체로부터 토지를 청부받아 경작하는 것이 한 층위의 경영이라면, 집체가 개별 농가의 경작에 제공하는 각종 농업 서비스가 또 다른 층위의 경영이다. 예컨대 수리시설 확충이라든지 농기계 대여, 병충해 예방, 관개시설 정비 등이다. 농업활동은 지역 농가가 함께 해결해야 할 과제가 많기 때문에 집체 차원의 경영이 중요하다. 중국 학계에서는 이 상황을 보통 '통일과 분산이 결합된 이중 경영체제'統分結合的雙層經營體制라 부르고 있다.

지를 2억 1,400만 가구의 소농에게 골고루 나누어주었다. 중국의 개별 농가는 '1인당 1무 남짓, 가구당 10무를 넘기지 않는' 전형적인 소농경제를 구성한다. 물론 최근 중국 정부는 토지 양도를 적극 권장하여 소농경제를 해체하고 규모의 경제를 달성하려 하지만, 전체적으로 보면 농민은 여전히 기존의 소농경제를 유지하고 있다. 세비 부담이 비교적 높았던 1990년대에도 농민들은 농사를 포기하지 않았는데, 그것은 도시의 삶이 어려워질 경우 언제든지 고향 농촌으로 돌아가려 했기 때문이다. 농업세가 폐지된 이후에도 자신의 경작지를 다른 사람에게 공식적으로 넘겨주는 경우는 대단히 적었다. 대부분 비공식적인 양도의 방식을 취했는데, 예를 들어 친인척이나 마을 친구에게 무상으로 빌려주는 식이다. 혹 나중에 고향으로 돌아오게 되면 그 토지를 돌려받아야 하기 때문이다. 농가의 이러한 비공식적인 경작지 양도를 중앙과 지방정부는 골칫거리라고 생각하고 있으며 학계와 매체도 '소농의 습성'이라며 강하게 비판하지만, 이는 농업의 입장만 고려했을 뿐 농민의 입장은 전혀 고려하지 않은 것이다.

현재 중국에서 삼농三農[13] 문제의 핵심은 농민이다. 농업도 문제가 아니고, 토지도 문제가 아니다. 농민이야말로 가장 큰 문제다. 현재 중국은 하향식의 토지 양도를 권장하면서 농업 현대화 및 규모의 경제를 추진하고 있다. 만약 이런 식으로 계속 토지 양도를 촉진한다

---

13 중국에서는 농촌, 농업, 농민을 합쳐서 '삼농'이라고 부른다. 2000년 후난성湖南省의 향촌 당 서기였던 리창핑李昌平이 한 매체에 보낸 기고문에서 "농민은 너무 고달프고, 농촌은 정말 가난하며, 농업은 진짜 위기"라고 호소한 바 있다. 이후 중국에서는 '삼농'이 중요한 사회 문제로 떠올랐다.

면, 심각한 상황을 초래할 수 있다.

둘째는 호적제도와 그에 기초한 복지제도다. 일반적으로 호적제도는 농민에게 불리하고 차별적인 제도로 간주된다. 물론 이러한 이해가 잘못되었다고 할 수는 없다. 계획경제 시대의 호적제도는 분명 심각한 차별을 야기했다. 그러나 현재 중국에서 도시 호적이 갖는 가치는 갈수록 줄어들고 있다. 반대로 농촌 호적의 가치는 새롭게 발견되고 있다. 연해지역과 도시 근교 농촌에서는 도시 호적을 취득하는 것이 손바닥 뒤집기처럼 쉬운 일이 되었다. 그러나 도시 주민이 해당 지역의 농촌 호적을 취득하는 것은 기본적으로 불가능하다. 게다가 몇몇 성중촌城中村[14]의 주민은 도시 호적이 아니라 농촌 호적을 지키기 위해 투쟁하고 있다.

농촌 호적의 장점은 단지 경작지를 청부받을 수 있다는 것이 아니라 주택부지를 무상으로 제공받을 수 있다는 사실에 있다. 모든 농가는 주택부지를 가질 수 있으며, 농민은 이 주택부지에 번듯한 집을 짓고 살 수 있다. 여기에 텃밭을 일구고 채소와 화초도 심을 수 있다.

현재 중국에서 농민이 도시로 이주하는 것은 갈수록 쉬워지고 있다. 농민의 도시 이주를 가로막았던 여러 가지 제도적 장애들은 모두

---

14 경제 성장과 도시화는 도시의 외연 확장을 필요로 하며, 이는 도시 근교 농촌 토지의 수용을 수반한다. 그런데 농촌 토지의 수용이 지나치게 빠르게 추진되면, 어떤 지역에서는 경작지가 모두 수용되었음에도 정작 농민 주택은 수용되지 않아 마치 도시가 농촌을 포위한 듯한 현상이 나타날 수 있다. 이를 중국에서는 성중촌城中村이라고 부른다. 성중촌은 기본적으로 농촌 지역이기 때문에 노후 가옥이 즐비하며 환경도 열악한 편이다. 이에 대한 허쉐펑의 견해는 이 책에 수록된 「성중촌과 판자촌 개발의 대가」에 나와 있다.

순즈강의 죽음은 중국에서 강제 수용 및 송환 제도가 철폐되는 계기가 되었다. 순즈강의 생전 모습.

폐기되었다. 수용 및 송환 제도의 철폐가 대표적인 예다.[15] 2009년 말 샤먼시夏門市[16]의 한 조사에 따르면, 농민공의 임시거주증[17] 비용 (5위안)은 이미 사라진 지 오래였고, 이 임시거주증의 주요 기능 역시 도시 관리에 있는 것이지 도시 진입 자체를 막는 것이 아니었다. 오늘날 농민이 도시에서 인간다운 생활을 할 수 있는가를 결정짓는 핵

15   2003년 광저우廣州의 한 회사에서 근무하던 후베이성湖北省 출신의 순즈강孫志剛은 귀가 도중 임시거주증을 소지하지 않았다는 이유로 수용소에 구금당했다. 송환 절차를 밟기 위해 대기하던 중, 순즈강은 관리원 및 피수용자의 구타로 인해 사망했고, 이를 계기로 중국에서는 유랑 및 걸식 인구에 대한 수용 및 송환 제도가 철폐되었다.
16   푸젠성 동남쪽에 위치한 부성급 도시. 중앙 직속 계획도시 중 하나이기 때문에 부성급 도시의 대우를 받고 있다. 중국이 비교적 빨리 개방했던 경제특구 중 한 곳이다.
17   1990년대 접어들면서 농촌 인구가 돈을 벌기 위해 도시로 이주하기 시작했고, 도시 관리에 위기를 느낀 지방정부들은 임시거주증 제도를 마련하여 이에 대응했다. 그 핵심은 외지인이 3일 이상 체류할 경우 반드시 임시거주증을 받아야 한다는 것이다. 만약 임시거주증을 소지하지 않은 채 타지에서 장기간 체류할 경우, 유랑민으로 간주되어 호적 소재지로 송환될 수 있었다. 앞의 순즈강이 바로 그러한 경우였다.

심적인 사안은 경제적 수입이지, 제도적 장벽이 아니다. 만약 농민공이 도시에서 안정적인 직장을 찾을 수 있고 높은 소득을 올릴 수 있다면, 그리고 그들이 도시에서 집을 살 수 있는 경제력을 갖추고 있다면, 도시에서 사는 것이 그토록 어려울 이유가 없다.

지금의 문제는 그 반대다. 농민들이 도시로 이주하는 것을 막는 제도적 제약이 갈수록 적어지는 상황에서, 그들이 고향으로 돌아가는 것이 갈수록 어려워지고 있다. 잘못하면 농민의 선택에 따른 '자유로운 도시 이주와 자유로운 농촌 회귀'의 도농 이원구조가 무너질 수 있다. 농민은 자유롭게 도시로 이주할 수 있고 자유롭게 농촌으로 돌아갈 수 있어야 한다. 그들이 경제 능력을 갖추게 되면 도시에 정착하지만, 도시 정착에 실패할 경우 최소한 고향으로 돌아갈 수 있어야 한다. 고향으로 돌아갈 수 있는 것이야말로 농민에게 필요한 기초적인 인권이다. 친후이秦暉[18]는 중국의 경제 발전과 사회 안정이 인권의 희생 위에 만들어졌다고 했는데, 이는 옳지 않다. 중국의 경제 발전과 사회 안정은 모든 사람들의 기초적인 인권이 보장되었기에 가능했다. 예컨대 농민이 도시에서 실패를 하면 적어도 농촌으로 돌아갈 수 있는 선택지를 가지고 있는 것이다. 다른 개발도상국가에서는 농민이 도시에서 실패할 경우 빈민굴로 전락하지 않을 수 없다.

셋째는 신농촌 건설과 그와 관련된 제도다. 얼마 전 중앙정부는

---

18 칭화대清華大 교수이자 저명한 역사학자. 토지를 비롯한 농촌 및 농민 문제 연구에서 출발하여 중국의 현실 문제에 대한 날선 비판을 개진했다.

2005년 16기 5중전회 이후 중국 농촌에서는 '신농촌 건설'에 대한 대대적인 선전 작업이 진행되었다. 윈난雲南의 한 농촌 지역에 걸린 현수막에 생산의 발전과 여유 있는 삶, 문명화된 향촌 풍속 및 민주적인 관리 등이 강조되어 있다.

농업세를 폐지했고,[19] 때맞춰 사회주의 신농촌 건설[20]의 전략을 제시했다. 대규모 이전지출transfer payment이 농촌에 제공되기 시작했고, 모든 농민이 참여하는 새로운 농촌 합작 의료계획도 마련되었다. 경

19 농업세는 본래 농업생산 종사자에게 부과하던 세금이었는데, 2006년 1월 1일부로 전면 철폐되었다. 농업세의 폐지는 여러 가지 의미를 갖는데, 가장 중요한 사실은 이로써 농민에게 부과되던 세금이 중국에서 사라지게 되었다는 점이다. 만약 농업활동에 대해 어떤 식으로든 세금을 매긴다면, 이는 국가가 '지대'地代를 취하는 것으로 간주될 수 있기 때문에 봉건 시기의 지주 – 소작농 관계가 여전히 지속된다고 볼 소지가 있다. 농업세가 폐지되면서 국가는 농업활동에서 비롯되는 이익에 전혀 개입하지 않는 양상을 취하게 되었다.
20 2005년 10월에 있었던 중국공산당 16기 5중전회는 2006년부터 시작되는 열한 번째 5년 계획을 위해 몇 가지 건의를 내놓은 적이 있다. 그중 하나가 바로 '사회주의 신농촌 건설'이었다. 생산 증대, 환경 정비, 인프라 개선 등이 핵심 내용이었는데, 실제로 이 신농촌 건설을 계기로 농촌 환경이 대폭 개선되었다고 알려져 있다.

제적으로 어려운 농가에 대해서는 최저생활보장제도가 실시되었고, 농업 보험과 농촌 사회보장도 큰 폭으로 개선·보급되었다. 농촌 인프라 시설 역시 상당한 진전을 이루고 있다. 장기간 외지로 나갔던 농민공이 고향으로 돌아갈 때 가장 먼저 걱정하는 것이 수도와 전기, 교통이었는데, 현재 신농촌 건설이 추진되면서 위생과 수도, 전기, 도로 건설에서 상당한 성과가 나타나고 있다. 고향 농촌으로 돌아가는 농민공이 '자신의 고향을 거의 구분하지' 못할 정도로 농촌 생활수준이 향상되고 있다.

넷째는 소농경영이다. 소농경영의 핵심은 자본의 농촌 침투를 막고 대규모 경영이 소농경영의 자리를 차지하지 않도록 제한하는 것이다. 특히 외국 자본이 농촌으로 유입되어 중국의 소농경제를 해치지 않도록 막아야 한다. 인위적인 토지 양도와 자본 투입은 모두 잘못된 것이다. 지금 필요한 것은 이 중국식 소농경제를 위한 조건을 만들어가는 것이다.

중국식 도농 이원구조가 있었기 때문에 중국의 농촌이 중국 현대화의 안전판이자 저수지로 기능할 수 있었다. 중국이 각종 위기에 효과적으로 대처할 수 있었던 것도, 그리고 세계화의 조류 속에서 이익을 획득할 수 있었던 것도 바로 이 중국식 도농 이원구조 때문이었다. 중국식 도농 이원구조 안에 그 비밀이 숨겨져 있다.

■ 이 글은 「중국식 도농 이원구조와 농민공 귀향」中國式城鄉二元結構與農民工反鄉의 1~2절, 그리고 3절의 일부를 번역한 것이다. 본래는 3개 절이지만, 여기서는 글의 편

폭과 내용을 고려하여 4개 절로 재구성했다. 셋째와 넷째 절의 제목은 옮긴이가 달았다. 『농민공 귀향 연구』農民工反鄕研究라는 책의 서론이기도 하다. 원문은 삼농중국 사이트 (http://www.snzg.net)에서 확인할 수 있다.

농민공 부족 현상의 이면

.

2009년을 제외한 최근 몇 년 동안, 매해 봄이면 거의 항상 농민공이 부족하다는 기사가 흘러나왔다. 올해(2011년)는 특히 심했다고 할 수 있는데, 연해지역뿐 아니라 중서부 지역에서도 농민공 부족 현상이 나타났기 때문이다. 일부 지방에서는 지방정부가 감정에 호소하면서 농민이 다른 지방에 가지 못하도록 붙잡아두기도 한다.

　농민공 부족을 알리는 기사는 자주 인구 보너스[1]의 소멸이나 루이스 전환점[2]의 도래를 함께 이야기한다. 중국사회과학원의 차이팡蔡

1　인구 보너스는 전체 인구에서 생산가능 인구의 비중이 높아 인구 부양의 부담이 상대적으로 낮은 경우를 가리킨다. 이 조건에서는 고도의 경제 성장을 이끌어내기가 용이하다. 인구 보너스는 인구 부양비, 곧 (0~14세 인구+65세 이상 인구)/15~64세 인구로 그 수준을 측정하는데, 여기서 말하는 인구 보너스의 소멸은 중국의 인구 부양비가 2013년을 전후해 상승한 것을 가리킨다. 다만 이를 인구 보너스의 소멸로 봐야 하는지에 대해서는 중국 학계에서도 의견이 엇갈리고 있다.
2　경제발전이론의 하나로, 저개발국가의 경제 발전은 농촌 잉여 노동력의 도시 이동(산업 배치)에 의해 이뤄지지만, 그 잉여 노동력이 고갈되는 시점부터 임금 상승과 함께 성장 문화가 나타난다는 것이다. 2000년대 중반부터 중국 학계에는 루이스 전환점의 도래 여부가 논쟁의 대상이 되었는데, 그 논쟁의 계기가 된 것 중 하나가 동부 연해지역에 나타난 농민공의 부족 현상이었다.

중국의 농민공 부족 현상은 주로 설 연휴 직후에 나타난다. 2014년 2월 설 연휴 직후 구인 및 점포 양도의 광고가 가득한 광저우 거리.

昉[3]은 노동력의 공급과 수요에 역전 현상이 일어났고, 그에 따라 값싼 노동력을 특징으로 하는 인구 보너스가 사라질 것이라고 보았다. 중국 경제가 곤경과 전환에 직면하게 되리라는 것이다.

　그런데 농민공 부족과 선명하게 대조되는 현상이 대학 졸업자의 취업난이다. 어느 정도로 심각한가? 대졸 취업자의 예상 월급은 1,000위안 정도인데, 농민공의 예상 월급은 2,000위안이다.[4] 대졸 취

3　중국사회과학원의 부원장이자 저명한 경제학자. 특히 중국 인구 및 노동력 문제에 관한 최고 전문가로 통한다. 중국 학계에서 가장 먼저 루이스 전환점의 도래를 주장했다.

4　지금은 상황이 조금 다르다. 지역에 따른 차이가 있기는 하지만, 2016년 중국 매체의 보도에 따르면, 농민공의 월평균 수입은 3,072위안인 반면, 대졸 취업자의 월평균 수입은 3,726위안이다.

업자가 농민공보다 못한, 정신노동과 육체노동 사이의 역전 현상이 나타난 것이다. 그리고 이 사실이 전혀 이상하지 않을 정도로 취업난이 심각하다. 더 중요한 점은 한쪽에서는 농민공이 부족하다는 기사가 흘러넘치지만, 다른 한쪽에서는 전체 9억 농민 중 2억 농민만이 도시로 나가 일을 하고 있다는 사실이다. 최소한 1억 명 이상의 농민이 여전히 도시로 나가 일할 수 있다. 농민공이 부족하면 그들의 임금이 오를 것이고, 임금이 오르면 더 많은 농민이 도시로 갈 것이 분명하다. 그런데 신기하게도 중국에서는 이 현상이 나타나지 않고 있다. 무엇 때문일까?

바뀌지 않는 노동 조건, 그리고 여전히 엄격한 고용 기준

2011년 설이 되기 한 달 전쯤, 필자는 농민공 부족 현상의 근원지라 할 수 있는 광저우廣州의 판위番禺[5]에서 현지조사를 진행한 바 있다. 당시에는 농민공 부족 현상이 발생하기 전이었는데, 아직 그들이 설을 맞아 고향으로 돌아가지 않았기 때문이었다. 주장珠江 삼각지대[6]를 다니면서 직공을 모집하는 낡은 공고문을 찾아볼 수 있었다. 대체로 18~30세라는 연령 조건과 건강한 신체, 여성, 그리고 월수입

---

5 광저우시 남쪽에 위치한 구區. 중국의 행정구역에서 '구'는 시가 직접 관할하는 지역으로, 한국 대도시의 '구區에 해당한다. 판위는 광저우시에서도 비교적 새로 개발된 곳에 속한다.
6 홍콩과 마카오의 인근 9개 도시를 흔히 그곳의 강 이름을 따서 '주장 삼각지대'라고 부른다. 광저우를 비롯해 선전深圳, 포산佛山, 둥관東莞 등이 여기에 속한다. 중국에서 가장 먼저 개방된 지역의 하나이며, 또한 제조업이 가장 발달한 지역이기도 하다.

판위구는 설 연휴 이후 구직에 나서는 농민공을 위해 다양한 취업 알선 서비스를 하고 있다.

1,500~2,000위안 등의 내용이 적혀 있었다. 특히 연령에 대한 요구
조건이 까다로워 보였다. 판위에서 비교적 멀리 떨어진 란허攬核[7]라
는 소도시에서도 조사를 실시했는데, 그곳은 그리 경제가 발달한 곳
이 아니었음에도 공장이 꽤 있었고 인근 농민 중 절반 이상이 그 공
장에서 일하고 있었다. 그곳에서도 40세 넘는 농민이 일자리를 찾는
것은 결코 쉬운 일이 아니었다.

---

7   판위 남쪽에 위치한 진鎭. 행정 편제상으로는 판위구가 아니라 난샤구南沙區에 소속되어 있다.
중국의 행정구역에서 진은 향鄕, 가도街道와 함께 가장 아래에 위치한다. 즉 진 정부나 향 정부가 기
층의 국가 행정기관인 것이다. 진은 향에 비해 도시에 가까운 모습을 띠며, 그런 점에서 한국의 읍에
가깝다고 할 수 있다.

30세 즈음의 판위 농민이라면 인근 공장에서 일할 경우 매달 1,500위안 정도의 수입을 거둘 수 있다. 이는 외지에서 온 농민공보다 낮은 수준이다. 왜 그럴까? 그 이유는 비교적 단순한데, 외지에서 온 농민공은 일반적으로 힘든 일도 마다하지 않기 때문이다. 그들은 더럽고 고되고 힘들고 위험한 일을 결코 피하지 않는다. 반면 인근 지역에 거주하는 농민들은 그러한 일을 피하려 한다. 공장 입장에서는 돈을 버는 것이 중요하지, 현지인인지 외지인인지는 그다지 중요한 문제가 아니다. 게다가 외지 사람들은 일반적으로 초과 근무를 해서 매달 2,000위안의 수입을 추가로 올린다. 즉 한 달에 이틀 정도만 쉬면서 매일 2교대로 10~12시간 정도 일하는 것이다. 반면 인근 지역에 거주하는 농민들은 매주 하루는 꼭 쉬고 싶어하고, 하루 근무 시간도 10시간을 넘지 않길 바란다. 상황이 이렇다 보니 외지에서 온 농민공의 수입이 더 많을 수밖에 없다.

사실 연해지역 공장이 내세우는 노동 조건은 매우 까다로운 편이다. 18~30세라는 연령 조건을 충족하고 초과 근무를 마다하지 않는 사람을 원한다. 필자의 조사에 따르면, 농민공은 보통 한 달에 이틀 정도만 쉬는데, 그 시간에 보통 잠을 자거나 쇼핑센터에 놀러 다니고, 혹은 연애를 즐긴다. 이 이틀의 휴식이 그들에게 얼마나 소중한지 알 수 있다. 그런데도 매달 나흘을 쉬거나 혹은 매주 이틀을 쉴 수가 없다. 이는 국가가 법으로 정한 휴일임에도 그렇다. 공장이 농민공을 채용할 때, 그들은 농민공을 염가의 노동 기계로만 볼 뿐, 농민공 역시 사람이라는 사실을 전혀 생각하지 않는다.

바꿔 말하자면, 연해지역의 공장들은 농민공의 임금이나 대우를 개선하지도 않을 뿐 아니라 채용 조건이나 기준도 완화하지 않았다. 이것이 바로 농민공이 부족하게 된 근본적인 이유다.

매년 발생하는 농민공 부족은 대부분 설 직후에 나타난다. 여기에는 몇 가지 이유가 있다. 우선 공장에서 일하는 농민공은 연차에 따른 혜택이 거의 없다. 급여가 연차에 따라 오르는 것도 아니고, 어떤 경우에는 나이가 들수록 떨어지기도 한다. 게다가 다른 지역으로 옮겨간다 하더라도 그에 따른 비용이 따로 발생하지 않는다. 따라서 그들은 고향에서 설 연휴를 즐길 때 향후 어디에서 일할 것인지 다시 생각한다. 그들 역시 설에는 부모, 자녀와 잠깐이라도 함께 지내고 싶어한다. 반면 공장은 생산라인을 잠시라도 멈추고 싶어하질 않는다. 농민공이 설 연휴에도 공장에 남아 일을 하는 것이 공장의 바람이다. 농민공이 앞으로 어디에서 일해야 하나 고민하는 그 시간에 공장은 하루라도 빨리 생산라인을 가동하고 싶어한다. 바로 그때 도처에서 농민공 부족 현상이 나타나는 것이다. 사실 10여 일 후 농민공이 다시 외지로 나가면 공장은 필요한 노동력을 쉽게 충원할 수 있다. 그러면 예의 그 엄격한 노동 조건이 그대로 유지되고, 농민공은 다시 기계와 같은 대우를 받게 된다.

농민공 부족은 단지 설 연휴에만 나타나는, 대단히 일상적인 현상이다. 연해지역의 공장들이 농민공에게 진정한 생활 보장을 해주지 않기 때문에, 그리고 설 연휴 동안 고향에 돌아갔던 농민공이 앞으로 어디서 일할지 고민하기 때문에 일시적으로 농민공 부족 현상이 나타나는 것이다.

온전한 가정을 꾸리길 바라는 농민

농민공 부족 현상이 나타난 시점은 공교롭게도 중국 정부가 세비 개혁을 추진하던 2003년과 겹친다. 이 시점을 즈음하여 중앙정부는 농업세를 폐지했고, 곡물 수매가를 꾸준히 올렸으며, 사회주의 신농촌 건설의 전략을 힘껏 추진했다. 농업세가 폐지되자 농민의 부담은 경감되었고, 곡물 수매가격이 인상되자 농업활동을 통한 수익 확보가 가능해졌다. 또한 신농촌 건설의 추진은 농촌 인프라 시설의 대폭적인 개선을 가져다주었다. 즉 농사를 짓는 것만으로도 1년에 1만 위안 이상의 소득을 올릴 수 있게 된 것이다.

　농사를 짓는 집은 농업소득에 임금소득이 더해졌고, 큰돈은 아니지만 상대적으로 적은 지출 덕택에 매년 여윳돈을 만질 수 있었다. 일상생활을 영위하기에는 충분했고, 따라서 임금소득을 위해 반드시 외지로 나가야 한다는 압박을 덜 받게 되었다. 만약 연해지역 공장의 임금이 오르지 않고 노동 환경이 개선되지 않는다면, 농민은 구태여 외지로 나갈 필요가 없다. 2003년 장쑤江蘇 남부[8]의 한 공장에서 일했던 농민공은 매달 510시간에 달하는 노동시간을 기록했던 것으로

8　원문에는 '蘇南'이라고 되어 있는데, 이는 장쑤성 남부 일대를 가리킨다. 이 지역은 장강長江 삼각지대로 알려진 곳이기도 하다. 난징南京과 쑤저우蘇州, 우시無錫, 창저우常州 등을 아우르는 이 일대는 중국에서도 경제가 가장 발달한 지역에 속한다.

농민공의 가장 큰 아픔은 고향 집에 두고 온 부인이나 자녀들에게서 비롯되는데, 최근 중국에서는 그들을 위한 특별한 활동을 많이 하고 있다. 후베이성 적십자회가 황스시黃石市에서 농촌 자녀들을 대상으로 활동하는 모습. 후베이성 적십자회 홈페이지.

알려져 있다.

이런 배경에서 농민공 부족 현상이 나타나자 임금이 소폭 오르고 노동 조건도 일부 개선되었다. 그러나 동시에 도시의 생활비용도 상승했다. 특히 농산품의 가격이 상승했는데, 농산품의 가격 상승(특히 2010년의 가격 상승)은 농민공의 생활비와 농가 수입을 모두 증가시켰다. 그 결과 농민공은 더 많은 임금과 더 좋은 노동 조건을 바랄 수 있었고, 외지로 나가지 않는 쪽을 선택할 수도 있게 되었다. 2010년 농촌 주민의 소득 증가율이 처음으로 도시 주민의 소득 증가율을 넘어섰다고 한다. 이 역시 올해 농민공이 부족하게 된 중요한 배경이라고 보아야 한다.

농민공이 외지로 나가지 않게 된 데에는 한 가지 더 중요한 이유가 있다. 외지로 나가 돈을 벌기 위해서는 가족이 따로 떨어져 사는 것을 감수해야 한다는 점이다. 현재 중국의 농촌에서는 혼자 남은 노인이나 아이, 아내, 심지어 남편까지 볼 수 있다. 가족 구성원 중 누군가는 외지로 나가 일하기 때문에 농민들은 온전한 가정을 꾸리기가 대단히 어렵다. 설 연휴가 되어야 비로소 온 가족이 모일 수 있는 것이다.

필자의 조사에 따르면, 몇 년째 집에 가지 않고 도시에 남아 일하는 농민공도 상당히 많다. 고향을 방문하는 순간 1년치 수입을 다 써버리는 경우가 많기 때문이다. 고향 집에 한번 가는 것이 쉽지 않은 것이다. 설 연휴가 되면 연해지역에서는 농민공에 대한 노동력 수요가 늘고, 따라서 장기간 고향 집에 머무를 수 없다. 고향에 가족을 홀로 남겨두는 것은 이미 농촌의 큰 아픔이 되어가고 있다. 농민은 수입이 좀 줄어들더라도 고향 집에 남아 농사를 지으면서 온전한 가정을 꾸리고 싶어한다.

외지로 나가 일하지 않고 집에 남아 농사를 지을 수 있다면 온전한 가정생활을 꾸릴 수 있다. 이는 농가에 매우 중요한 부분이다. 아니, 어느 가정인들 이를 바라지 않겠는가? 그러나 가구당 10무가 채안 되는 경작지는 너무나 작은 규모다. 따라서 만약 농사를 지으면서 인근 지역에서 일할 수 있다면, 혹은 가족 중 일부는 농사를 짓고 누군가는 근처에서 일을 할 수 있다면, 농업소득과 임금소득이라는 두 가지 소득원을 유지하면서 온전한 가정생활을 유지하는 것이 가능해

2009년 중국공청단中國共靑團이 후난성의 한 농촌에서 창업 및 취업을 소개하는 활동을 하고 있다.

진다. 이 상황이 비교적 이상적이다.

만약 공장이 농촌 인근에 세워져 농민들이 임금노동을 위해 외지로 나가지 않아도 된다면, 그들은 공장에서 집으로 돌아오기가 훨씬 편해지고 그 비용 역시 훨씬 줄어든다. 농촌 인근에 있는 공장은 농민공의 환영을 받게 될 것이 분명하다. 혹 연해지역의 공장이 중서부 농촌으로 이전한다면, 직원을 채용하기도 쉬울 뿐 아니라 농가를 지키는 자선사업도 병행하는 셈이다. 물론 중서부에도 공장이 있고 그 곳에서도 농민공은 열심히 일을 하고 있다. 그러나 중서부 공장의 임금은 여전히 낮은 편이고 근무 환경 역시 열악하다. 특히 현과 시의 취업 조건(주로 임금 수준)은 더 안 좋은 편에 속한다. 중서부 지역의 경제가 발전한다면, 특히 중서부 지역으로 산업이 이전하게 된다면, 농민은 고향 집에서 멀지 않은 곳에서 일할 수 있고, 그러면 농업과 공업 양쪽에 좋은 일일 것이다.

사실 시장을 통해서만 산업 이전을 추진할 것이 아니라 국가가 정책적 지원을 아끼지 말아야 한다. 연해지역의 경제 성장도 결국은 국가의 정책적 지원 속에서 이뤄질 수 있었다. 국가가 앞장서서 중서부의 경제 발전과 산업 발전을 지원한다면, 중국의 경제 성장에 필요한 항구적인 동력을 마련할 수 있을 뿐 아니라 농민들이 가정과 노동 모두를 잡을 수 있는 환경도 조성할 수 있다.

진퇴 여부는 농민의 선택권

2009년 설은 최근 유일하게 농민공 부족 기사가 나오지 않은 해였다. 금융 위기의 여파로 일부 공장이 문을 닫으면서 농민공의 취업이 중요한 문제로 부각되었고, 중앙에서 지방까지 모두 농민공의 취업을 우선순위로 올려놓았다. 심지어 농민공의 취업 기회를 늘리기 위해 그들의 창업을 격려하기도 했다. 그런데 대학생의 창업도 성공하기 힘든 마당에 농민공의 창업을 격려하는 것이 적절할까? 그들이 힘들게 번 돈을 창업으로 모두 날린다면, 그것이야말로 낭패가 아닐 수 없다. 나아가 농민공의 실업을 걱정할 하등의 이유가 없다. 왜냐하면 그들에게는 아직 토지가 남아 있어서, 나갈 수 있다면 돌아올 수도 있기 때문이다. 일자리를 잃은 농민공이 2,000만이 아니라 5,000만이라 하더라도 고향으로 돌아갈 수 있는 한, 예전처럼 생활을 이어갈 수 있다. 이것이 중국의 특색이다.

마찬가지로 오늘날 농민공의 부족 현상이 나타나면 어김없이 누군가는 농촌 토지의 양도[9]와 호적제도의 폐지, 농민의 도시 정착 추진 등을 주장한다. 이러한 주장의 핵심은 농민을 무산계급화하겠다는 것이다. 9억 명의 농민이 공장에 끊임없이 노동력을 제공할 수 있도록 만들겠다는 것이다. 물론 이러한 생각이 잘못되었다고는 할 수 없다. 그러나 만약 9억 농민을 모두 불가역적인 방식으로 도시에 정착하게 '만든다'면, 그래서 그들이 도시에서 인간다운 삶을 살아가지 못하도록 한다면, 그들은 중국 사회의 시한폭탄이 될 것이다.

농민이 떠날 수도 있고 돌아올 수도 있는 지금의 상황이 반드시 유지되어야 한다. 농민이 도시에서 임금노동을 할 것인지, 혹은 타지로 나가 일할 것인지를 스스로 선택할 수 있게 해주어야 한다. 그래야 도시와 농촌, 농업과 공업, 연해와 내지 사이의 균형적인 발전이 가능해진다. 이것이 좋지 아니한가?

마지막으로 대학생과 농민공의 임금에 대해 말해보자. 대학생의

---

9 중국의 토지 권한이 소유권과 사용권으로 나뉘어 있는 것은 잘 알려진 사실이다. 이에 대해서는 이 책에 수록된 「'토지 재정'과 부의 재분배」에 잘 설명되어 있다. 그런데 상대적으로 덜 알려진 부분이 토지의 양도 권한이다. 집체가 소유하고 있는 농촌 토지의 경우에는 그 사용권의 양도가 매우 제한적이다. 집체는 개별 가구에게 경작지와 주택부지의 사용권을 내주지만, 그 개별 가구가 사용권을 자유롭게 타인에게 양도할 수 있는 것은 아니다. 무엇보다 중요한 사실은 경작지이든 주택부지이든 농촌 토지의 사용권은 수용 등의 정해진 방식이 아니라면 도시 주민에게 결코 양도될 수 없다는 것이다. 이 때문에 중국에서는 인구와 토지, 자본의 이동이 상당한 제약을 받게 된다. 따라서 이를 철폐하여 인구와 토지, 자본의 이동을 시장에 맡겨야 한다는 것이 주류의 시각이지만, 허쉐펑은 이에 대해 비판적인 입장을 견지하고 있다.

초임은 비교적 낮지만, 그들은 기본적으로 기술적인 업무를 담당하기 때문에, 많은 경우 연차에 따라 개선될 여지가 있다. 그들의 임금은 경력이 쌓이면서 늘어나는 것이 보통이다. 그러나 농민공은 다르다. 그들의 초임은 비교적 높은 편이지만, 대부분 성과급이고 나이가 들수록 임금이 낮아지는 경우가 많다. 서로 다른 수준의 초임이 서로 다른 방향으로 이동하다가 결국에는 완전히 상반된 종점에서 끝나게 된다. 대학생의 초임과 농민공의 초임을 가지고 이 문제를 논의해서는 안 된다.

■ 이 글은 「농민공 부족 현상에 대해 말하다」也說民工荒를 번역한 것이다. 본래는 7개 절로 구성되어 있는데, 글의 편폭과 내용을 고려하여 3개 절로 재편집했다. 장 제목과 절 제목도 옮긴이가 달았다. 원문은 삼농중국 사이트(http://www.snzg.net)에서 확인할 수 있다.

도시 이주가 답이 될 수 없는 이유

중국에서는 개혁개방 이후 농민들이 도시로 이주해 임금노동에 종사하는 붐이 일어났다. 그러나 현재 그들이 임금노동에 종사하는 이유는 전통적인 소농 사회와 아무런 관련이 없다. 소득을 늘려 농촌에서 번듯한 가정생활을 꾸리겠다는 것이 최초의 이유였다면, 농촌을 떠나 도시에 정착할 수 있는 자금 확보가 또 다른 이유로 등장하고 있다. 첫째 이유가 둘째 이유로 바뀌는 것은 어떤 면에서는 필연적이다. 그러나 만약 중국이 도시의 수용 능력, 예컨대 일자리 등을 고려하지 않은 채 평면적으로 농민들의 도시 이주와 주택 매입을 부추긴다면, 혹은 토지 양도를 통해 도시 정착에 필요한 자금을 마련할 수 있도록 관련 정책을 수정한다면, 도시로 이주한 농민들은 삶의 질적 하락을 경험할 수밖에 없다. 일자리가 늘어나는 속도보다 농촌 인구의 도시 유입이 더 빠를 것이기 때문이다. 도시 취업이 탄력을 잃는 순간, 중국의 현대화 과정은 어려움에 봉착할 수 있다.

임금소득의 위력

후베이湖北 잉산현英山縣 청쥐촌程咀村[1]에 살고 있는 쩡창치우鄭長球는 현재 자신의 삶에 비교적 만족하는 편이다. 슬하에 1남 1녀를 두었는데, 아들은 현에서 일하고 딸은 쑤저우蘇州[2]에서 일한다. 이러한 삶을 '샤오캉'小康[3]이라 부르기는 어렵겠지만, 적어도 먹고사는 문제를 심각하게 걱정할 필요는 없는, 비교적 여유 있는 삶이라고 할 수 있다. 1980년대에는 감히 상상도 못했던 생활이다.

2000년 이전의 청쥐촌은 매우 가난한 농촌 마을이었다. 대부분의 주택이 벽돌집이었고, 흙으로 지어진 집도 있었다. 1990년대 초, 당시 상황에 불안해하던 일부 사람들이 처음으로 도시로 나가 일하기 시작했다. 1995년을 즈음해 그들은 마을로 돌아와서 도시에서 번 돈으로 새 집을 지었다. 마을 사람들의 눈에 그 집은 너무나 근사해 보였고, 순식간에 이 농촌 마을에는 도시 이주 노동의 붐이 일어났다.

현재(2008년) 청쥐촌에는 500여 가구 2,000여 명의 인구가 살고 있다. 1년에 400여 명 정도가 도시로 나가 일을 하므로 적어도 가구

---

1 정확히 말하자면, 청자쥐촌程家咀村이다. '程'씨 사람들이 모여사는 곳이라는 의미이다. 중국에서 촌은 공식 행정구역이라기보다는 자치지역이기 때문에 그 이름이 조금씩 다르게 불릴 수 있다.

2 장쑤성 동쪽에 위치한 지급시. 상하이上海와 인접해 있으며, 경제적으로 대단히 발전한 지방 중 하나다.

3 본래는 『예기』禮記 등의 유가 경전에서 먹고사는 문제가 해결된, 비교적 여유로운 생활수준을 가리킬 때 사용되던 말이지만, 지금은 대단히 정치적인 함의를 가지고 있다. 덩샤오핑鄧小平이 '샤오캉'을 처음 언급한 이후, 샤오캉 사회의 건설은 중국공산당 15대에서 구체적인 목표가 되었고, 중국공산당 16대는 2020년이라는 구체적인 시간표까지 제시했다.

당 한 명이 외지로 나간 셈이다. 설 연휴가 되면 도시로 나가 일하던 사람들이 평균 7,000∼1만 위안을 손에 쥐고 돌아온다. 이 농촌 마을 전체 사람들이 임금을 통해 획득하는 소득은 매년 총 300만 위안 정도다. 경작을 통해 얻는 소득보다 그 금액이 많다.

이러한 청취촌의 상황은 빙산의 일각에 불과하다. 잉산현은 기본적으로 인구에 비해 토지가 적은 지역이다. 경작지가 협소하고 여건도 좋지 않기 때문에, 1990년대 이전의 잉산현 농민들은 간신히 먹고사는 문제를 해결할 수 있을 뿐이었다. 그런데 1990년대 이후, 잉산현의 많은 농민들이 도시로 나가서 건축과 시설 수리, 방직업 등의 업종에서 일하기 시작했다. 현재 그들의 소득 구조를 살펴보면, 임금 소득이 전체 소득의 절반 이상을 차지하고 있다. 이러한 수치가 별다른 감흥을 주지 못할 수 있지만, 마을에 줄지어 있는 3층 건물과 곳곳에 세워져 있는 오토바이, 그리고 햇살 좋은 곳에 편안히 앉은 칠순 노인의 미소와 시끌벅적 뛰어노는 아이들의 웃음소리 등이 그 임금 소득의 위력을 설명해준다. 1997년 청취촌에 첫 번째 오토바이가 등장했고, 2007년에는 그 수가 400여 대로 늘어났다. 전체 500여 가구 중 260가구가 새로 집을 지었는데, 대부분이 3층 건물이다.

잉산현은 개혁개방 이후 중국 농촌에 불어온 도시 이주 노동의 붐을 상징하는 곳이다. 통계에 따르면 현재 중국에서 도시로 나가 일하는 농민의 수가 1억 5,000만∼2억 명이다.[4] 이 수치는 G7 국가 전

---

4 2015년 통계공보에 따르면, 중국의 농민공 수는 2억 7,747만 명이다. 이 중 다른 성省으로 이주

체 노동력의 절반에 달한다.

1980년대 개별 농가가 경작지를 청부 경영하면서부터 대부분의 농촌은 먹고사는 문제를 해결할 수 있게 되었다. 그러나 인구에 비해 경작지가 부족해서 농촌 노동력은 언제나 과잉 상태였다. 경작만으로는 고수입을 올리는 것이 불가능했다. 1970년대 연해지역 농촌을 중심으로 향진鄕鎭기업의 붐이 일어났다.[5] 그리고 많은 농민들이 이 향진기업에서 일하면서 소득 증대의 효과를 맛보았다. 그러나 향진기업은 대부분 연해지역에 집중되어 있었고, 그에 따라 연해지역과 중서부 지역의 소득 격차가 크게 벌어지기 시작했다. 1980년대 말 연해지역의 산업이 빠르게 성장하면서 도시 경제가 농촌 노동력을 끌어당기기 시작했다. 전국적인 노동시장이 형성되었고, 중서부 농촌의 잉여 노동력이 농촌을 떠나 연해지역 도시로 몰려들었다. 도시의 임금소득은 농촌의 경작 소득보다 높은 편이다. 이때부터 농민들의 도시 이주 노동이 하나의 유행이 되어 마치 파도치듯 끊임없이 이어지게 되었다.

하여 일하는 농민공은 1억 6,884만 명이며, 고향 부근 도시에서 일하는 농민공은 1억 863만 명이다.
5 향진기업의 역사적 기원은 1950년대 말의 대약진大躍進까지 거슬러 올라간다. 당시 새로 조직된 인민공사人民公社는 유휴 노동력과 해당 지역의 자원을 바탕으로 농촌의 공업화를 시도했다. 물론 여기에는 지금의 관점에서 보면 어이없는 재래식 철강 생산도 있었지만, 그 외에도 농기구 제작이나 비료 및 살충제의 생산, 곡물가공업 등이 있었다. 이 경험은 문화대혁명 시기에도 계속 유지되었고, 1980년대 초 개혁개방의 분위기 속에서 만개했다. 생산품의 종류도 늘어났으며, 기술적인 정교함도 한층 더해졌다. 게다가 상당한 고용 창출 효과가 있어서, 당시 많은 농촌 인구가 이 향진기업에서 일했던 것으로 알려져 있다. 1980년대 중국 경제 성장의 원동력은 이 향진기업이었다고 해도 과언이 아니다.

1980년대 향진기업을 장려하는 선전 차량. 개혁개방 직후의 경제 성장은 주로 향진기업에 의해 주도되었다.

　그런데 도시로 나간 농민공이 도시 정착에 정말로 성공할 수 있을까? 현재 농민공의 전체적인 상황을 보면, 농민공이 도시에서 안정적인 일자리나 소득원을 확보한다는 것은 대단히 어려운 일이다. 그들은 농촌 생활을 완전히 떠날 수 없다. 일은 도시에서 하고 있지만, 노동력의 재생산이 일어나는 곳은 농촌이다. 돈은 도시에서 벌지만, 삶의 목표가 실현되는 곳은 농촌이다. 그렇다면 농민공이 도시로 나가 일하는 것은 노동력의 수출을 통해 자원을 수입하는 것과 크게 다르지 않다. 농민공이 끊임없이 도시로 나가 임금소득을 가져오기 때문에 농촌의 가정경제가 유지될 수 있다.

　1980년대 말부터 지금까지 20년 동안 많은 농민공이 도시로 이

주해 일했다. 처음 도시로 나가 일했던 농민 중에는 도시 정착에 성
공한 경우도 있었다. 예컨대 몇몇 건축업 청부업자들은 도시에서 많
은 기회를 손에 쥘 수 있었고, 그 덕분에 적지 않은 돈을 벌었다. 그
러나 대부분의 농민공은 도시에서 안정적으로 노동력 재생산을 이룰
수 있는 경제적 기초를 만들지 못했다. 20년 동안 일부 예외적인 경
우를 제외하면, 대부분의 농민공은 농촌으로 돌아갈 수밖에 없었고,
그들의 자녀가 그들을 대신하여 새로운 농민공이 되었다.

그렇다면 지금 제기해야 할 질문은 도시 정착이 쉽지 않은 상황
에서 어째서 그들이 여전히 도시에 남아 있는가이다. 먹고사는 문제
를 농촌에서 해결할 수 있다면, 그들은 어째서 고향 농촌으로 돌아가
가족과 함께 지내지 않는 것일까?

중국 농촌의 체면 경쟁

청쥐촌을 다니다 보면 푸른 수풀 사이로 나지막한 3층짜리 건물이
줄지어 선 것을 확인할 수 있다. 흥미로운 사실은 이 건물들의 세 번
째 층 높이가 대단히 낮다는 점이다. 사람이 실제로 거주하기가 불가
능할 정도다. 굳이 기능을 찾자면 뜨거운 태양열을 차단하는 정도라
고 할 수 있다. 그럼에도 청쥐촌의 농민들은 대부분 3층짜리 건물을
짓는다. 그것이 외관상 좋아 보이기 때문이다.

이 '외관상 좋아 보이고' 싶은 바람은 단순히 건물에만 나타나는
것이 아니다. 이 마을 농민들의 삶 곳곳에서 그런 바람이 묻어난다.

『신향토중국』(허쉐펑 지음)의 표지. 표지 속 사진을
통해 중국 농촌의 결혼식 양상을 짐작할 수 있다.

가령 앞에서 언급했던 찡창치우는 평범한 농민으로 수입이 특별히
많은 것도 아니다. 그러나 딸의 혼수는 다른 어떤 농민들보다 많이
준비했는데, 트럭에 한 가득 혼수를 실어야 할 정도였다. 결혼식 날
에는 혼수를 실은 트럭만이 아니라 승용차도 몇 대 동원되었으며, 결
혼식이 있기 전에는 신랑과 신부가 몇백 위안을 들여 결혼사진을 찍
기도 했다. 인근 소도시에서 곱게 신부 화장을 했고, 전문적인 촬영
기사까지 불러 예식이 진행되는 과정을 동영상과 사진으로 담기도
했다.

　이러한 허세는 3층짜리 주택이나 결혼식에서만 나타나는 것이 아
니다. 잉산의 농촌에서는 각종 경조사의 선물비용이 농민들에게 상

당한 부담을 주고 있다. 청줘촌의 전 서기[6] 장타이핑張太平은 현재 나이가 68세인데, 그 가족이 찻잎을 따서 벌어들이는 수입은 3,000위안에 불과하다. 그런데 매년 선물비용으로 나가는 돈이 1,000위안을 넘어선다. 일반 농가의 경우라면 1년 선물비용이 3,000~4,000위안에 이른다. 잉산 농촌에서는 결혼이나 장례, 주택 건축, 자녀들의 대학 진학, 생일 등이 있을 때마다 거의 항상 축하 자리가 마련된다. 마을 농민들은 모두 선물을 준비하고, 친인척은 좀 더 신경 써서 선물을 준비한다. 각종 부조금은 개혁개방 이전에는 1~2위안에 불과했지만 현재 30위안까지 오른 상태다. 잉산의 농촌은 결코 부유한 지역이 아니다. 장타이핑처럼 수입이 제한적인 사람이 적지 않다. 그럼에도 잉산 농촌은 인정人情을 표시하는 데 상당한 비용을 지불하고 있다. 이해할 수 없는 사실은 자리를 마련하는 측이나 선물을 준비하는 측 모두 이 교류에서 어떤 장점도 찾지 못한다는 것이다. 그럼에도 인정을 표시하는 이 농촌 문화는 전혀 위축되지 않고 있다.

일반적인 상식에 비춰보자면, 농민의 소득이 증가하고 생활 여건이 개선되어야 체면도 차릴 수 있다. 그러나 잉산에서는 결혼과 장례, 주택 건축, 선물 준비 등에서 허세적인 요소가 강하게 나타난다. 3층 집을 짓거나 결혼식을 치르는 모습은 농민들의 실제 필요나 경제적 능력을 이미 넘어서 있다. 잉산 농민들의 임금소득이 바로 이

---

6 중국에서 촌村은 공식 행정구역이 아니므로 정부 조직이 구성되지 않는다. 촌은 기본적으로 자치다. 그러나 당 지부는 촌에 구성될 수 있다. 일반적으로 당원이 3명 이상일 경우에는 당의 지부 설립이 가능하다. 촌에 당 지부 위원회가 설립되면, 그에 따라 서기와 부서기, 위원이 선출될 수 있다.

'체면 경쟁'을 지탱해주고 있는 것이다.

농민들이 농촌의 주류 사회에서 배제되고 싶지 않다면 '체면 경쟁'은 피할 수 없는 운명이다. 장타이핑은 매년 총수입의 3분의 1을 마을 내 인적 교류에 쏟아붓고 있는데, 이는 농촌 주류 사회에서 밀려나고 싶지 않기 때문이다. 장타이핑보다 경제적으로 더 어려운 일부 노인들은 그 교류를 유지하지 못하는 바람에 주변으로 밀려났고, 사회적으로 '사망' 선고를 받았다.

인간관계를 위한 비용은 도리어 부담이 적은 편에 속한다. 농민들이 가장 큰 부담을 느끼는 지출 항목은 주택 건축이다. 2층 반 높이의 건물을 짓는 데 들어가는 비용이 대략 10만~13만 위안이다. 잉산 농촌에서 이 돈은 결코 쉽게 마련할 수 있는 금액이 아니다. 필자가 이해하는 바로는 청쥐촌에서 새로 집을 짓는 농민의 절반 이상이 돈을 빌려 부족한 자금을 메우고 있다.

그렇다면 도시로 나가 돈을 버는 것이 잉산의 농촌 생활에 어떠한 의미를 갖는지 짐작할 수 있다. 농민들이 도시로 나가 벌어들인 소득은 그들의 생활수준을 향상시키고 거주 환경을 개선해줄 뿐 아니라 마을 내 사회적 관계를 유지하게 한다. 농민들이 외지로 나가 일하기 전에는 잉산 농민들의 소득에 큰 차이가 없었다. 마을 내 경제적 계층의 차이도 그다지 명확한 편이 아니었다. 그러나 1990년대 들어 많은 농민들이 외지로 나가 일을 하면서부터 일부 농민들이 상대적으로 더 많은 소득을 바탕으로 마을 내 상류층이나 할 수 있는 일들을 하기 시작했다. 이것이 그들의 명성과 지위를 높여주었다. 이는 도시 이주 노동이 불러온 연쇄 효과다. 점점 더 많은 농민들이 도시로 나가 일을 하게 된 것은 단순히 경제적 상황을 개선하기 위해서가 아니다. 그 돈을 가지고 마을 내 사회적 지위와 체면을 유지하려는 것이다.

점점 더 많은 농민들이 도시로 나가 일하게 되면 농촌의 경쟁 압력은 더욱 커질 수밖에 없다. 농민들은 더욱더 도시로 나감으로써 이 압력에 대응한다. 바로 여기서 도시 이주 노동의 논리가 만들어진다. 농촌 마을의 '체면 경쟁'에 참여하여 그에 상응하는 사회적 지위를 획득하려는 것이다.

잉산의 농민들은 누가 더 많은 소득을 거두는가의 경쟁에 열심을 내고 있다. 그런데 그 소득 경쟁의 목적은 농촌 마을 내 '체면 경쟁'에 참여하기 위해서다. 소득 내역을 꼼꼼히 따지는 것과는 대조적으로 농민들은 낭비에 가까운 소비를 서슴지 않는다. 소득 내역을 꼼꼼히 따지는 이유가 낭비에 가까운 소비를 하기 위해서다. 시장경제의 환경에서 취득한 소득이 전통적인 '체면 경쟁'을 위해 사용되고 있다. 도시에서 거둔 소득이 전통적인 소비행위를 자극하고 있다.

한 가지 짚고 넘어가야 할 사실은 잉산의 농민들이 도시로 나가 번 돈이 끊임없이 고향 농촌으로 들어온다는 점이다. 고향 농촌이 바로 외지로 나가 버는 돈의 최종 귀결점이다. 도시에서 일하는 것은 단지 좀 더 편안한 삶을 살기 위한 방편에 지나지 않는다. 마을 내 자원과 인원이 무한정 밖으로 유출되는 상황과는 질적으로 다르다. 외지로 나가 일하는 농민공의 수가 많아질수록 잉산의 농촌 마을은 더

번창하게 된다.

도시 정착을 위한 자금 마련

잉산 농촌에서 도시로 나가 일하는 농민은 크게 두 유형이다. 하나는 도시로 나가 일한 지 꽤 오래된 이들로, 그들 대부분은 중년 남성이다. 그들의 목표는 비교적 명확하다. 돈을 벌어 고향 집의 가정경제에 보탬을 주겠다는 것이다. 그들은 도시로 나가기 전에 이미 가정을 이룬 경우가 많으며, 일반적으로 아내가 고향 집에 남아 양육과 농사를 담당하고 있다. 다른 하나의 유형은 아직 결혼하지 않은 젊은 사람들이다. 특히 중학교를 졸업한 지 얼마 안 된 사람이 많은데, 그들은 도시에서 연애하여 다른 지방 출신 사람과 결혼하기도 한다. 그들이 도시로 이주해 돈을 버는 이유도 당연히 결혼과 출산, 그리고 가정을 위해서다. 다만 이들이 첫 번째 유형의 농민과 다른 점은, 도시에서 번 돈을 마을 내 체면 경쟁에 쓸지 아니면 도시 주택을 마련하는 데 쓸지를 선택할 수 있다는 것이다.

이미 가정을 이룬 농민이 외지로 나가 일한다면, 그들이 안정적인 소득원을 확보해 도시에 집을 장만하지 않는 이상, 그들의 소득은 모두 농촌 생활의 소비에 투입된다. 반대로 결혼을 하지 않은 채 외지로 나가는 젊은이들은 더 많은 선택지를 가지고 있다. 경제 상황이 허락한다면, 그들은 도시에서 주택을 마련하게 될 것이다.

결혼하지 않은 채 도시로 나간 젊은이들은 자기 고향 농촌에 대

잉산현의 레이자디엔진 전경. 청쥐촌의 농민들이 선택한 소도시 중 한 곳이다.

한 소속감이 상대적으로 약하다. 그들은 '체면 경쟁'에 참여해본 경험도 없고, 다른 지방 출신의 배우자를 만날 수도 있다. 즉 도시에서 새로운 가정을 꾸릴 수도 있는 것이다. 다만 여전히 문제가 되는 사안은 그들이 지방 소도시에서라도 집을 장만하고 안정적인 일자리를 찾을 수 있는가의 여부다.

어떤 젊은이들은 고향 농촌에 집을 지을 것인지 아니면 지방 소도시에 집을 구입할 것인지를 고민하기도 한다. 물론 대부분 후자를 선택한다. 잉산현 청쥐촌에도 이미 10여 가구의 농민이 현縣에 위치한 주택을 매입했고, 또 다른 일부는 진鎭에 위치한 주택을 장만했다. 더 많은 경우는 마을 내에서 이동하는 것이다. 교통이 불편한 거주지를 떠나 상대적으로 교통이 편리한 곳으로 이사하는 것이다.

만약 젊은 사람들이 농촌 마을에 집을 짓지 않고 도시에 주택을 장만하면 그들은 더 이상 고향 농촌에서 진행되는 '체면 경쟁'에 관심을 갖지 않는다. 어떻게 도시에서 삶을 꾸려갈 것인가가 훨씬 더 중요한 문제이기 때문이다. 따라서 그들이 도시로 나가 돈을 버는 것은 도시 생활을 꾸리기 위한 준비 과정이라고 할 수 있다. 이렇게 되면 이 청년들의 도시 이주는 단순한 인적 자원의 유출에 그치는 것이 아니다. 그들이 벌어들인 소득도 더 이상 고향 농촌으로 유입되지 않는다. 농촌을 떠나기 위해 준비하는 청년이 많아질수록 그들이 외지로 나가 일하는 동기의 시작점과 종착점이 계속 농촌 마을로부터 멀어진다. 결국 농촌 마을의 인적 자원과 재화가 모두 외부로 유출되고, 그러면 그 마을은 황량한 모습으로 변해갈 수밖에 없다.

임금소득에 힘입어 소도시에 주택을 마련하는 잉산의 상황은 랴오닝遼寧의 다구촌大古村[7]에서 더 확연하게 나타난다. 최근 10년 동안 이 마을의 미혼 남성들은 결혼에 앞서 도시에 주택을 마련해야 한다는 압박을 받고 있다. 그 결과 이 마을의 전체 200가구 가운데 50여 가구가 이미 도시에 위치한 주택을 마련했다.

농민들이 고향 마을에 주택을 짓지 않고 도시로 나가 주택을 장만하는 것은 농촌이 더 이상 그들 삶의 목적지가 아니며 그곳에 삶의

---

7 랴오닝성 선양시沈陽市 선베이신구沈北新區 후스타이진虎石臺鎭에 위치한 농촌 촌락. 허쉐펑은 이 촌락에 대한 조사 연구를 통해 농촌 가정 구조의 변화와 거기서 비롯되는 공공성의 재구성을 설명한 바 있다. 이에 대한 내용은 삼농중국 홈페이지(http://www.snzg.net)에 게재된 「농촌의 반半숙인사회화와 공공생활의 재구성」農村的半熟人社會化與公共生活的重建에 잘 나타나 있다.

의미도 부여하지 못한다는 것을 의미한다. 농촌의 전통적인 생활 논리 역시 계속 유지되기가 어려울 것이고, 향촌 규범은 날로 그 대리인을 잃어갈 것이다. 이러한 상황이 농촌 거버넌스에 상당한 영향을 미치고 있다.

동일한 임금노동, 그러나 완전히 다른 가치

전통적으로 농민의 수입은 매우 적기 때문에 그들은 수공업과 임금노동을 통해 가계를 보완하지 않을 수 없었다. 그러나 현재 중국 농촌에 나타나고 있는 임금노동 행위는 대부분 농촌의 '체면 경쟁'에서 비롯된 것으로, 먹고살기 위해 필요하다는 생계의 의미를 뛰어넘고 있다. 도시로 이주해 임금노동에 종사하는 이유가 먹고사는 문제를 해결하기 위한 것이 아니라면, 도시의 임금소득이 지나치게 낮아질 경우 농민들은 도시에서 일하는 것을 그만둘 수 있다. 이러한 상황이 2004년 이후에 벌어졌다. 중국공산당 중앙위원회가 농업세를 폐지하고 사회주의 신농촌 건설을 추진하자 농민들은 이전보다 더 많은 혜택을 누릴 수 있게 되었다. 농민들은 이제 외지로 나가 일하는 것에 대해 다시 생각하기 시작했다. 연해지역을 중심으로 공장 노동력이 부족해진 이유가 바로 여기에 있다.

중국의 농민들은 경작지를 통해 먹고살기 위한 식량을 해결할 수 있고, 가축 사육을 통해 부수입을 챙길 수 있으며, 채소와 같은 농산물도 자급할 수 있다. 따라서 농민들은 임금노동에 대해 대단히 탄력적으로 반응한다. 특히 현재 당 중앙은 농업과 농촌 문제에서 비교적 양호한 정책을 내놓고 있다. 이에 따라 농민들은 도시에서 벌어들인 소득을 주로 주택 건축이나 사치품 구매, 자녀의 대학 진학 등에 사용하고 있다. 먹고사는 문제를 벗어난 소득이 있기 때문에 농민들이 인생의 체면과 존엄을 차릴 수 있는 것이다. 물론 이 '체면 경쟁'에는 낭비적이고 효용가치가 떨어지는 부분이 존재한다.

그런데 최소한의 생계를 위해 임금노동을 할 경우에는 사정이 다르다. 농업활동에서 비롯되는 소득이 없는 데다가 도시의 생활비가 농촌보다 훨씬 높기 때문에 임금노동은 생계 유지를 위한 필수불가결한 수단이 된다. 그리고 생존이 보장되지 못하는 상황이라면 임금노동자가 임금이 낮다는 이유로 물러나기도 쉽지 않다.

그렇다면 농민들이 자신의 수입을 발판으로 도시에 집을 장만하고 도시 생활을 선택하는 것이 합리적인 선택으로 비칠 수 있지만, 그리고 그것이 사회경제적 지위 상승의 증거로 이해될 수 있지만, 실제로는 그 반대라고 할 수 있다. 즉 농민들이 농촌에 근거지를 남겨둔 채 도시로 나가 임금노동을 하는 것이 훨씬 더 인간다운 삶을 살 수 있는 가능성을 열어준다. 토지라고 하는 보장된 수단이 있기 때문에 그들은 농촌으로 돌아갈 여지가 있는 것이다. 반면 임금에만 의존하는 도시 생활은 시간이 지날수록 생계를 걱정해야 하는 수준으로 전락할 수밖에 없다.

농촌에서는 60세가 넘는 노년층도 신체가 건강하기만 하면 농업활동과 가사 노동에 얼마든지 투입될 수 있다. 18세 미만의 청소년도 농촌이라면 일하는 것이 얼마든지 가능하다. 게다가 과학기술이 발전하고 기반시설이 개선되면서, 이러한 '반쪽짜리' 노동력도 이전과 비슷한 농업생산성을 이뤄내고 있다. 농업생산이 가능하다면 먹고사는 문제를 해결할 수 있고, 외지에 나가 일하는 가족에게 기초적인 농산품도 제공해줄 수 있다. 그러나 도시 생활을 선택한 농민은 농업소득도 없을 뿐 아니라 '반쪽짜리' 노동력도 활용할 기회가 사라진다. 결국 그들은 임금소득만으로 도시 생활을 꾸려가야 한다.

나아가 농촌 생활은 농민들에게 삶의 의미를 부여해준다. 소득은 단순히 생존을 위한 것이 아니며, 또한 그들이 무작정 더 높은 소득을 추구하는 것도 아니다. 제사상의 향불을 켜두기 위해서, 체면과 존엄을 지키기 위해서, 그리고 생활의 의미를 더하기 위해서 농촌 경쟁에 참여하고 우위를 점하려 한다. 도시로 떠나버린 농민들은 그와 달리 지출과 수입의 균형을 맞추는 데 시급하기 때문에 장기적으로 보면 생존의 문제에 매몰될 수밖에 없다.

신중함이 필요한 도시 이주 정책

1990년대 초 일부 지방은 농민들에게 비농업 후커우戶口를 판매한 바 있다.[8] 어떤 경우에는 특정 지역을 개발해 주택을 판매하기도 한

---

8 1980년대 중반 중국 사회에는 제한적이기는 하지만 인구 이동을 긍정하는 흐름이 있었다. 예컨대 경제력을 갖춘 농민이라면 도시 상주 후커우를 받을 수도 있었고, 공공기관이나 그 부속 사업 단위, 혹은 기업에 종사하는 사람은 비농업 후커우를 신청해 발급받을 수도 있었다. 그런데 1989년 국

다. 후베이 징먼시荊門市도 1990년대 중반 도시 남쪽에 대규모 개발 지역을 조성한 적이 있다. 작은 상점이 딸린 주택을 만들어 농민들에게 염가로 판매했던 것이다. 그때만 하더라도 징먼시에는 아직 대규모 농민공이 나타나지 않았다. 당시 경제적 여건이 좋은 농민들이 이 주택 상품을 수만 위안에서 수십만 위안을 들여 구매했다. 그런데 이 주택을 구입한 농민들은 곧 한 가지 중요한 사실을 깨달았다. 만약 많은 농민들이 그 지역에 모여들어 작은 가게를 연다면, 그들이 실제로 획득하게 될 이윤은 도시 생활을 유지하는 데 충분하지 않을 수 있다는 점이었다. 얼마 안 되어 당시 주택을 구입했던 농민들은 그 주택을 되팔아 농촌으로 돌아갔다.

당시 그 주택을 구입한 농민들 중에는 그대로 도시에 남은 경우도 있었다. 그런데 소수만이 장사로 도시 생활을 이어갈 수 있었을 뿐, 다수는 다시 멀리 연해지역이나 혹은 대도시로 나가 징먼이라는 이 중서부 소도시의 생활비용을 마련하기 위해 일해야 했다. 온 가족을 이끌고 도시에 정착했지만, 토지가 없기 때문에 '반쪽짜리' 노동력인 노인과 아이가 닭을 키우거나 채소를 재배하는 것으로 가계에 도움을 주기도 어려웠다. 또한 도시는 농촌보다 생활비가 더 많이 들었다. 가족 중 누군가가 멀리 타향으로 건너가 임금노동을 하지 않으면

무원은 각 지방에 이러한 후커우 전환을 엄격히 관리하라고 요구했고, 그에 따라 도시 후커우의 가치가 더욱 상승했다. 1990년대 초가 되면 중국 전역에서 '후커우 구매'가 성행하는데, 이는 후커우 전환에 대한 엄격한 관리가 후커우의 매매로 이어진 것이라고 할 수 있다. 후커우 전환에 소요되는 비용을 대단히 높게 책정함으로써, 사실상 후커우의 매매를 합법화한 것이다.

부모와 자녀를 부양할 수가 없었다. 도시 생활의 편리함과 도시 생활에 대한 동경이 농민의 도시 이주를 자극하는 가장 큰 요인이다. 그러나 농민이 도시 이주를 추진할 때에는 도시에서 살아갈 소득을 확보할 수 있는지를 반드시 고려해야 한다.

연해지역에서 일하는 농촌 출신의 젊은이 중에서 진정으로 그 도시에 뿌리를 내리거나 혹은 다른 대도시에서 가정을 꾸릴 수 있는 이는 그다지 많지 않다. 엄청난 행운이 따르지 않는다면 거의 불가능하다. 그렇다고 해서 그들이 농촌으로 돌아가려는 것도 아니다. 그들의 계획은 고향 근처의 시나 현, 진에 거주하는 것이다. 임금노동으로 모은 돈을 밑천 삼아 지방 소도시에 집을 장만하고, 작은 상점을 열거나 소소한 사업을 벌여 도시 생활을 이어가려는 것이다. 그런데 모든 농민공이 작은 상점을 열고 소소한 사업을 벌인다면, 지방 소도시가 과연 그들 모두에게 동일한 기회를 줄 수 있겠는가? 더구나 그 기회는 단순히 개인 한 명을 부양하고 말면 되는 것이 아니라 그에게 딸린 가족 전체를 부양할 수 있는 수준이어야 한다. 여기에 도시 내 주택 마련이 전제되어야 하는 것도 당연하다. 이 모든 것이 갖춰지지 않은 상태에서 농민들에게 자꾸 도시에 살라고 재촉한다면, 그 결과가 어떠할지는 너무나 명확하다.

오늘날 도시 삶에 대한 중국 농민들의 기대와 동경은 갈수록 커지고 있고, 또한 그 기대와 동경이 행동으로 이어지고 있다. 그런데 대다수 중서부 지방은 도시화율을 높이는 데에만 신경 쓸 뿐 그들이 도시에서 정말 살 수 있는지, 삶의 질이 그대로 유지될 수 있는지는 고려하지 않고 있다. 이러한 방식으로 도시 인구의 비율을 높이면 농촌은 이유 없이 희생될 것이고 도시는 끊임없이 불안해질 것이다.

현재 농민들이 도시로 나가 일하면서 직면하는 가장 심각한 문제는 가족의 파괴다. 온전한 가족을 구성하지 못하는 현실이 현재 농민공에게 가장 큰 아픔이자 상처로 남아 있다. 남편이 오랫동안 외지로 나가 일하면 아내는 홀로 가사와 경작의 수고를 감당해야 한다. 부부가 모두 외지로 나가 일하는 바람에 노인들이 전적으로 아이들을 돌봐야 한다. 부모의 사랑이 부족한 상황에서 아이들이 과연 건강하게 성장할 수 있겠는가? 도시로 나가 돈을 벌면 분명 농가의 소득이 증가한다. 그러나 그로 인해 가족이 파괴되는 것 역시 사실이다. 이렇게 파괴된 가족에게 높은 소득과 농촌의 우뚝 선 주택이 무슨 의미가 있겠는가? 농사를 포기하고 농촌을 떠나는 농민공의 이주 물결이 과연 중국에 무슨 의미가 있겠는가?

■ 이 글은 「이주 노동 붐의 심층 원인」"打工潮"背後的深層根源을 번역한 것이다. 한국 독자들의 이해를 돕기 위해 장 제목뿐 아니라 절 제목 중 일부를 수정했고, 일부 중복되는 내용은 뺐다. 원문은 삼농중국 홈페이지(http://www.snzg.net)에서 확인할 수 있다.

도시로 나갈 권리, 농촌으로 돌아갈 권리

현재 중국이 당면한 문제 중 하나는 도시로 이주한 농민공이 농촌으로 돌아갈 수 있는가이다. 이는 두 가지 측면에서 이해될 수 있다. 하나는 농민공의 도시 정착 가능성이다. 현재의 경제 발전 수준에서 농민공은 도시에서 안정적인 생활을 영위할 수 있는가? 둘째, 만약 농민공이 도시 정착에 실패할 경우 그들은 농촌으로 돌아가 생활할 수 있는가이다. 여기에는 이 문제가 주관적인 것인지 아니면 객관적인 것인지도 포함되어 있다. 이 문제들을 진지하게 토론할 필요가 있다.

기층 간부[1]들이 상층 간부들보다 이 문제들에 대해 더 잘 말할 수 있을 듯하다. 많은 학자들은, 농사 경험이 없는 농민공이라면 대부

---

1 중국에서 촌은 촌민위원회라는 조직을 구성해 자치를 시행한다. 즉 촌민들이 촌민위원회의 촌장(혹은 주임)을 직접 선출한다. 만약 촌이 공식 행정조직과 연계될 필요가 있으면, 촌장이 촌의 대표 역할을 맡게 된다. 그런데 촌에는 당 지부위원회도 함께 설치되어 있다. 바꿔 말하자면, 촌 지부위원회의 서기를 통해 중국공산당 중앙위원회의 힘이 기층까지 전달되는 것이다. 촌민위원회의 촌장과 당 지부위원회의 서기 등을 합쳐서 일반적으로 기층 간부(농촌 간부)라고 부른다.

분 농촌으로 돌아가지 않을 것이라고 생각한다. 아마도 그러한 농민 공은 일반적으로 40세 이하일 것이다. 50세 이상의 농민공은 대부분 농사 경험이 있고, 농촌에 대해 어느 정도 친밀감을 가지고 있다. 도시 정착에 실패할 경우, 그들은 농촌으로 돌아갈 것이다. 그런데 40세 이하의 농촌 젊은이라면 생각이 완전히 다를 수 있다. 그들에게 농촌으로 돌아갈 것인가를 물었을 때 돌아올 대답은 '원하지 않는다' 일 수 있다. 도시의 삶은 청춘의 낭만으로 가득하기에 그 누구도 선뜻 돌아가려 하지 않는다. 문제는 TV드라마가 보여주는 모습이 도시 삶의 전부가 아니라는 점이다. 혹 그런 삶을 누리지 못하게 되었을 때에는 어떻게 할 것인가?

기본 생활을 보장하는 농촌

한 가지 흥미로운 사례를 가지고 이 문제를 토론해보고자 한다. 샤오간孝感[2]의 한 기층 간부가 자신의 경험을 상급 당 위원회에 보고한 일이 있다. 「농촌 인프라 시설의 개선이 어째서 토지 유통의 부진으로 이어지는가」라는 제목의 그 보고서에는 당혹스럽지만 교훈이 될 만한 내용이 많았다. 샤오간의 농촌에서 일하는 3명의 향촌 간부가 다년간의 노력 끝에 규모의 경영을 펼칠 수 있을 만큼의 경작지를 확보하는 데 성공했다. 전국 대부분의 농촌 지방이 이런 식의 토지 유통

---

2 후베이성의 동북부에 위치한 지급시.

중국 대부분의 지방정부는 대규모 경작을 이루기 위해 농촌 토지의 유통을 촉진하고 있다. 2011년 윈난성雲南省 푸민현富民縣의 토지 유통 서비스 센터 개소 기념식.

을 통해 대규모 경작을 꿈꾼다. 필자는 그렇게 생각하지 않지만, 많은 사람들은 노년층 농민만으로 중국이 먹고살기는 쉽지 않다고 생각한다. 시진핑習近平 총서기는 언젠가 '중국에서 누가 농사를 지을 것인가'라는 문제를 제기한 적이 있다.[3] 중국에는 2억이 넘는 농가가 평균 10무 남짓의 경작지를 가지고 있다. 누가 이 토지를 경작할 것인지를 묻는다면, 현재의 농업기술과 영농 수준을 고려할 때 60세 부

3 '누가 농사를 지을 것인가'의 질문은 사전적인 의미로 제시되기보다는 중국의 농업생산이 직면한 여러 가지 문제 중 하나로 언급될 때가 많다. 따라서 중국공산당의 삼농三農 관련 회의에서는 언제든지 언급될 수 있는 질문이다. 시진핑 역시 다양한 자리에서 이 질문을 언급한 바 있다. 대표적인 예로 매년 말 개최되는 중국공산당 중앙농촌공작회의가 그러하다.

부는 40무의 토지를, 50세 부부는 50무의 토지를 경작할 수 있다고 답하고 싶다. 농촌에 어떻게 경작할 사람이 없을 수 있겠는가? 농사지을 사람은 언제나 있었지만 땅이 없었을 뿐이다. 다만 본래 이모작, 삼모작 하던 땅에서 지금은 많아야 이모작밖에 안 하는 것은 곡물 농사가 돈이 안 되기 때문이다. 그 비용조차 회수하지 못하는 경우가 있고, 이 때문에 많이 경작할수록 손해를 볼 수 있다. 현재 중국에 경작할 사람이 없다는 말은 실은 시장의 영향으로 인해 경작해봐야 돈이 안 된다는 것을 의미한다.

샤오간은 정책적으로 800무에 달하는 토지를 확보했다. 최근 몇 년 사이 시市 정부의 농촌 작업팀이 농촌으로 들어가 촌과 협력해 국가 프로젝트 자금을 확보한 일이 전환점이 되었다. 400여만 위안의 토지 정리 자금이 투입되었고, 농촌 인프라 시설의 건설과 수리 시설 정비가 이어졌다. 그런데 환경이 개선되자 많은 노인들이 경작지를 다시 가져갔다. 최근 2년 사이 200여 가구가 500여 무에 달하는 경작지를 회수했다. 노년층 농민이 다시 경작지를 가져간 데에는 세 가지 이유가 있었다. 첫째, 경작 환경이 개선되면서 이전만큼 경작이 힘들지 않게 되었기 때문이다. 둘째, 경작이 노인들에게 일종의 성취감을 가져다주었기 때문이다. 셋째, 경작을 통해 신체 운동을 할 수 있었기 때문이다. 따라서 최초에 맺었던 계약 기간이 아직 끝나지도 않았는데 3명의 기층 간부(농촌 간부)는 그들의 요구를 들어주지 않을 수 없었다. 노년층 농민들은 경작지를 다시 돌려받자 한동안 버려두었던 농기구를 다시 손에 쥐었다. 이로 인해 기층 간부들이 당혹스러왔던 것이다.

이 이야기를 어떻게 이해하면 좋을까? 농촌 인프라가 개선되자 노인들이 경작을 희망하게 되었다면, 핵심은 기초설비의 유무에 있다. 농업이 처한 어려움에 대해서는 많은 사람들이 지적하고 있지만, 정작 노년층 농민들의 적극성과 의지, 그리고 그들의 경작 능력에 대해서는 별다른 관심을 보이지 않고 있다. 농업생산에 필요한 기초 조건만 갖춰지면, 노인들도 곡물 생산의 주력군이 될 수 있다.

샤오간의 이야기에서 알 수 있는 것은 소농은 경작을 통해 소득과 일, 그리고 삶의 의미 및 가치를 찾고자 한다는 것이다. 누군가 도시에서 일을 찾지 못했다면, 혹은 일을 찾았더라도 그 삶이 울적하다면, 농촌에 경작할 토지가 있는가가 매우 중요해진다. 농촌의 생산활동과 거버넌스에서도 경작이 기초다. 규모가 지나치게 작은 농가는 시장과의 연계 때문에 문제가 발생할 수 있고, 특히 대규모 농업생산과의 연계에서 어려움을 겪을 수 있다. 중국의 생산력이 발전할수록 농촌에 남은 사람들이 더욱 경작에 힘쓸 수 있게 만들어야 한다. 샤오간의 경우처럼, 누군가가 조금만 신경 쓰면 외부 자원을 이용해 이 문제를 해결할 수 있다. 노년층 농민들이 생산에 적극성을 나타냈고, 경작을 건강의 차원에서 받아들이게 되었다. 이것이 중요하다. 농민들이 경작을 할 수 없게 되었을 때, 정부가 개입해 도와주면 그들은 경작을 다시 희망하게 되고, 또한 잘 감당해낼 수 있다. 기계화 경작이 보급되면서 육체노동의 강도는 현저히 줄어들었고, 상대적으로 경작지의 관리 능력이 중요해졌다. 경험 많은 노년층 농민들의 관리 능력이 규모의 경영보다 훨씬 더 중요하다. 게다가 중국의 절대다수 농가는 곡물을 경작한다. 70퍼센트 이상의 농촌 노동력과 경작지가 모두 곡물 생산에 투입되고 있다. 그런데 곡물 생산은 시장과의 연계가 문제시되지 않는다. 곡물은 표준화된 상품이기 때문에 어디서든 판매가 가능하다. 생산된 곡물은 책정된 가격으로 수매된다. 물론 돈을 벌고 싶은 농민이라면 반드시 시장과의 연계를 고려해야 할 것이다. 판매상이나 농산물 가공 공장이 농촌에 들어서는 것도 모두 돈을 벌기 위해서다. 그러나 오늘날의 소농 농업이나 노년층 농업은 돈을 벌기 위한 농업으로 이해될 수 없다. 농업활동을 통해 돈을 번다는 것은 쉬운 일이 아니다. 그럼에도 많은 농민이 농업활동에 종사하는 것은 그것이 기본 생활을 보장해주기 때문이다. 그 기본 생활이 훨씬 더 중요하다.

현재 중국 농촌의 기본적인 경영 방식은 양호한 편이다. 그러나 몇 가지 정책에서는 문제가 나타나고 있다. 예를 들어 몇몇 농업정책은 농민들에게 농업생산으로 부자가 되라고 종용한다. 그런데 농업활동으로 어떻게 부자가 될 수 있는가? 일부 개별 농가는 혹 부자가 될 수 있을지 몰라도 전체 농가가 모두 부자가 되는 것은 불가능하다. 중국 사회는 개발업자의 시각에서 문제를 바라보곤 한다. 각종 매체도 부자가 되기 위해 무엇을 경작해야 하는지 너무나 자주 알려준다. 한서우현漢壽縣[4]이 물고기와 자라 양식으로 부자가 되었다고 해

4　후난성 북쪽에 위치한 현. 동쪽으로 둥팅洞庭호에 인접해 있어서 일찍부터 민물고기 양식업이 발

한서우현의 자라는 중국에서 매우 유명한 특산물이다. 어린 자라들(왼쪽)이 잘 자랄 수 있는 환경(오른쪽)을 조성해 야생에서 키우는 것과 비슷한 효과를 거두고 있다.

서 전국의 모든 농촌이 물고기와 자라를 양식할 수는 없지 않은가? 농업 거점이 정말 많지만, 취업과 소득을 보장해야 할 농민은 여전히 많다. 농업으로 부를 이룬다는 것은 거의 불가능한 이야기다. 만약 일부 농민이 농업생산을 통해 이전보다 더 많은 소득을 거두었다면, 그보다 더 많은 농민은 농업소득이 이전보다 줄었을 확률이 높다. 혹자는 정부와 자본이 결합해 중국의 소농경제 체제를 없애야 한다고 주장한다. 정부가 왜 자본의 입장에 서서 소농을 없애야 하는가? 자본은 능력이 있으면 시장에서 마음껏 헤엄치기 마련이다. 그러다 익

달했다. 특히 자라 양식으로 유명해, '중국 자라의 고향'中國甲魚之鄉으로 일컬어지기도 한다. 허쉐펑이 굳이 한서우를 예로 든 것은 2014년 제8차 현향 간부 포럼이 바로 이곳에서 개최되었기 때문이다.

사하면 그건 자본의 일일 뿐, 왜 자본을 구하기 위해 온갖 방법을 강구해야 하는가? 토지 정리나 사회화 서비스[5]도 같은 맥락에서 논의되어야 한다. 국가의 농촌 투자나 향촌 조직은 소농에게 매우 중요하다. 이러한 부분들이 소농과 대생산 사이의 모순을 해결해주기 때문이다. 대생산의 환경에서 소농의 생산 방식이 어떻게 연계될 수 있는가? 이것이 바로 샤오간의 예에서 필자가 발견한 내용이다. 그리고 이것이 도시로 이주한 농민공이 고향으로 돌아갈 수 있는가를 논의하기 위한 전제이다.

농촌이라는 퇴로

많은 사람들은 도시로 이주한 농민공이 돌아갈 수 없을 것이라고 생각한다. 특히 취학 이후 농사를 지어본 적이 없는 젊은 농민공은 더욱 그렇다고 믿는다. 이 문제에 대해 다시 생각해보자. 돌아가고 싶지 않은 농민공은 청춘이 무한할 것이라 믿으며 내일을 기대한다. 개인의 차원에서만 보면 모두에게 기회가 열려 있는 셈이고, 그렇다면 미래에 어떤 일이 일어날지 그 누구도 장담할 수 없다. 그러나 중국

---

5 농업생산의 관점에서만 보면, 소농 체제는 대규모 경작에 비해 대단히 불리하다고 할 수 있다. 가령 종자나 비료, 농약, 농자재 등은 규모가 커질수록 그 비용이나 관리가 수월하게 된다. 새로운 경작 기술이나 재배 방식, 병충해 예방 방법 등도 같은 지역이라면 서로 보조를 맞출 필요가 있다. 수확한 작물을 판매하거나 운송하는 것, 혹은 가공하는 것도 같은 지역에서는 공동으로 하는 것이 모든 면에서 효율적이다. 결국 소농 체제를 유지하면서도 대규모 경작과 동일한 효과를 낼 수 있는 방식이 중요하다. 중국은 이를 위해 다양한 조직과 기구, 혹은 제도와 방법을 만들어가고 있는데, 그 일련의 체계를 '농업의 사회화 서비스'農業社會化服務라고 부른다.

이라는 국가, 그리고 중국의 발전 단계를 고려한다면, 젊었을 때에는 도시로 이주해 생활하는 것이 문제가 없다 하더라도, 시간이 흐른 후에도 여전히 자신의 소득으로 부모 부양과 자녀 양육, 그리고 인간다운 삶과 노동력 재생산을 이어갈 수 있을지는 매우 불확실하다. 물론 농민공 중 일부는 좋은 직장과 안정적인 수입을 유지할 수 있을지 모른다. 그리고 이를 바탕으로 집도 장만하고, 도시에서 인간다운 삶을 꾸려갈 수도 있다.

그러나 중국 제조업이 이미 변곡점에 도달한 상황에서 대부분의 농민공이 그렇게 될 것이라 가정해서는 안 된다. 소득이 받쳐주지 않는다면, 온 가족이 도시로 이주한다 하더라도 편안한 삶을 살기는 쉽지 않다. 소득과 지출이 균형을 잃었을 때, 그 가족의 관계가 좋을 수 있을까? 부모의 노동력이 아무런 의미도 없는데, 그리고 그들이 농촌으로 돌아갈 수도 없는데, 그 가정에 다양한 문제가 안 나타날 수 있을까?

현재 상황에서는 100위안의 GDP 중 30위안만이 1인당 소득으로 추산될 뿐이다. 게다가 여기에는 세금도 포함되어 있다. 이러한 상황에서는 국가가 제공하는 사회보장도 의미를 잃게 된다. 다수가 소수를 위해 사회보장을 제공해주는 국가는 이 세상에 존재하지 않는다. 중국에 돈이 많은 것은 사실이지만, 이는 많은 사람들이 사회보장의 혜택을 누리지 못하기 때문이다. 모두가 사회보장의 혜택을 누릴 수 있다면, 중국이 구미의 선진국보다 돈이 많다는 뜻일 것이다. 그런데 구미의 선진국도 그렇게 많은 돈을 가지고 있지 못하다. 게다가 중국의 많은 지방은 기초 인프라 시설 마련이나 산업 업그레이드, 그리고 새로운 과학기술에 많은 돈을 쓰고 있다. 중국은 여전히 개발도상국에 불과하기 때문에 농민들의 도시 이주가 필요하지만, 그들이 도시에서 주택을 장만할 수 있는가를 핵심 사안으로 간주해서는 안 된다. 도시에서 인간다운 삶을 살 수 있는가가 훨씬 중요하다.

이는 다른 많은 국가들의 경험을 통해서도 알 수 있다. 19세기 말과 20세기 초를 거치면서 전 세계는 피라미드 형태의 세계 체제를 형성했다. 상부에 유럽과 미국, 일본이 있고, 하부에 아시아와 아프리카, 라틴아메리카 국가들이 있다. 이러한 양상이 이미 100여 년 동안 지속되었는데, 피라미드의 하부에서 상부로 올라선 사례는 아시아의 네 마리 용[6]이라 일컬어지는 국가들에 불과하다. 더구나 이 네 국가는 냉전이 가장 첨예하게 나타났던 지역에 위치해 있다. 예컨대 한국에서는 소련의 사회주의와 미국의 자본주의가 38선을 경계로 치열하게 경쟁했다. 한국과 싱가포르, 타이완의 경제 성장에는 미국의 지원이 절대적이었다. 나아가 당시에는 제조업이 변곡점에 도달하기 전이었고, 모든 체계가 상대적으로 열려 있는 상황이었다. 이 네 국가를 제외하면, 개발도상국이 선진국의 반열로 올라선 사례를 거의 찾아볼 수가 없다. 라틴아메리카의 국가들과 필리핀 등은 본래 중등 소득의 국가였는데, 나중에는 중등 소득의 함정middle income trap[7]에 빠

6 한국, 홍콩, 싱가포르, 타이완 등 제2차 세계대전 이후 고도의 경제 성장을 일군 아시아의 네 나라를 말한다.
7 중진국 함정이라고도 한다. 일반적으로 개발도상국이 중등 소득의 단계에 진입했을 때, 성장 동

져 헤어나오지 못하고 말았다. 중동은 석유 자원에 힘입은 바 크기 때문에 공업화와 기본적으로 상관이 없다. 그들의 사회 및 정치 구조는 여전히 전통적인 모습을 띠고 있으며, 어떤 경우에는 봉건적인 모습도 나타난다.

개발도상국의 부상은 100여 년의 세계 역사에서 그 유례를 찾아보기가 힘들다. 일본은 19세기 말 20세기 초에 선진국의 대열로 이미 올라선 국가다. 20세기 초부터 지금까지 100여 년 동안 그 어떤 개발도상국가도 선진국으로 나아가지 못했다. 중국이 피라미드의 상부에 올라선다면 중국 인구가 세계의 4분의 1을 차지하기에 그 모양이 뒤집히게 된다. 뒤집힌 피라미드는 불안정하기 마련이고, 그렇다면 중국이 정말 부상할 수 있을지 장담하기 어렵다. 횡적으로 비교해보면, 미국과 유럽, 일본 등의 대국을 제외한 대부분의 국가에는 빈민굴이 형성되어 있다. 인도를 방문한 학자들은 뭄바이 인구의 40퍼센트가 빈민굴에 거주하는 것을 보고서 놀라곤 한다. 가톨릭 전통이 살아 있는 라틴아메리카에도 빈민굴이 있다.

중국에도 빈민굴이 있는가? 누군가는 성중촌城中村을 가리켜 중국의 빈민굴이라고 말한다. 그러나 성중촌은 임시 거주지일 뿐이다. 그곳에 머무는 것은 돈을 벌기 위해서이고, 돈을 벌 수 없다면 농촌으로 돌아가면 그만이다. 그곳에 머무는 사람들은 자신이 성중촌의

력을 상실하면서 성장이 둔화되는 현상을 가리킨다. 산유국을 제외한 대부분의 개발도상국이 이 중등 소득의 함정에서 벗어나지 못한 것으로 알려져 있다.

광저우의 대표적 성중촌인 셴춘洗村. 주변을 둘러싼 높은 빌딩에 포위되어 있어 뚜렷이 대조된다. 2016년부터 대대적인 철거 및 정리 작업에 들어갔다.

일원이라고 생각하지 않는다. 그들은 미래에 대한 자신감과 기대로 가득 차 있다. 빈민굴에는 이른바 거버넌스라는 것도 없고 희망이라는 것도 없다. 앞날이라는 것을 느낄 수 없는 공간이다. 개발도상에 있는 많은 대국을 고려했을 때, 중국은 확실히 빈민굴이라 부를 만한 공간이 존재하지 않는다. 왜 그런가? 중국에는 도농都農 이원구조가 있기 때문이다. 도시에서 실패할 경우 농촌으로 돌아갈 수 있기 때문이다. 집이 있고 그들의 부모가 아직 농촌에 남아 농사를 짓고 있기 때문이다. 도농 이원구조가 도시 내의 이원구조 출현을 막아주고 있다.

현재 중국의 1인당 GDP는 유럽이나 미국, 일본의 7분의 1 수준에 불과하다.[8] 그리고 중국의 주력 업종은 대부분 부가가치가 낮은 산업이다. 국가가 제공할 수 있는 취업과 복지, 사회보장에 한계가 있을 수밖에 없다. 그렇다면 대부분의 사람들은 도시에서 인간다운 삶을 꾸려갈 수 없다고 봐야 한다. 그들에게는 돌아갈 곳이 있어야 한다. 도시로 이주한 농민에게 물러날 수 있는 퇴로를 남겨줘야 한다. 퇴로가 없다면 도시 내에 필연적으로 빈민굴이 형성될 수밖에 없다. 도시의 빈민굴은 두 가지 함의를 가진다. 하나는 농민이 인간다운 삶을 살기가 힘들어진다는 것이고, 다른 하나는 정부 역시 그들을 도와주기가 힘들어진다는 것이다. 개발도상국에는 거의 예외 없이 도시 빈민굴이 생겨났다. 만약 중국에 도시 빈민굴이 형성된다면, 농촌이 천국에 가깝다는 것을 곧 깨닫게 될 것이다. 여기서 말하는 농촌은 도시 사람들도 가고 싶어하는 그런 잘 가꾸어진 농촌이 아니다. 기본적인 생활을 보장해줄 수 있는 농촌이 필요하다. 그곳에는 잘 알고 지내던 사람도 있고, 고향이라는 정서적 친근감도 존재하며, 살집도 있다. 적어도 이 권리를 농민들에게 남겨주어야 한다.

만약 창사長沙[9]와 같은 대도시에 300만 명이 거주하는 빈민굴이 형성된다면, 중국 사회는 희망을 말하기가 어려워진다. 중국 사회는 내세來世에 대한 신앙도 없다. 종교가 없는 상황에서 도덕에 대한 민

---

8 IMF의 자료에 따르면, 2016년 중국의 1인당 GDP는 8,261달러다. 이는 미국의 5만 7,294달러나 일본의 3만 7,304달러보다 한참 낮은 수치다.
9 후난성의 정부 소재지이자 지급시. 여기서 저자가 굳이 창사를 언급한 것은 이 글을 발표한 장소가 후난성이기 때문이다.

음마저 무너진다면, 모든 것을 법률과 경찰력에 의지해야 한다. 이런 식으로는 사회가 유지되기 어렵다. 대규모 빈민굴이 형성되면, 이 사회 집단을 중심으로 혼란이 야기될 수 있고, 이는 사회 불안정으로 이어진다. 개발도상국에서 흔히 볼 수 있는 정치적 혼란도 나타날 수 있다. 이는 군사 쿠데타와 민주 정치의 반복 순환을 의미하는 것이다. 태국이나 터키, 이집트나 우크라이나가 모두 그러한 경우 아닌가? 그러한 예는 너무나 많다. 중국이 어떻게 해야 이 상황을 미연에 방지할 수 있을까? 100여 년간의 노력 끝에 중국은 간신히 중등 소득 국가의 대열에 올라설 수 있었다. 그러나 중등 소득의 함정에서 벗어난 국가는 역사적으로 거의 없다는 것을 기억해야 한다. 그렇다면 중국 같은 대국이 그 함정을 쉽게 피할 수 있을 것이라고 낙관해서는 안 된다. 지금이야말로 농민에게 퇴로를 남겨줄 때다. 토지제도와 소유제도를 활용해야 한다. 이것이 중국과 다른 개발도상국 간의 가장 큰 차이점이다.

자본의 농촌으로의 이동을 제한해야 한다

중국의 농업은 성공적이었다. 농민의 희생 위에서 농업은 성공을 거두었다. 그렇다면 지금 중국 농촌의 기본 경영제도는 폐지해야 할 대상이 아니라 강화하고 보완해야 할 대상이다. 농민공이 외지에서 한평생 고생하며 수고했다면, 귀향하는 문제가 중요할 수밖에 없다. 지금 그들은 고향 농촌으로 돌아갈 수 있는가? 지금은 충분히 가능하다.

중국 푸저우福州의 부동산 광고. 전원주택 1개 동과 30제곱미터의 농장을
함께 구입할 수 있다고 쓰여 있다.

　　샤오간의 사례에서 알 수 있듯이, 노인이 되어도 농촌으로 돌아
갈 수만 있다면 그들은 경작 활동을 이어갈 수 있다. 곡물 생산은 시
장과의 연계가 필요한 것이 아니다. 심지어 금융 방면의 투입도 필요
하지 않다. 그것이 필요한 사람들은 농업을 통해 돈을 벌려고 하는
경우다. 가장 먼저 생각해야 할 것은 대다수 농민들의 퇴로, 가장 약
한 사회 집단의 퇴로다. 이런 사람들에게 필요한 것은 시장과의 연계
가 아니라 생산과의 연계다. 물론 농업생산에는 많은 조건이 필요하
다. 그런데 육체노동이 기계로 대체될 수 있다면 경작지에 대한 관리
가 그 어떤 조건보다도 가장 중요하다고 할 수 있다. 3~4무의 경작
지로 돈을 벌기는 힘들어도 생계를 유지하는 것은 충분히 가능하다.
곡물이나 채소를 재배한다고 해서 돈을 벌 수 있는 것은 아니지만,
최소한 돈을 주고 살 필요는 없다.
　　'경작지가 딸린 도시 농가'라는 부동산 광고를 본 적이 있다. 별장

주택에 밭이 딸려 있으면 도시 주민들도 농사짓기를 희망하는 경우가 있다. 농민들이 농촌으로 돌아가 경작할 수 있다면, 그들은 삶의 의미를 찾을 수 있고 가치를 실현할 수 있다. 농민들이 도시에서 아무리 의욕적인 삶을 살더라도 자신과 상관없는 도시 생활을 동일시하기란 대단히 어려운 일이다. 농촌으로 돌아가 농사를 짓고 닭을 키운다면, 농촌 생활이 주는 재미를 발견할 수 있다. 소득이 많지는 않겠지만, 그렇다고 해서 삶의 질이 떨어지지도 않는다. 당신이 늙었을 때, 당신의 자녀는 대학에 진학할 수도 있지만 농민공의 삶을 살 수도 있다.

현재의 중국 사회를 필자는 세대별 분업에 기초한 반농반공半農半工이라고 부른 적이 있다. 노년층은 경작을 하고 청년층은 임금노동을 하는 형태다. 임금노동을 비교적 편안히 받아들일 수 있는 것은 농업활동이 기본적으로 먹고사는 문제를 해결해주기 때문이다. 한 가구에 이 같은 두 종류의 소득이 존재하고 농촌의 지출이 그다지 많지 않기 때문에, 자급자족 경제가 가능해진다. 농민이 매년 여윳돈을 만지는 것도 가능하다. 현재 일부 농가에서는 고향 부근의 현과 소도시에 주택을 장만해 온 가족이 함께 그곳에 거주하려 한다. 그러나 현과 소도시는 그들에게 안정적인 소득을 제공해주기가 어렵다. 지출이 상대적으로 많고, 본래 두 가지였던 소득원도 하나로 줄어들게 된다. 결국에는 모든 부담이 노년층에 집중될 것이고, 그 상황을 타개할 만한 출구도 마땅치 않을 것이다.

중국이 선진국의 반열에 올라서기까지는 아직 많은 시간이 필요하다. 농민이 고향으로 돌아가 농사를 지을 수 있게 보장해주는 것이 여전히 기본적인 제도여야 한다. 성공적으로 도시에 정착한 농민은 자신의 토지를 친척이나 친구에게 양도할 수도 있다. 그렇게 모인 토지는 규모의 경영을 낳을 수 있고, 이로 인해 그 경영자가 중농 계층으로 성장할 수 있다. 이들이 농촌의 노년층과 함께 농촌 거버넌스의 핵심 역량으로 자리 잡게 되면, 농촌이 중국 사회의 안전판이자 저수지로 기능할 수 있게 된다. 큰 정치적 혼란을 피할 수 있는 것이다. 따라서 농민이 고향으로 돌아갈 수 있는가의 기초는 개별 농가가 언제든지 농사지을 수 있는 환경을 만들어주는 데 있다. 그런 점에서 향촌 조직[10]이 중요하다. 정부가 앞장서서 재정적으로 이 농촌 조직을 지원해야 한다. 만약 자본을 지원한다면, 농촌 조직 체계는 망가질 수밖에 없고, 결국 소농은 해체되고 만다. 지금의 정책은 자본의 농촌으로의 이동을 엄격히 제한하고 있다. 시진핑 총서기의 이 정책은 지지받아 마땅하다.

그러나 문제는 2억에 달하는 농가를 향후 어떻게 할 것인가이다. 한쪽에서 소농에 대한 지원 체계를 만들면서 다른 한쪽에서 자본에 대한 지원 체계를 만드는 것은 현실적으로 불가능하다. 이 두 가지 지원 체계는 상호 경쟁적이다. 소농은 그 경쟁에서 열세일 수밖에 없으므로 결국 눈물을 머금고서 토지를 포기해야 할 것이고, 도시로

---

10 중국 농촌의 기층 자치조직인 촌민위원회가 대표적인 예다. 그런데 농업세 등의 각종 세금이 폐지되면서 촌민위원회가 개별 농가에 관여할 수 있는 경제적 수단이 사라지게 되었다. 촌민위원회의 위상도 그에 따라 약해졌다는 평가가 나오고 있다.

이주해 임금노동자가 되어야 할 것이다. 현재 중국에 식량이 부족한가? 만약 곡물 가격이 두 배로 뛴다면, 곡물 생산이 3분의 1 정도 늘어날 수 있다. 현재 중국의 농업 정책은 한 가지 오류를 범하고 있는데, 중국의 핵심 문제를 농민 문제가 아니라 농업 문제로 바라본다는 것이다. 중국의 정책은 도시 정착이 현실적으로 어려운 농민공과 농촌에 살고 있는 소농에 초점을 맞춰야 한다. 그렇게 해야 향후 30년 동안 중국이 안정적일 수 있다. 소농경제가 여전히 존재할 수 있고, 도시 정착에 실패한 대부분의 농민들이 물러날 곳을 가질 수 있다. 만약 농민들에게 경작에 필요한 기반시설을 마련해줄 수 있다면, 노인들도 일정 소득을 거두면서 먹고사는 문제를 해결할 수 있다. 농사는 3개월이 바쁠 뿐 나머지 9개월은 비교적 여유롭다. 경작의 과정은 바로 생명의 의미가 전개되는 과정이다. 경작을 한다는 것은 수확이 있다는 의미다. 농민에게 경작지가 있다면, 중국 사회의 기초가 세워질 수 있고 농촌 거버넌스의 기초가 마련될 수 있다.

사회적 약자를 보호하는 도농 이원구조

농민들이 돌아갈 수 있는가의 여부는 주관과 객관의 차원이 모두 관련되어 있다. 중국은 9억 4,000만 명에 달하는 농촌 호적 인구와 6억여 명의 농촌 인구, 2억여 명의 농민공, 그리고 농촌과 밀접히 관련된 사람들의 이익을 자세히 살펴야 한다. 어떤 의미에서는 현재 농민의 퇴로가 중국 현대화의 출로라고도 할 수 있다. 현재 중국은 소수의 치부에 지나치게 관심을 보이고 있으며, 과도하게 농업 문제를 부각시키고 있다. 오히려 지금 기억해야 하는 것은 농민들의 기본적인 생활을 어떻게 보장할 것인가이다.

현재 중국 앞에는 2개의 선택지가 있다. 다수의 편에 설 것인지, 아니면 소수의 편에 설 것인지를 결정해야 한다. 곤혹스러운 사실은 많은 사람들이 이 문제를 제대로 이해하지 못하고 있다는 점이다. 예를 들어 도농일체화都農一體化[11]라는 말이 그러하다. 도농일체화는 농민의 자유로운 도시 이주를 의미하는데, 이에 대해서는 중국 사회가 모두 동의하는 바다. 그런데 여기에는 자본의 농촌으로의 이동도 포함된다. 이러한 일체화가 필요한가? 농민은 사회적 약자다. 자본이 자유롭게 농촌으로 이동할 수 있다면, 농민의 도시 이주는 자유로울 수 있어도 고향 농촌으로의 회귀는 불가능해진다. 도농 이원구조는 농민을 보호하는 제도다. 이 체제가 있기 때문에, 농민은 자유롭게 도시로 이주할 수 있지만 자본은 농촌으로 자유롭게 이동할 수 없다. 그래서 농민을 보호할 수 있는 것이다. 어느 사회이든 약자를 보호하지 않는다면 문제가 발생하기 마련이다. 농민의 경작지 청부 경영권이 재산인가? 그것은 기본적인 생계보장의 수단이며 사회보험과 같은 것이다. 재산은 얼마든지 자유롭게 매매할 수 있고 자유롭게 교환

---

11 계획경제 시기 중국은 도시와 농촌을 엄격히 구분해 서로 다른 방식으로 관리했다. 도시와 농촌 주민의 이동을 제한했을 뿐만 아니라 그들의 삶을 조직하는 방식도 서로 달리했다. 그 결과는 잘 알려진 것처럼 농촌에 대한 도시의 수탈이었고 도시와 농촌의 격차 확대였다. 개혁개방 이후 중국은 도시와 농촌을 아우르는 방식을 찾고 있는데, 인구 이동의 제한을 완화하면서 도시든 농촌이든 주민이 모두 동일한 대우를 받을 수 있게 하려고 노력한다. 이 일련의 과정을 도농일체화라 부른다.

할 수 있다. 생계보장과 사회보험이 자유롭게 매매될 수 있는가? 농촌 건설은 농촌을 도시보다 더 좋게 만들겠다는 뜻이 아니다. 이는 실현 불가능한 목표다. 현재 도처에서 실시되고 있는 정부 보조금은 모두 현대적인 농업을 지향한다. 그러나 현대화된 농업을 발전시킨다고 해서 무엇을 할 수 있는가? 이 질문에 답할 수 있어야 한다. 농민공이 고향 농촌으로 돌아갈 수 있는가의 여부가 가장 중요하다. 이를 해결할 수 있다면 중국은 향후 20~30년 동안 안정적으로 발전을 거듭할 수 있다. 그러나 이 문제가 해결되지 않는다면, 예상하기 어려운 경제 주기 속에서 성장과 불안을 끊임없이 반복 경험할 수밖에 없다. 다른 개발도상국의 경우처럼 '중등 소득의 함정'에서 벗어나지 못할 수 있다.

■ 이 글은 「도시 이주 농민공은 농촌으로 돌아갈 수 있는가」進城農民工能不能回得去農村를 번역한 것이다. 본래는 2014년 제8차 현향縣鄉 간부 포럼에서 허쉐펑이 발표한 내용이다. 여기서는 구두 발표라는 점을 고려해 논지에서 벗어난 일부 내용과 중복되는 부분을 삭제했다. 단락 구분 및 장·절 제목도 옮긴이가 수정·보완한 것이다. 원문은 삼농중국 사이트(http://www.snzg.net)에서 확인할 수 있다.

'알박기' 게임의 진실

알박기의 논리와 계산법

얼마 전(2012년) 원링溫岭[1] 기차역 주변의 '알박기' 사건이 중국 사회에서 초미의 관심사가 된 적 있다. 언론 보도는 주로 원링 '알박기'의 주인공인 뤄바오건羅保根에 초점을 맞췄다. 618제곱미터의 면적에 달하는 그의 5층 주택은 최초 건축 비용이 60여만 위안이었는데 보상금으로 책정된 금액은 26만 위안이었다. 매체는 이처럼 낮은 보상비는 농민의 이익을 침해하는 것이라고 지적했다. 따라서 '알박기'가 당연하다는 투였다.

　가령 『화서도시보』華西都市報[2]의 한 기자는 다음과 같은 제목의 기

1　저장성浙江省 동쪽 연해지역에 위치한, 타이저우시台州市 관할 현급시. '현급시' 역시 지급시의 경우처럼 중심지가 그 주변 일대를 관할하기에 만들어진 명칭이다. 즉 '현급시'로서의 원링시는 원링시뿐만 아니라 그 주변 일대의 진鎭/향鄉을 모두 포함한다. 그리고 원링의 기차역은 2009년에 이미 완공된 상태였다. 다만 그 주변 일대의 정비와 도로 건설이 뤄바오건과 같은 마지막 '알박기' 가구들로 인해 지체되고 있었다.

2　중국의 매체는 당 기관지와 어떤 식으로든 관련된 경우가 많다. 가령 처음에는 지방 당 위원회의 기관지였던 신문이 개혁개방 이후 시장화의 추세 속에서 별도의 법인으로 독립하고, 이후 시장 경쟁

저장성 원링 기차역 주변 '알박기' 현장의 모습.
출처: http://www.lifeweek.com.cn/2012/1205/39391.shtml

사를 내보냈다. "대로 한복판의 알박기, 60만 위안짜리 주택의 보상
금이 26만 위안, 철거에 동의하지 않는 것이 당연." 많은 인터넷 사
이트들은 연일 원링 알박기 사건을 메인 화면에 띄웠고, 저장성 위성
TV[3]와 CCTV[4]도 여러 차례에 걸쳐 후속 보도를 내보냈다.

에서 살아남기 위해 시장 수요를 반영한 자매지를 새롭게 선보이는 식이다. 특히 1990년대 이후 이
과정을 거쳐 등장한 매체가 많았다. 지역 및 생활 뉴스를 주로 다루었던 '도시보'都市報도 그중 하나
였다. 초창기 도시보의 하나였던『화서도시보』華西都市報 역시 쓰촨성四川省 당 위원회의 기관지였
던『사천일보』四川日報와 같은 그룹에 속해 있다. 중국 내에서는 상당한 발행 부수를 자랑한다.
3 저장성의 TV채널. 본래는 지방 방송이었지만, 1990년대부터 전국 방송으로 거듭났다. 중국의 각
성省에는 대부분 이 같은 방송사가 적어도 하나씩은 있다. 대부분 라디오방송국 및 기타 영상 관련
사업을 병행한다. 처음에는 지방정부의 사업이었지만, 개혁개방 이후 1990년대를 지나면서 합병 및
독립을 거쳐 미디어 그룹으로 재탄생했다.
4 '중국중앙TV방송국'의 영문명으로, 중국의 대표적인 TV방송국이다. 중국 국가 사업 단위의 하나
이며, 현재 50개 이상의 채널을 운영하고 있다.

매체 보도와 인터넷 여론은 원링의 알박기 사건에서 지방정부의 토지수용과 주택 철거를 문제 삼았다. 뤄바오건으로 대표되는 농민의 이익을 심각하게 훼손했다는 것이다. 그러나 이후에 보도된 내용은 원링 알박기 사건이 그리 간단한 사안이 아님을 보여주었다. 우선 뤄바오건이 살던 샤양장춘下洋張村[5]에는 459가구가 살고 있었는데, 그중 451가구가 지방정부의 제안을 받아들여 철거에 동의한 상태였다. 불과 8가구만이 철거에 동의하지 않았던 것이다. 그렇다면 지방정부가 제시한 보상 내용이 농민의 이익을 심각하게 훼손한 것은 아니라고 봐야 한다. 얼마 안 되어 후속 보도가 나왔는데, 본래 철거에 따른 보상 방안은 두 가지였다고 한다.

하나는 원래 거주지에서 서남쪽으로 2킬로미터 떨어진 곳에 주택부지를 제공하고 철거에 따른 보상 비용으로 제곱미터당 300위안을 지급하는 것이었다. 전해진 바에 따르면, "새로운 주택부지는 비록 처음 주택부지보다 면적이 조금 작지만, 국유토지라는 장점이 있었다. 주택 거래에 필요한 세 가지 증명, 곧 토지증명과 주택증명, 그리고 거래증명까지 모두 제공되었다.[6] 농민들의 이전 주택부지는 집체

---

5 원링시 관할 다시진大溪鎭에 위치한 촌.
6 중국의 토지제도는 소유권과 사용권이 분리되어 있으며, 소유권은 다시 국유와 집체 소유로 나뉜다. 일반적으로 도시 토지는 국가 소유이고, 농촌 토지는 집체 소유다. 그리고 이 소유권의 차이에 따라 토지의 성격과 권한이 달라진다. 이에 대한 일반적인 설명은 이 책에 수록된 「'토지 재정'과 부의 재분배」에서 확인할 수 있다. 여기서 언급되는 세 가지 증명은 도시에 위치한 국가 소유 토지의 사용권 거래와 관련된다. 토지증명은 국유토지 사용권에 대한 증명서이고, 주택증명은 주택 재산권에 대한 증명서이며, 거래증명은 부동산 거래에서 발생하는 계세契稅, 곧 거래세 완납에 대한 증명서다. 중국의 합법적인 부동산 거래는 이 세 가지 증명서가 있어야 가능하다.

원링 알박기의 주인공 뤄바오건이 집체토지 사용증명서를 들고 있다.

소유였기 때문에 단지 토지증명만 제공될 뿐이었다."[7] 그렇다면 "새로 제공받은 주택부지는 단독주택의 개념에 가깝다. 그 주택은 실거주도 가능할 뿐 아니라 매매와 담보까지 가능하기 때문이다."

다른 방안은 본래의 주택부지에서 동북쪽으로 100여 미터 떨어진 곳에 있는 농민 아파트로 이주하는 것이었다. "농민 아파트의 보상 면적은 1인당 60제곱미터로 그 기준이 정해졌다. 만약 최초 거주지의 면적이 이 기준을 넘어서게 되면 그 면적이 보상 기준으로 적용되었다. 따라서 첫 번째 방안을 선택하지 않는다면, 뤄바오건이 받게 되는 보상은 본래 거주하던 주택부지 면적(618제곱미터)에 준하는 농

7 집체가 소유한 토지에 대해서는 집체토지의 사용증명만 가능하다. 중국의 현행법은 집체 소유 토지가 도시 주민에게 양도되는 것을 금지하기 때문에, 그 토지에 위치한 주택에 대해 어떠한 재산권 증명도 하지 않고 있다. 한때 일부 지방에서 이 재산권 증명을 발급하기도 했는데, 이것이 바로 '소산권방'小産權房이라 불리던 것이다. 그러나 중국 정부는 공식적으로 이 '소산권방'이 불법임을 밝힌 바 있다. '소산권방'에 대해서는 이 책에 수록된 「토지 사유화의 신화」 역주 21(298쪽) 참조.

민 아파트 네 채였다. 물론 일정 비용을 부담해야 했지만, 그 비용은 주변 시세보다 낮은 제곱미터당 2,000위안 정도였다. 게다가 1인당 20제곱미터로 책정된 도로변 상가까지 제공되었다. 비록 재산권 증명이 제공되지는 않았지만(향촌 집체에서 통일 경영), 뤄바오건의 가족이 6명이므로 120제곱미터에 해당하는 면적의 점포를 받을 수 있었다. 매년 적지 않은 소득이 충분히 가능한 조건이었다."•

뤄바오건을 비롯한 대부분의 마을 주민들은 첫 번째 방안을 선택했다. 경제 상황이 좋지 않은 일부 농가만이 두 번째 방안을 선택했다. 농민들은 바보가 아니기 때문에 첫 번째 방안이 더 큰 이익이라는 것을 알고 있었다. 과연 그 이익이 어느 정도였을까? 우선 두 번째 방안을 선택했을 때의 이익부터 계산해보자.

정부 관리의 말을 빌리자면, "사실 뤄바오건도 정부의 보상 조건이 결코 나쁘지 않다는 것을 알고 있었다. 농민 아파트는 원링 고속철도 역에서 불과 500미터 떨어진 곳에 있었다. 이 지역의 주택 가격이 현재 제곱미터당 6,500위안 선에서 거래되고 있다. 게다가 향후 가격 상승의 여지가 남아 있다. (……) 120만 위안에 해당하는 최초 비용도 한 번에 지불해야 하는 것은 아니다. 주택 한 채를 먼저 팔 때까지 우리는 기다리려고 했다."

만약 뤄바오건이 두 번째 방안을 선택했다면, 이전에 그가 거주

• 예진량葉建良·쭈젠朱健, 「원링 알박기 '추적'」溫岭釘子戶'追蹤', 『도시쾌보』都市快報, 2012년 11월 23일.

'알박기' 게임의 진실 **103**

하던 주택의 면적이 618제곱미터이므로, 제곱미터당 6,500위안으로 계산할 때 대략 400만 위안을 손에 쥐게 된다. 여기에 120만 위안의 최초 비용을 제하면, 280만 위안이 그의 순수입이다. 그리고 1인당 20제곱미터의 상가를 제공받는다. 보통 상가 가격이 주택 가격보다 비싸므로 제곱미터당 1만 위안으로 가정할 수 있다. 그렇다면 120제곱미터에 해당하는 점포 가격은 120만 위안 정도다. 주택과 점포를 합친 보상금이 400만 위안에 달한다. 이는 결코 적은 보상금이 아니다. 물론 뤼바오건에게 필요한 것은 실제 거주할 집이지 매매할 집은 아니다. 그러나 주택 네 채 중 한 채만 팔아도, 상가를 고려하면 최소한 200만 위안 이상의 돈을 손에 쥘 수 있다. 이 보상 방안도 결코 나쁜 선택이 아니다.

그런데 대부분의 마을 주민들은 이 방안을 선택하지 않고 첫 번째 방안을 선택했다. 도대체 첫 번째 방안의 이익이 얼마나 더 컸던 것일까? 위에서도 언급했지만, 서남쪽 주택부지를 선택했을 때 얻게 되는 가장 큰 장점은 그 토지가 국유토지라는 것이었다. 이전의 주택부지는 집체 소유의 건설용지이기 때문에 거주만 가능할 뿐 담보나 매매가 불가능하다. 그러나 국유토지에 지은 주택은 일반 주택처럼 얼마든지 자유롭게 거래할 수 있다. 물론 두 필지의 주택부지 위에 이전과 동일한 면적의 주택을 짓는다고 가정하면 26만 위안의 보상비가 부족할 수 있다. 그러나 대출 등의 방식으로 일단 주택을 짓기만 하면 가격이 폭등할 것은 너무나 분명하다. 단독주택이 농민 아파트보다 일반적으로 시장 가격이 높기 때문에 원링 같은 지역이라면 제곱미터당 1만 위안까지 치솟을 수 있다. 설사 뤄바오건이 말한 것처럼 동일 면적의 주택을 짓는 데 80만 위안이 소요된다 하더라도, 일단 집을 짓기만 하면 그 가격은 600만 위안까지 오른다. 그렇다면 80만 위안의 주택 건축 비용은 극히 적은 액수라고 할 수 있다.

당시 수중에 돈이 얼마라도 있었던 농가들은 대부분 첫 번째 방안을 선택해 새로 집을 지었다. 심지어 높은 이자를 물고서라도 집을 지었다. 왜냐하면 농민들이 보기에도 그것이 이익이었기 때문이다. 경제적 조건이 매우 안 좋고 돈을 빌리기 어려운 일부 농가만이 두 번째 방안을 선택했다. 뤄바오건 역시 첫 번째 방안을 선택했다. 다만 그가 추가로 정부에 요구한 것은 동일 면적의 주택 건축 비용이었다. 자기 돈을 내거나 돈을 빌려서 집을 짓기가 싫었던 것이다. "이 노인은 주택 철거에 따른 손실을 받아들일 수 없었다. 시장 가격이 얼마인지는 그에게 중요하지 않았다. 주택의 기능은 거주하는 데 있었고 (……) 조금씩 그 수준이 올라가더니 뤄바오건은 나중에 보상금을 요구하는 것이 아니라 5층짜리 단독주택을 아예 지어달라고 했다."•

동일한 면적의 단독주택을 짓는 데 60만 위안이 필요한지, 아니면 뤄바오건이 말한 대로 정말 80만 위안이 필요한지는 중요하지 않다. 중요한 것은 그가 보상금 26만 위안이 너무 적다고 생각했다는 점이다. 물론 그는 자신의 주택부지가 집체 소유 토지에서 국유토지

• 자즈젠賈子建, 「원링 최고의 알박기: 온건 대치 속의 철거 국면」溫岭最牛釘子戶: 溫柔對峙下的拆遷變局, 『삼련생활주간』三聯生活周刊, 2012년 제49기.

로 바뀌면서 엄청난 이익이 발생한다는 것을 언급하지 않았다. 새로 집을 지어야 하는 지역의 주택부지가 이미 100만 위안에서 거래되고 있었기 때문에, 정말 돈이 필요하다면 "주택부지 중 한 필지를 팔아서 다른 한 필지에 집을 지을 수도 있었다." 그러나 이 방식에 대해서도 그는 전혀 언급하지 않았다. 자기 논리대로 계산하여 이익을 극대화하고 싶었던 것이다. 철거가 이익이라는 것을 마을 사람들은 모두 알고 있었지만, 뤄바오건은 그 이치를 이해하지 못했거나 혹은 일부러 모르는 척했다. 만약 지방정부가 뤄바오건의 요구를 받아들였다면, 나머지 다른 철거 가정도 비슷한 보상을 요구했을 것이다.

결국 매체의 집중 조명 이후 그는 당초의 바람과는 상관없이 26만 위안의 보상금을 받아들여야 했다. 그리고 첫 번째 방안을 선택해 주택을 새로 지었다.

알박기 게임의 이면

원링의 알박기 사건은 두 가지 점에서 전형적이다. 하나는 뤄바오건의 알박기 행위가 그렇다. 필자는 알박기가 무조건 나쁘다고 생각하지는 않는다. 차라리 중립적인 입장이다. 그러나 알박기에는 문제가 하나 있다. 당사자들이 자기만의 논리를 개발해서 자신의 요구를 제시하고 그것이 관철될 때까지 논리를 굽히지 않는다는 것이다. 심지어 그들은 무리한 요구를 할 때도 있다. 두 번째 전형성은 알박기에 대한 매체와 인터넷, 그리고 연구자들의 태도다. 그들은 항상 옳고 그름을 제대로 따져보지도 않고서 단장취의斷章取義를 일삼고 근엄한 태도를 취하곤 한다. 그러고는 상식에 가까운 사실조차 고려하지 않은 채 대단히 추상적인 농민의 이익 편에 서서 국가 혹은 지방정부의 실책을 지적한다. 정작 그 사안이 어떻게 해서 불거졌는지에 대해서는 소홀히 다룰 때가 많다.

우선 첫 번째 의미의 전형성에 대해서 이야기해보자. 2010년 초 필자는 광둥성廣東省 판위番禺와 란허攬核[8]에서 현지조사를 진행한 적이 있다. 당시에는 광저우廣州와 선전深圳, 그리고 홍콩을 잇는 고속철도 건설이 한창이었다. 그에 따라 토지수용과 주택 철거도 곳곳에서 진행되고 있었다. 뤼춘綠村[9]의 촌민위원회 주임[10]이었던 량씨梁氏와 그의 숙부 그리고 그의 누나의 집이 모두 철거 대상이었다. 고속철도 건설은 선형으로 진행되기 때문에 대규모 토지를 수용할 필요가 없다. 극히 일부 농가의 경작지와 주택부지만 수용 대상이 된다. 량 주임의 주택은 3층 높이에 건축 비용이 대략 20여만 위안이었는데, 지은 지 오래되어 골조나 자재 상태가 그다지 좋지 않았다. 량 주임은 오래전부터 집을 새로 짓고 싶어했다. 그런데 때마침 고속철도 건설과 주택 철거가 진행된 것이다. 마을에서는 량 주임에게 새로운 주택부지를 제공해주었고, 철거 보상비로 60만 위안이 책정되었다.

---

8 이들 지역에 대해서는 이 책에 수록된 「농민공 부족 현상의 이면」을 참조.
9 광저우시廣州市 판위구番禺區 란허진攬核鎭의 촌.
10 촌 주민들의 자치조직인 촌민위원회는 주임과 부주임, 위원 등 3~7명으로 구성되어 있다. 흔히 '주임'을 '촌장'村長이라고도 부르는데, 공식 직함은 '주임'이며, '촌장'은 별칭이다.

중국에서는 이른바 알박기 사건이 자주 일어난다. 가장 유명했던 것은 2007년 충칭重慶에서의 '알박기'. 이 사건을 계기로 중국에서는 알박기가 권리 수호의 의미를 갖게 되었다.

사실 40만 위안으로도 이전보다 훨씬 좋은 주택을 지을 수 있었다. 물론 이 새로운 주택은 부동산 시장에서 거래가 안 되는 농촌 주택이다. 뤄바오건이 보상으로 받았던 단독주택과는 그 성격이 질적으로 다르다. 그러나 량 주임의 주택이 과거에 비해 좋아진 것은 사실이었고, 따라서 그는 이 철거를 흔쾌히 받아들였다. 게다가 그의 친인척 중 세 가구가 철거로 인해 새 주택을 지을 수 있었다. 그는 이것이 큰 행운이라고 생각했다.

　뤄바오건은 철거되기 전 2001년에 자신의 집을 지었고 2007년에 내부 수리를 마쳤다. 그가 살고 있던 샤양장촌은 본래 매우 편벽한 곳이다. 그의 주택도 구조라든지 자재 면에서 최상급이 아니다. 그런데 새로 옮겨가기로 한 곳은 주택 거래가 가능한 토지였고, 최신의 주택 구조로 건축했을 뿐 아니라 26만 위안의 정부 보조금도 받을 수 있었다. 주택이 완공되면, 그 가격이 훨씬 더 오르게 된다. 부지 가격도 100만 위안에 달한다. 심지어 뤄바오건은 그런 주택부지를 두 필지나 받았다! 이 계산법은 뤄바오건도 분명히 아는 사실이고, 다른 마을 사람들도 아는 사실이다.

『삼련생활주간』三聯生活週刊[11]의 조사에 따르면, 샤양장촌에는 본래 459가구 1,600여 명의 주민이 살고 있었다. 도로 건설 당시 실제 수용 대상이 되었던 토지는 뤄바오건의 한쪽 건물을 포함한 37가구, 56개 건물에 불과했다. "샤양장촌의 촌민위원회는 마을 전체를 철거·개발해달라고 요구했고, 시정부는 이 요구를 받아들였다. 2007년 11월, 샤양장촌의 촌민위원회는 위에서 언급했던 두 가지 철거 보상 방안을 제시했다. 그리고 11월 15일 40명의 마을 주민 대표가 그 방식에 동의하면서 철거 보상 방안은 원링시 정부에 넘겨졌고 비준을 거쳐 확정되었다."

11 표면적으로는 삼련서점三聯書店이 발행하는 주간지다. 삼련서점은 20세기 초 중국 출판업계에서 가장 활발했던 세 출판사, 곧 생활서점生活書店과 독서출판사讀書出版社, 신지서점新知書店이 합병하여 탄생한 출판사다. 이후 오랫동안 인민출판사人民出版社에 소속되어 있다가 개혁개방 이후 시장화의 흐름 속에서 별도의 법인으로 독립했다. 지금은 홍콩과 상하이, 베이징의 3개 삼련서점으로 완전히 구분된 상태다. 그런데 베이징의 삼련서점은 2000년대 초 중국 정부가 주도해 설립한 중국출판그룹회사中國出版集團公司에 소속되어 있다. 시장 경쟁력을 강화하고 국유자산의 효과적인 관리를 위해 중국 정부는 중화서국中華書局을 비롯한 중국 내 유명 출판사들을 하나의 회사로 묶었고, 삼련서점 역시 여기에 포함되었다. 초창기 『삼련생활주간』은 사회 현실문제에 민감하게 반응하는 모습도 보였지만, 지금은 가장 대중적인 잡지의 하나로 자리 잡았다.

마을 주민들은 철거가 자신들에게 이익이 된다는 것을 잘 알고 있었다. 그들이 모두 철거에 동의한 것도 이 때문이었다. 샤양장촌 주민들은 판위 뤼춘의 주민들보다 훨씬 운이 좋은 편이다. 뤼춘의 경우에는 고속철도 건설에 필요한 몇 가구만이 철거 대상이었고, 그래서 대부분의 뤼춘 주민들은 철거의 '행운'을 잡지 못했다. 반면 샤양장촌의 300여 가구는 본래 철거할 필요가 없는 농가였음에도 촌민위원회의 강력한 요구에 힘입어 그 행운을 붙잡게 된 것이다. 샤양장촌의 보상 방안이 판위 뤼춘의 경우보다 더 유리했던 것은 두말할 필요가 없다.

　　일단 철거가 확정되면, 그에 따른 이익에 만족하는 사람은 거의 없다. 다양한 방법으로 더 많은 이익을 챙기려고 한다. 예컨대 자기 취향이 얼마나 독특한지, 자기 가정이 얼마나 가난한지, 집수리를 하는 데 얼마나 많은 돈을 썼는지 등을 내세우면서 더 많은 보상을 요구한다. 물론 그러한 요구가 모두 비합리적인 것은 아니다. 그러나 지방정부의 입장에서는 난처할 수밖에 없다. 농가의 요구를 일일이 들어줄 수는 없기 때문에 전체적인 기본 원칙만 제시할 뿐이다. 그런데 일부 농민들은 강경한 태도로 자신의 요구를 계속 고집하면서 여러 가지 빌미를 찾아 더 많은 이익을 노린다. 미친 척 바보행세를 하기도 하고 일부러 귀찮게 구는 방식을 취하기도 한다. 그래도 효과가 없으면 마지막에는 '알박기'로 간다. 지방정부는 괜히 시끄러운 일을 만들기 싫어서 어쩔 수 없이 '알박기' 가구의 요구를 들어줄 때도 있다. 지방정부가 그의 요구를 들어줄 때면 절대로 다른 사람들에게 발설하지 말라는 말도 꼭 덧붙인다. 그런데 일단 자신의 요구가 관철되면 '알박기' 가구는 자신의 '능력'을 뻐기고 싶어 안달이 난다. 그러면 이미 이주한 농가들이 불이익을 받았다고 느끼고 지방정부를 찾아가 보상금을 더 달라고 요구한다. 혹은 이 교훈을 받아들여 다음에는 꼭 '알박기'에 도전하리라 다짐하게 된다.

알박기는 언제나 존재하는 현상이다. 지방정부는 알박기의 요구를 임의로 들어줘서는 안 된다. 그렇지 않으면 이후의 일이 더 복잡해지고 어려워진다. 그래서 원링 정부는 강경한 태도로 "외부의 관심 때문에 알박기에 대한 보상 기준을 바꾸지"는 않을 것이라고 공언했다. 알박기 가구와 지방정부 간의 대립은 때때로 큰 사건사고로 번지기도 한다. 그러면 농민들의 요구가 이치에 맞든 안 맞든 외부에 공개되는 것 자체가 양쪽 모두에게 부담을 준다. 만약 사회 안정과 농민의 권리 신장을 평면적으로 강조하게 되면, 누군가는 이를 빌미로 자신의 이익을 최대한 늘리려 투쟁할 것이다. 이는 농민의 권리와 아무런 관련이 없다. 지방정부의 업무 방식과도 관련이 없으며, 철거에 따른 보상 수준과도 관련이 없다.

획일적인 언론의 태도

흥미로운 것은 매체와 인터넷의 논조다. 알박기 현상이 나타날 때면 그들은 거의 예외 없이 똑같은 태도를 보인다. 위에서 『화서도시보』의 예를 들었지만, 신랑新浪[12] 사이트의 뉴스도 비슷한 제목의 기사를 메인 화면에 띄운 적이 있다. "저장 원링의 알박기, 60만 위안의 건축비를 26만 위안으로 보상한다면 당연히 이주하지 않을 것." 댓글에는 다음과 같은 내용도 있었다. "매체가 민중의 요구에 알박기라는 타이틀을 붙이는 것 자체가 불만이다. 저장의 그 알박기 가구가 철거 보상으로 26만 위안을 받는다는 것 자체가 잘못 아닌가? 제곱미터당 300위안이면 나도 그 땅을 사서 개 키우며 놀아야겠다."

소위 전문가라고 칭해지는 사람들의 논조도 이와 크게 다르지 않다. 중국정법대학中國政法大學의 푸치린符啓林 교수[13]는 원링 알박기 사건에 대해 다음과 같은 논평을 내놓았다. "국가가 이제 어느 정도 부를 축적한 이상, 농민의 희생을 대가로 공공이익을 실현하려 해서는 안 된다. 시장 가격에 맞춰 농민의 손해를 보상해주어야 한다." 그런데 그가 모르고 있던 사실은 원링 정부가 농민에게 제공한 보상이 이미 수백만 위안에 달한다는 것이다. 뤄바오건 부부의 소득은 "그들이 키우고 있던 100마리의 오리에서 나왔다. 새벽에 밭에 나가 고구마 잎을 따서 오리에게 먹이는 것이 뤄바오건의 하루 일과였다. 그의 아내인 선위차이沈玉彩는 하루 종일 쉬지 않고 밀짚모자를 만들었다. 아무리 서둘러 작업해도 3일에 하나 정도를 완성할 수 있을 뿐이었다. 그럼에도 그 가격이 10위안이었다." 따라서 그 철거가 뤄바오건의 가

---

12 중국의 대표적인 인터넷 포털사이트. 영문명 SINA로 더 잘 알려져 있다. 홈페이지 주소는 http://www.sina.com.cn이다.
13 중국정법대학의 교수이며, 같은 대학 부동산법 연구센터의 주임이기도 하다. 원링 알박기 사건에 대한 그의 논평은 『삼련생활주간』의 「원링 최고의 알박기: 온건 대치 속의 철거 국면」溫岭最牛釘子戶: 溫柔對峙下的拆遷變局이라는 기사에 등장한다.

CBS 뉴스 헤더:
NEWS   SHOWS   VIDEO   CBSN   MORE

AP *November 23, 2012, 11:21 AM*

China builds road right around "nail house" as owner Luo Baogen refuses to sell

2012년 뤄바오건의 알박기 사건을 다룬 CBS 뉴스의 헤드라인. 여기서도 뤄바오건의 알박기는 지방정부의 부당한 보상과 그에 맞선 농촌 주민의 권리 수호 문제로 묘사되고 있다.

정에 얼마나 많은 이익을 가져다주었는지를 어렵지 않게 상상할 수 있다. 국가가 부유해진 것은 맞지만, 국가의 돈이 납세자가 낸 것이라면, 그 돈을 인정을 베푸는 데 함부로 써서는 안 되지 않겠는가?

CCTV의 「신문1＋1」[14] 역시 비슷한 논조로 이 사건을 다룬 바 있다. 2012년 11월 27일, 「신문1＋1」은 "원링 알박기 가구는 어디에 박고 서 있는 것인가"라는 제목의 보도를 내보냈다. 사회자는 프로그램의 말미에 다음과 같은 말을 덧붙였다. "토지수용제도를 개혁해서 농민들이 토지 가치의 증가분을 가져갈 수 있도록 해야 한다. 이는 이제 더 이상 논란의 여지가 없는 사실이다. 우리는 농촌에 제시할 답

14　중국의 CCTV 채널 중에는 '신문'新聞 채널이 있는데, 「신문1＋1」은 이 채널의 간판 프로그램 중 하나다. 주로 시의성 짙은 주제를 집중 보도하면서, 그에 대한 평론을 곁들이곤 한다.

안을 기다리고 있다. (……) 농민에게 토지는 조상 대대로 생계를 유지할 수 있었던 방편이다. 이 토지를 수용해야 한다면, 도대체 어떻게 그들에게 보상할 것인지, 그리고 현재와 미래의 생계를 위해 어떻게 그 수단을 보장해줄 것인지 답해야 한다."•

필자가 말하고 싶은 것은 CCTV의 「신문1＋1」이 원링의 알박기 사건을 가지고 토지수용제도의 개혁을 말하는 것은 문제의 핵심을 잘못 파악하고 있다는 점이다. 토지수용제도를 어떻게 개혁하든 알박기는 나타나게 되어 있다. 더 중요한 사실은 전국의 많은 농민들이 철거를 희망한다는 점이다. 그들은 조상 대대로 살아온 토지를 떠나고 싶어한다. 수백만 위안의 보상금을 챙겨서 도시로 가고 싶어한다. 그런데 도시 근교가 아닌 지역에 살고 있는 농가는 이 토지수용의 가능성조차 없다. 90퍼센트 이상의 중국 농민들은 보상금을 받을 기회조차 없는 것이다. 중국의 절대다수 농민은 도시 확장과 농지의 용도 변경에서 파생되는 가치 상승을 기본적으로 향유할 수 없다. 원링의 알박기 사건을 통해 알 수 있듯이, 철거는 이미 농민들에게 100만 위안 이상의 높은 보상금을 가져다주고 있다. 만약 보상 금액을 더 높인다면, 빠른 도시화를 추진하는 중국이 과연 그 부담을 감당할 수 있을지 의문이다. 아무런 원칙도 없이 알박기 가구에 대한 보상 금액을 높이는 것이야말로 중국 현대화에 심각한 악영향을 끼칠 수 있다.

『환구시보』環球時報[15]의 후시진胡錫進[16] 총편집인은 그의 웨이보微

• 中國網絡電視臺: http://news.cntv.cn/china/20121127/108820.shtml.

博[17]에 이런 말을 남겼다. "저장 원링 기차역 도로상의 알박기 현상과 그에 대한 언론 보도를 보면서 만감이 교차했다. 웃을 수도, 울 수도 없는 마음이다. 알박기 가구에 공감해야 할지, 아니면 원링의 공공이익에 공감해야 할지 나는 잘 모르겠다. 부동산 가격의 상승과 철거 가구에 대한 매체의 무조건적인 옹호가 보상금에 대한 일반인의 바람을 끊임없이 높이고 있다. 그 과정에서 대립이 심화된다. 각 지방의 철거 보상은 대부분 일반적인 부동산 가격보다 높은 편이다. 그렇다면 철거가 불공평하다는 관점은 이제 변화가 필요하다."

■ 이 글은 「원링 알박기 가구의 보상 문제」溫嶺釘子戶的補償問題를 번역한 것이다. 본래는 절 구분만 있고 제목은 없었는데, 이 글에서는 독자의 편의를 위해 옮긴이가 제목을 달았다. 원문은 삼농중국 홈페이지(http://www.snzg.net)에서 확인할 수 있다.

---

15 중국공산당 중앙위원회의 기관지 『인민일보』가 편집·발행하는 신문. 당 중앙이 관여하는 매체이지만, 특정 시장 수요를 노린 탓인지 지나치게 강경하거나 혹은 대단히 민족주의적인 논평을 보이곤 한다. 외국 매체의 관심이 높은 편이며, 특히 국제 정세와 외교 현안에 대한 중국의 입장을 이해할 때 자주 인용된다.

16 2005년부터 지금까지 줄곧 『환구시보』의 총편집인을 맡고 있다. 『환구시보』의 논조에 민족주의적 색채가 강하고 후시진 개인도 굳이 민감한 문제를 피하지 않기 때문에, 자주 논란의 장본인이 되곤 한다. 당 중앙기율검사위의 경고를 받은 적도 있고, 2014년 홍콩중문대학 강연에서는 청중의 항의를 받아 사회 이슈가 된 적도 있다.

17 중국 SNS의 하나다. 중문명 微博은 微型博客의 줄임말로, 본래 의미는 '마이크로 블로그'다. 중국의 많은 인터넷 포털사이트들이 이 서비스를 제공하고 있지만, 일반적으로 웨이보라고 하면 신랑新浪(SINA)이 제공하는 SNS를 가리키는 경우가 많다.

농민 탄원의 실상과 '조화사회'의 역설

며칠 전 『환구시보』 편집자가 전화를 걸어서, 광둥성廣東省 '우칸촌烏坎村 사건'[1]을 어떻게 보는지 물었다. 필자는 한참 머뭇거렸다. 한두 마디로 명확하게 설명할 수 없었기 때문이다. 이튿날 『환구시보』에는 「우칸촌 충돌 해결의 열쇠는 사람을 근본으로 삼는 것」이라는 사설이 실렸다. 『환구시보』 사설이 틀린 말은 아니다. 어떤 일이든 사람을 근본으로 삼는 것은 지극히 당연한 일이다. 같은 날 『인민일보』人民日報에는 「'우칸촌의 변화'는 우리에게 무엇을 알려주는가?」라는 제목의 분석 기사가 실렸다. 첫 문장은 이렇게 시작한다. "대중이 바라는 이익을 파악해야 문제 해결의 실마리를 찾게 된다." 이것 역시 틀

---

1 2011년 9월부터 12월까지 광둥성 우칸촌에서 발생했던 시위다. 우칸촌 촌민위원회 간부들이 부동산 개발 과정에서 부정을 저질렀고, 이를 알게 된 주민들이 회계장부 공개 등을 요구하며 시위를 벌였다. 시위 진압 과정에서 주민 한 명이 심장마비로 사망하자, 두려움을 느낀 향촌 간부들은 마을에서 도망쳤다. 우칸촌 주민들은 경찰의 진압을 막기 위해 바리케이드를 설치하는 등 격렬하게 저항했고, 이후 당시 광둥성 서기였던 왕양汪洋이 사망한 주민의 시신을 돌려주고 부패 간부를 처벌하면서 사건은 일단락되었다.

린 말은 아니다. 이후 광둥성에서 공무원 3만 명을 파견하여 농민 속으로 들어가 '삼동'三同²을 하게 했다는 소식이 전해졌다.

우칸은 광둥성 산웨이시汕尾市 루펑시陸豊市³에 속하는 행정촌行政村⁴이다. 우칸촌 사건은 지방정부의 토지수용 때문에 발생했다. 토지 수용 과정에서 향촌 간부(농촌 간부)⁵가 비리를 저지르자, 촌민들이 상급 지방정부로 찾아가 회계장부 공개를 요구하는 탄원을 했다. 지방정부가 촌민들의 요구에 적절하게 대응하지 못하면서 촌민들의 과격 행위가 벌어졌고, 이를 지방정부가 진압하다가 촌민들과 지방정부가 대립하게 되었다. 여기에 외국 매체가 개입하고 우발적 사건까지 겹치면서, 우칸촌 사건은 성省위원회가 공작조工作組⁶를 파견해야 할 정도로 확대되었다.

---

2 기층의 군중 속으로 들어가 '같이 먹고'同吃, '같이 살고'同住, '같이 일하는'同勞動 것을 가리킨다. 보통 삼진三進도 함께 언급되는데, 이는 '기층으로 가고'進基層, '촌으로 가고'進村子, '농가로 가는'進農戶 것을 가리킨다.

3 광둥성 동남쪽 연안에 위치한 현급시. 우칸은 루펑시가 관할하는 동하이진東海鎭에 소속되어 있다.

4 주민 자치로 남아 있는 중국의 촌村은 기본적으로 전통적인 자연 촌락에 근거하여 대부분 하나의 촌민위원회만 구성한다. 그러나 어떤 경우에는 그 규모가 상대적으로 커서 2개의 촌민위원회를 구성하기도 한다. '행정촌'은 이 촌민위원회를 기준으로 촌을 지칭할 때 사용되는 개념이다.

5 촌村이 자치라면, '향촌 간부'는 어색한 말이 될 수 있다. 그러나 중국에서 향촌 간부는 촌민위원회 주임뿐 아니라 당 지부 서기까지 포함해서 일컫는 말이다. 게다가 그들은 일정한 급여를 수령하는 등 공무원과 매우 비슷한 신분이다. 이에 대해서는 「도시로 나갈 권리, 농촌으로 돌아갈 권리」의 역주 1(76쪽) 참조.

6 하급 당 조직에서 중요 사안이 발생했을 때, 상급 당 조직이 그 사안을 효과적으로 통제하기 위해 그와 관련성이 적은 외부 간부들로 구성한 별도의 소조직이다. 공작조의 파견은 오래전부터 내려오는 중국공산당의 관리 방법 중 하나다. 신중국 초기의 토지개혁 과정에도 공작조가 파견되었을 뿐 아니라 문화대혁명 초기에도 중국공산당 중앙은 각 학교에 공작조를 파견했다. 개혁개방 이후에도 지방에서 마찰이나 소요가 발생하면 상급 당 조직은 어김없이 공작조를 파견하여 문제를 해결하곤 했다.

우칸촌에서 일어난 시위 장면. 촌민위원회 간부의 부정을 고발하고, 회계장부 공개 등을 요구했다.

어쩌다가 향촌 내부의 충돌이 이렇게 큰 사건으로까지 확대된 것일까? 우연적인 요소가 겹쳐서 그렇게 된 측면도 있다. 그러나 최근 몇 년 동안 중국에서는 작은 충돌이 큰 사건으로 번진 경우가 헤아릴 수 없이 많다. '조화사회' 건설이 강조될수록 '조화롭지 못한' 사건이 더욱 많이 벌어지고 있다. 현재 지방정부의 가장 중요한 임무는 사회 안정이다. 특히 기층정부에게 사회 안정은 가장 골치 아프고 시간도 많이 들며 책임이 큰 핵심 임무가 되었다.

'향촌 내부의 충돌'에서 '촌민과 지방정부의 충돌'로

우칸촌 사건은 촌민들이 향촌 간부와 충돌했다는 점에서 흥미롭다. 「촌민위원회 조직법」에 따르면 중국 농촌의 기층에서는 촌민 자치가 시행되고, 향촌 간부는 촌민의 선거로 선출된다. 더구나 산웨이 하이루펑海陸豐[7] 같은 남방에서는 문중 관념이 강하게 나타난다. 문중이 여전히 위력적이기 때문에, 선출된 향촌 간부는 특정 문중의 대표 역할을 하는 경우가 많다. 따라서 만약 촌민들이 향촌 간부와 충돌했다면, 그 이면에는 문중 간의 갈등이 내재해 있을 가능성이 크다. 반면 문중 간의 갈등이 얼마나 심각하든, 상급 지방정부는 언제나 방관자나 조정자의 위치에 있으려 한다. 촌민이 상급 지방정부의 개입을 요구하면 (향촌 간부와 대중의 충돌이든, 문중 간의 충돌이든, 양쪽 모두의 충돌이든) 지방정부가 중립적인 입장에서 얼마든지 개입할 수 있다. 그런데 진鎭 정부와 루펑시 정부, 그리고 산웨이시 정부가 연달아 개입했음에도 문제가 해결되기는커녕 갈등이 더 격화되었다.[8]

지방정부는 사건에 개입할 때 본능적으로 향촌 간부를 보호하려 한다. 첫째, 향촌 간부는 기층 조직의 대표이기도 하지만, 가장 기층에서 지방정부를 대리하는 존재, 즉 체제 내의 구성원이기 때문이다. 지방정부가 토지를 수용할 때 향촌 간부의 역할이 클 수밖에 없다.

---

7 산웨이시의 옛 명칭이다. 지금도 산웨이시의 관할 지역을 하이루펑이라 부르곤 하는데, 이 글에서도 이 지역 일대를 가리키는 말로 사용되고 있다.
8 여기서 진 정부는 둥하이진東海鎭 정부를 가리킨다. 그리고 루펑시 정부는 현급시이고, 산웨이시 정부는 지급시다. 따라서 개입의 층위가 하나씩 높아졌다는 뜻이다.

향촌 간부가 협조하지 않으면 지방정부는 토지수용과 같은 일을 효과적으로 진행할 수 없다. 그들이 지방정부의 두 다리인 셈이다. 둘째, 토지수용 과정에는 막대한 이익이 걸려 있다. 그렇다 보니 향촌 간부가 부패하기 쉽고, 부정한 이익을 독식하기 껄끄러워 상부에서 보호막을 찾는 경우가 많다. 상부 요직에 있는 관료에게 뇌물이 건네지는 것이다. 그렇게 뇌물을 받은 관료는 향촌 간부를 비호하게 마련이다.

지방정부가 향촌 갈등에 개입하게 되면 공정성을 유지하기보다는 편파적으로 한쪽을 비호하게 된다. 반면 문중의 소속감이 강한 데다가 막대한 이익(토지수용 보상금)까지 걸려 있으면 촌민의 행동력이 강화된다. 결국 촌민들은 해당 지방정부의 결정을 받아들이지 않게 되고, 더 상급의 지방정부를 찾아가 더욱 급진적인 방식으로 자신의 이익을 지키려 한다. 향촌 내부의 충돌이 촌민과 지방정부의 충돌로 바뀌게 되고, 작은 충돌이 큰 사건으로 확대된다.

작은 충돌이 큰 사건으로 바뀌는 과정에는 많은 우연적 요소가 작용했다. 그중 하나가 하이루펑 지역 농촌의 강한 문중 조직이다. 촌민들은 자기 이익을 지키기 위해 이 조직을 내적 자원으로 활용했다. 다른 하나는 지방정부가 촌민의 권익수호 행위를 확실히 제어할 능력이나 정당성을 갖추지 못했다는 점이다. 심지어 촌민들이 과격한 행동을 해도 지방정부는 속수무책이었고 해결할 방도를 찾지 못했다. 지방정부의 입장에서는 무기력하고 답답한 형편이지만 어디 호소할 곳도 없었다. 정부 관료가 부패하고 법규를 어겨서 그런 것도 있지만, 애초부터 지방정부에 그런 문제를 해결할 수단이 없기 때문이었다. 지방정부로서는 격분한 촌민들의 과격 행위에 맞설 방도가 없었다.

그 외에도 촌민이 분노하여 행동에 나서게 된 데는 다른 요인들도 작용했다. 대표적인 것이 여러 매체의 역할이다. 우칸촌 사건이 일어나자 웨이보 같은 매체나 외국의 여러 미디어들이 대거 이를 보도했고, 그 덕택에 우칸촌 사건의 주동자들은 향촌의 범위를 넘어서는 지지를 얻게 되었다. 그들은 이에 힘입어 용기를 갖게 되었고, 요구 조건을 대폭 올렸다. 사건이 전개되는 도중에 지방정부가 체포한 폭력행위 가담자가 갑자기 사망한 일도 큰 영향을 미쳤다. 이 일은 촌민들의 분노를 자극했고, 사건 주동자들의 자기보호 본능을 불러일으켰다. 사건이 커질수록 더 높은 층위의 정부가 개입할 수밖에 없었고, 그러면 그럴수록 주동자들은 더 안전해졌다. 이런 이유로 우칸촌 사건은 중국 전체, 아니 세계가 관심을 갖는 큰 사건이 되었다.

인민 내부의 모순을 돈으로 해결

우칸촌 사건은 농민의 단순한 권익수호 운동이 아니며, 지방정부에 대한 농민의 반대는 더더욱 아니다. 여러 세력이 이 사건을 현재 중국의 정치적 맥락에서 다양한 방식으로 해석하고 있다. 예를 들면 토지수용의 측면에서 해석하기도 하고, 농민의 토지권리 침해라는 측면에서 해석하기도 하며, 향촌 간부의 부패에 초점을 맞춰 해석하기

광동성을 비롯한 중국의 남방 지역은 상대적으로 문중의 영향력이 강한 편이다. 푸젠의 한 집안이 족보 편찬을 기념해 마련한 행사의 모습.

도 한다. 지방정부 관료의 법규 위반 차원에서 해석하는 이도 있고, 민주주의나 인권 측면에서 해석하거나 정치체제 개혁의 시각에서 바라보는 이도 있다. 이러한 해석들은 어느 정도 일리가 있지만, 대부분 격화소양隔靴搔癢이고 문제의 본질과는 거리가 멀다. 즉 위에서 말한 일들이 없었더라도 우칸촌 사건은 발생했을 가능성이 크다. 기껏해야 발생 형태만 조금 달랐을 것이다.

우칸촌 사건을 제대로 이해하려면 두 가지 핵심적 요소를 깊이 살펴봐야 한다. 하나는 문중 조직이다. 우칸촌 사건은 문중 조직의 힘 때문에 거대한 폭발력을 가질 수 있었다. 우칸촌의 간부와 촌민이 충돌하게 된 이면에는 사실상 문중 간의 강력한 충돌이 있었다. 다른

하나는 향촌의 충돌이 촌민과 지방정부의 충돌로 바뀌게 된 원인이
다. 전자와 관련하여 보면, 푸젠福建이나 장시江西, 광둥廣東 같은 남방
의 농촌 지역에서는 지금도 여전히 가족이 가장 보편적인 전통 역량
을 가지고 있다. 그러나 그 밖의 지역에서는 문중이 대부분 해체되어
더 이상 영향력을 발휘하지 못한다. 후자는 최근 10년 사이 중국에
새로 등장한 심각한 문제다. 그리고 이 문제는 현재 중국의 농촌에서
보편적인 현상이 되어가고 있다.

　문중 조직이 여전히 확고하게 존재하는 곳에서 농민은 매우 강력
한 집단행동 능력을 갖게 된다.[9] 1998년에 필자는 장시성 충런현崇仁
縣[10]에서 조사연구를 진행하면서 한 가지 중요한 사실을 발견했다. 그
이전 해에 충런현에서는 농민에 대한 부담이 '과중'하다는 이유로 많
은 수의 농민이 집단적으로 향鄕 정부를 공격한 사건이 있었다. 여기
서 '과중'이라는 말을 강조한 것은 전국의 농민과 비교할 때 그들의
부담이 상대적으로 가벼운 축에 속했기 때문이다. 그럼에도 장시 농
민들은 부담이 과중하다고 여겼고, 나아가 불합리하다고 주장했다.
충런현 농민들의 집단적인 향 정부 공격 사건은 향 정부가 농민에게
부과한 도축세가 도화선이 되었다. 농민들이 그에 저항하면서 충돌

9　맨커 올슨Mancur Olson은 집단행동collective behavior의 동원mobilization에서 무임승차free
riding의 문제를 집중적으로 분석한 적이 있다. 집단행동의 성과는 기본적으로 공공재의 성격을 갖
기 때문에, 합리적인 개인은 집단행동의 비용을 회피하면서 성공했을 때 얻게 되는 성과에 무임승차
하려 든다. 즉 적절한 인센티브가 없다면, 개인은 집단행동에 참여하지 않게 된다는 것이다. 이러한
견해는 개인의 차원을 넘어서는 가치나 믿음, 정서를 강조하는 전통적인 연구와 상충하는 면이 있
다. 각종 비공식적인 조직이나 네트워크, 그리고 그를 통한 자원 동원이 바로 이 맥락에서 강조된다.
10　장시성 중부에 위치한 현.

이 빚어졌고, 불과 며칠 만에 집단적인 시위로 발전해 여러 곳의 향정부를 공격했다. 심지어 향 정부 건물에 불을 지르기도 했다. 장시 농촌처럼, 강력한 조직에 힘입어 농민들이 쉽게 권리 수호의 집단행동에 나설 수 있는 지역에서는 그들에게 과중한 부담을 지우거나 불합리한 조치를 취하는 일이 쉽지 않다. 예컨대 도축세를 일률적으로 분담하게 하거나 '돈두세'猪頭稅[11]를 '인두세'로 바꾸는 일이 일어날 수 없는 것이다. 반면 문중의 조직력이 약한 후베이성의 농촌에서는 지방정부가 농민 부담을 끊임없이 가중하면서도 그에 대한 제대로 된 설명조차 내놓지 않는다. 그럼에도 그곳에서는 농민들의 집단적 저항이 일어나지 않는다. 결국 후베이 농민들의 부담은 갈수록 커지고, '돈두세'가 '인두세'로 바뀌는 일이 쉽게 일어나게 된다.

그런데 더 중요한 문제는 왜 향촌의 충돌이 그렇게 쉽게 촌민과 지방정부의 충돌로 바뀌는가이다. 어떤 지역에 가서 조사연구를 하게 되면 항상 듣는 말이 '작은 일은 ○○를 벗어나면 안 되고, 큰일은 ○○를 벗어나면 안 된다'는 것이다. 향촌 단위에서 조사연구를 하면 '큰일은 촌을 벗어나면 안 되고 작은 일은 조組[12]를 벗어나면 안 된다'

11 도축 규모에 근거해 도축 사업체나 개인이 납부하는 세금이다. 그런데 1990년대 중반에는 중국의 많은 지방정부가 연간 거둬들여야 할 도축세를 우선 추계한 다음, 그 금액을 전체 인구로 나누어 개인에게 이 세금을 부과하곤 했다. 이런 방식으로 세금을 부과하게 되면, 결국 인두세가 되고 만다. 1990년대 중후반에 이로 인한 다툼이 중국 농촌에 잦았다. 지금은 폐지된 상태다.
12 본래 명칭은 촌민소조村民小組다. 촌민위원회 산하에 설립되어 있는 일종의 소집단이다. 그러나 별도의 공식적인 경제조직이거나 행정조직인 것은 아니다. 다만 하나의 자연 촌락이 하나의 촌민소조를 구성하는 경우가 많기 때문에 촌민소조 안에서는 대단히 친밀한 인간관계가 형성된다. 인민공사 시기의 생산대生産隊가 바로 촌민소조다. 이에 대해서는 이 책에 수록된 「낯익은 사회」의 거버

고 한다. 향이나 진鎮 단위에서 조사연구를 하면 '큰일은 향을 벗어나면 안 되고 작은 일은 촌을 벗어나면 안 된다'고 한다. 더 큰 단위로 올라가도 상황은 비슷하다. 이런 발상이 나오는 것은 지방정부의 층위에 따라 큰일과 작은 일의 정의가 다르기 때문이고, 또한 지금의 체제가 위에서 아래로 억압적 통제를 시행하기 때문이다. 촌을 벗어나고 향을 벗어나고 현을 벗어나는 것은 농민 사이에서 발생한 충돌이 촌과 향과 현 내에서 해결되지 못하고 그 범위를 벗어나 시市와 성省, 심지어 중앙[13]까지 올라간다는 뜻이다.

그러나 중앙은 무수하게 분출되는 각종 갈등에 직접 대응할 방법이 없다. 중앙은 언제나 갈등이 맹아 상태일 때 기층에서 직접 해결해야 한다고 강조한다. 만약 상부의 업무평가 제도가 없다면, 지방정부는 갈등이 촌을 벗어나든 향을 벗어나든 현을 벗어나든 전혀 신경 쓰지 않을 것이다. 심지어 농민들이 상부로 직접 찾아가 탄원하도록 부추기면서 책임 회피를 시도할지도 모른다. 그런데 상급 정부는 성을 벗어나 베이징으로 가고, 시를 벗어나 성으로 가고, 현을 벗어나 시로 가고, 향을 벗어나 현으로 가고, 촌을 벗어나 향으로 가는 사건의 발생 빈도를 가지고 위계적으로 하급 정부를 평가한다. 상급 정

넌스」를 참조.

13 중국에서 중앙은 일반적으로 중국공산당 중앙위원회를 가리킨다. 그러나 이 글에서는 이를 중앙정부로 이해하더라도 잘못이라고 보기는 어렵다. 중국은 여전히 당-국가 체제를 유지하고 있으며, 당의 핵심 지도자가 국가 기구의 주요 직책을 겸하기 때문에, 당 중앙과 중앙정부의 구별이 무의미한 경우가 많다. 물론 맥락에 따라서는 당 조직의 차원인지, 아니면 국가 기구의 차원인지를 명확히 구별해야 할 때도 있다.

부로 가서 탄원하는 사건이 많을수록 해당 지방정부는 문제가 많은 것으로 간주된다. 단계를 뛰어넘는 탄원 수가 많아지면 해당 지방정부의 성적이 동급 지방정부 가운데 최하위권을 기록할 수 있고, 그렇게 되면 '일표부결'一票否決[14]의 대상이 된다. 따라서 지방정부는 무슨 수를 써서라도 농민의 탄원을 자기 층위에서 멈추게 하려 한다. 농민 간의 충돌과 모순을 반드시 해결하고자 하는 것이다.

사건이 발생하는 것 자체를 지방정부가 두려워한다는 점은 모순과 충돌을 해당 지방정부 내에서 해결해야 한다는 강한 압력이자 동력이다. 그런데 지방정부는 종종 충돌을 일으키는 당사자가 되기도 한다. 농민들의 불만이 주로 지방정부의 부당한 행정이거나 이미 보편화된 지방 관료의 법률 및 법규 위반이기 때문이다. 지방정부가 충돌의 한쪽 당사자가 될 경우, 농민이 단계를 뛰어넘어 탄원하고 고발하는 것은 매우 합리적이고 정당한 행위다. 특히 농민과 하급 지방정부가 충돌할 경우에는 상급 지방정부가 대개 본능적으로 하급 지방정부 및 그 관료의 이익과 명예, 권위를 지켜주려 하기 때문에, 갈등의 한쪽 당사자는 그보다 더 높은 상급의 정부를 찾아가 공정한 판결을 요구하게 된다.

향촌 내부의 충돌과 단계를 뛰어넘는 농민의 탄원은 다양하고 복

---

14 '일표부결'의 사전적인 의미는 반대표가 하나라도 나오면 안건을 부결시킨다는 것이다. 그러나 중국 정치에서 '일표부결'은 당 간부 심사 및 평가에서 주로 언급된다. 즉 업무평가 항목 중 어느 하나라도 기준치에 미달하면 불합격 판정을 내리는 것이다. 가령 2013년 칭다오青島·황다오黃島 송유관 누수 및 폭발 사고가 발생했을 때, 시진핑 주석은 안전사고의 예방을 강조하면서 중요 안전사고를 '일표부결'에 부쳐야 한다고 강조한 바 있다.

잡한 이유를 가지고 있다. 따라서 지방정부가 하나의 통일된 방안으로 충돌을 해결하고 갈등이 자기 범위를 벗어나지 않도록 하는 것은 거의 불가능하다. 단계를 뛰어넘는 탄원은 농민의 정당한 권리이고, 그 누구도 그것을 막을 수는 없다.

지방정부가 할 수 있는 일은 크게 세 가지다. 첫째, 가급적 농민의 이익을 침해하지 않는 것, 그래서 아예 문제를 만들지 않는 것이다. 둘째, 가급적 중재자의 위치에서 농민 간의 충돌을 공정하게 해결하는 것이다. 셋째, 농민 간의 충돌에 지나치게 개입한 하급 정부 관료를 적절하게 처벌하는 것 등이다. 그런 점에서 단계를 뛰어넘는 탄원 사건을 가지고 상급 정부가 하급 지방정부를 평가하는 것(특히 일표부결제 같은)은 효과적일 수 있고, 하급 지방정부에 대한 일정한 견제 장치가 될 수 있다. 중앙과 농민은 단계를 뛰어넘는 탄원을 통해 연대를 형성할 수 있으며, 이를 통해 지방정부를 함께 제어할 수 있다.

그런데 문제는 지방정부와 무관한 충돌이다. 이때에도 문제 해결을 위한 지방정부의 노력과 개입이 수포로 돌아가는 경우가 많고, 충돌의 일방 또는 쌍방이 불만을 품고 단계를 뛰어넘어 탄원하는 일이 자주 일어난다. 농민들은 종종 지나친 요구를 하고, 그것이 충족되지 않으면 탄원을 한다. 이치를 따지지도 않고 무작정 탄원을 하거나 이익을 노리고 계획적으로 탄원을 한다. 제정신이 아닌 상태에서 병적으로 탄원에 집착하는 경우도 있다. 물론 도움을 청하는 탄원도 있고, 협박용 탄원도 있다. 『농민의 탄원: 거버넌스의 시각』農民上訪: 治理的視角[15]이라는 책에 농민 탄원의 여러 사례들이 잘 정리되어 있다.

중국에서는 갈등이나 분쟁이 재판보다 탄원으로 이어지는 경우가 많다. 허쉐펑은 이 글에서 민사 소송 조차 탄원으로 이어지게 되는 중국의 제도적 환경을 설명하고 있다. 2016년 광시廣西에서 있었던 농민 탄원의 한 장면.

갈등이 촌과 향, 현을 벗어나지 않게 하려는 제도적 안배(주로 탄원의 횟수로 지방정부를 평가하는 '일표부결' 같은 제도)는 그 자체로 합리적 측면이 있다. 그러나 그에 못지않게 문제점도 있다. 탄원은 농민의 권리이고 농민의 탄원은 매우 복잡한 배경을 가진다. 그런데 '일표부결' 같은 제도가 있으면 농민들은 단계를 뛰어넘는 탄원을 무기로 삼아 지방정부를 압박할 수 있다. 그렇게 되면 지방정부는 어떻게 해서든 농촌 갈등을 해결해 문제를 만들고 싶지 않기 때문에, 갈등의 중재자 혹은 심판관에서 졸지에 당사자로 변해버린다. 즉 탄원을 막기 위해

15 본래 이 글은 『농민의 탄원: 거버넌스의 시각』의 서문이었다. 그러나 이 책이 출판될 때, 출판사의 요청으로 서문이 바뀌게 되었다.

어쩔 수 없이 돈으로 사회 안정을 사는 것이다. 인민 내부의 모순을 인민폐(위안화)로 해결하게 된다. 탄원 횟수를 근거로 지방정부를 평가하는 제도의 불합리한 측면이 바로 여기에 있다.

종합적으로 보면, 탄원 횟수를 근거로 지방정부를 평가하는 제도에는 합리적 측면도 있고 불합리한 측면도 있다. 따라서 한쪽에 치우친 시각으로 볼 것이 아니라, 그로 인해 형성되는 복잡한 변증법을 잘 이해해야 한다.

침묵하는 다수를 물들이는 소수의 불법행위

전근대 시대나 심지어 인민공사人民公社 시기에도 갈등은 대부분 촌의 범위를 벗어나지 않았다. 그 이유는 대략 세 가지다. 첫째, 향촌 내부에 갈등을 해결하는 메커니즘이 있었다. 특히 향촌자치규약처럼 옳고 그름을 판단하는 지방 고유의 규범이 있었다. 규범이 있었고, 이를 근거로 판단을 내리는 사람이 있었기에 향촌 내부의 갈등은 대부분 향촌 안에서 해결되었다. 둘째, 향촌이 상대적으로 폐쇄적이고 안정적이어서 갈등이 발생할 확률이 비교적 낮았다. 셋째, 전근대 시대나 인민공사 시기에 주도적 사회 규범은 의무 중심이었지 권리 중심이 아니었다. 의무가 중심이 되는 주도적 규범은 향촌 내에서 '알박기' 같은 무임승차 행위를 강력히 억제한다. 충돌이 벌어질 가능성이 줄어드는 것이다.

그러나 개혁개방 이후 농민 유동인구가 늘어나고 시장경제가 침투하여 향촌의 문이 열리면서 권리를 중심으로 하는 현대적 법치 관념과 기타 여러 현대적 관념들이 향촌으로 쏟아져 들어왔고, 이것이 농민의 행동을 실질적으로 좌우하게 되었다. 이제 향촌은 내부의 갈등을 스스로 해결할 수 있는 능력을 잃어버렸다. 이 현상은 다음의 세 가지 측면으로 나타났다.

첫째, 권리를 중심으로 하는 법치 관념이 향촌에 들어오면서 향촌 내부의 갈등을 강제적으로 해결해주던 향촌의 전통 규범이 정당성을 상실하게 되었다. 모든 촌민이 권리를 중심으로 하는 국가 법률의 보호를 받게 되면서 법률에 근거해 자기 요구를 내세우기 시작했다. 둘째, 향촌이 갈등을 강제적으로 해결할 능력을 잃어버리면서 향촌의 통치권이 약화되었다. 과거에는 향촌이 적지 않은 공공자원을 장악하여 이를 통해 공공사업을 시행할 수 있었다. 이 자원은 공공성을 띠는 것이어서, 다수에게 복종하지 않는 소수를 배제할 수 있었다. 그러나 토지가 가구 단위로 청부되고 농업세가 폐지되면서 향촌 공동체의 토지 소유권이 한층 더 무력화되었다. 게다가 향촌에서 걷던 각종 준조세 성격의 비용[16]까지 금지되면서 향촌공동체는 향촌에 필요한 기본적인 공공재조차 공급하기가 어려워졌다. 일부 사람들

---

16 이른바 '삼제오통'三提五統으로 칭해지는 것들이다. '삼제'는 촌민위원회가 농가의 소득을 지급할 때 미리 제하던 세 가지 비용을 가리키고, '오통'은 향·진 정부가 소속 기관 및 주민들에게 공통적으로 부과하던 다섯 가지 비용을 가리킨다. '삼제'의 비용은 보통 촌민위원회의 운영 및 촌의 공익사업을 위해 사용되었고, '오통'의 비용은 사용 목적이 지정되어 있었다. 공적금, 공익금, 관리비가 '삼제'의 비용이었고, 농촌 교육사업비, 계획생육비, 위로금, 민병훈련비, 향촌 도로수리비가 '오통'의 비용이었다. 지금은 모두 폐지되었으며, 농촌 교통을 위한 비용만 다른 이름으로 남아 있다.

의 무임승차 행위를 막을 수 없게 된 것이다. 향촌이 자기 문제를 스스로 해결하지 못하자 갈등이 향촌의 범위를 벗어나게 되었다. 셋째, 민족 부흥과 경제 발전의 요구 속에서 농촌의 변화가 불가피해졌고, 그에 따라 국가가 농민과 직접 교섭하게 되었다. 특히 개발을 위해 토지를 수용할 때에는 국가가 (지방정부를 통해) 농민을 직접 접촉할 수밖에 없다. 갈등이 향촌의 범위를 벗어나기가 쉬워진 것이다.

갈등이 촌을 벗어나는 것보다 더 심각한 일은 농촌의 소외집단이 목소리를 높이게 된 것이다. 농촌의 소외집단이란 농촌의 주류 규범을 따르지 않는 소수집단을 가리킨다. 이들은 종종 향촌의 주류 규범을 뛰어넘어 기존 질서를 깨뜨리고 전통적인 정서에 도전한다. 어떤 시대이든 다양한 원인으로 인해 이러한 소외집단은 항상 존재하기 마련이다. 그러나 전통사회나 인민공사 시기에는 이런 소외집단이 주류 규범의 억압을 받았고, 주류 규범은 이들의 일탈행위를 강력하게 처벌했다. 예컨대 인민공사 시기에는 나태한 사람에 대해 험담을 퍼뜨려 당사자나 그 자식의 결혼을 가로막았다. 더 심한 일탈행위가 나타나면 계급의 적으로 규정해 공개적으로 비판투쟁을 했다. 소외집단의 일탈행위에 대한 응징은 전통사회에서 더 가혹했다. 소외집단의 일탈행위를 응징하는 이면에는 그들이 제한된 영역 밖으로 나오지 못하게 하려는 의도가 있었기 때문이다. 또한 이런 응징을 통해 사회의 기강을 세우고 주류의 가치를 확산하며 주도적 규범을 지키려 했다. 그런 점에서 전통사회와 인민공사 시기의 소외집단이 기능적으로나마 그 사회를 존재하게 했다고 볼 수 있다. 어떤 사회에서든 소외집단은 구조적으로 필요한 존재일 수 있다.

토지가 가구 단위로 청부되면서 향촌의 문이 열렸고 농촌 유동인구가 증가했으며 권리 중심의 법률이 보급되었다. 그에 따라 이전에 소외집단을 통제하던 향촌공동체의 능력이 갈수록 약해지고 말았다. 농업세 폐지로 집체경제는 해체나 소멸에 한층 더 가까이 다가서게 되었다. 농업세 폐지는 국가가 농촌 사회에서 손을 떼는 것을 의미한다. 농촌이 자체적으로 공공재를 공급하는 능력을 잃어버리게 되자, 농촌의 소외집단과 그들의 일탈행위가 갈수록 늘어났다. 그럼에도 상명하달식의 조화사회 건설이 추진되고 사건의 발생 횟수가 평가에 반영되는 제도가 만들어졌다. 이로 인해 지방정부는 소외집단을 통제하려고도 하지 않았고 할 수도 없었다. 결과적으로 농촌 소외집단의 세력이 크게 확대되고 말았다.

농촌에서 조사연구를 수행할 때 필자는 향촌의 질 나쁜 자들이 향촌 간부를 협박하는 것을 여러 차례 보았거나 들었다. 그들은 자기 집에 3명분의 최저생활보장[17]을 적용해주지 않으면 향촌지부 서기의 집을 불질러버리겠다는 말까지 서슴지 않았다. 심지어 구타를 일삼아 향촌지부 서기가 어쩔 수 없이 요구를 들어주는 일도 있었다(물론 향촌 간부가 부정행위를 저지른 경우도 많다. 그러나 부정행위를 저지르지 않아도 이런

---

17 원문은 "三个低保指標"인데, 여기서 "指標"란 수량을 뜻한다. 중국 농촌의 최저생활보장제도는 본래 가구를 대상으로 하는 것이지만, 다양한 문제들로 인해 지금은 개인 대상으로 바뀌었다. 이 때문에 '3명분의 최저생활보장'이라는 표현이 가능해진다. 이에 대해서는 「법과 사회의 딜레마 그리고 미묘한 균형」의 역주 4(165쪽) 참조.

중국공산당 중앙위원회 제16기 6중전회가 '조화사회'를 제시한 이후, '조화사회'는 거의 모든 맥락에서 사용되고 있다. 한 지방정부가 계획출산 선전활동으로 내건 플래카드. 인구 문제에 관심을 갖고 조화사회를 건설하자는 내용이다.

협박을 당한다는 것이 문제다). 향촌 간부가 협박을 당해도 지방정부는 대부분 도움을 주지 않는다. 가급적 일을 만들려 하지 않고 문제가 생기는 것을 꺼리기 때문이다. 따라서 이런 일이 발생하면 효과적으로 처리하기가 대단히 어렵다. 현재 중앙은 이런 일이 생기면 '사람을 근본으로 삼는다'거나 '조화사회', '군중의 이익' 같은 거창한 말로 덮어버리려 한다. 사상공작을 강화해 좋은 말로 구슬리거나 편익을 제공하는 방식을 강조하기도 한다. 언론매체는 구체적인 분석도 하지 않은 채 맹목적으로 이른바 사회적 약자 편에 서서, 추상적으로만 농민의 이익을 위하는 척하며 '좋은 사람' 노릇을 하려 한다. 물론 지방정부와 향촌 간부에게도 잘못이 많을 수 있다. 그러나 언론매체와 학자들은 구체적인 분석은 간과한 채 처음부터 일처리가 서투르다든지, 혹은 난폭하다든지, 아니면 도덕적으로 문제가 많다며 그들을 몰아세운다. 그리하여 농촌 사회의 소외집단(불량배, 골칫거리, 알박기 가구)이 제대로 된 분석도 없이 농민을 대표하는 존재가 되어버린다. 정말로 취약한, 침묵하는 대다수의 농민들은 관심에서 멀어져 이 상황을 냉담하게 지켜볼 뿐이다.

농촌의 '골칫거리'들은 농민이라는 사회적 약자의 이미지를 뒤집어쓰고서 각종 이익을 추구하며 하나씩하나씩 그 목적을 달성하고 있다. 필자가 조사연구를 수행한 적 있는 중형 저수지 보수사업도 그 전형적인 사례에 속한다. 국가가 2,000만 위안을 투입해 진행한 사업이었는데, 이를 위해서는 대형 차량이 공사장에 자재를 운반해주어야 했다. 그런데 몇몇 불량배들이 차를 막아 세우고서는 통과비로 5만 위안을 요구했다. 자동차 때문에 마을 도로가 훼손되었다는 이유다. 그러나 그 차량이 지나갈 마을 도로는 비포장 흙길이라 애초에 훼손될 것도 없었다. 이는 명백히 국가의 공공건설사업을 방해하는 불법적인 사기이자 갈취다. 불량배들은 현지 농민들을 동원하면서 5만 위안을 받으면 모두에게 그 몫이 돌아간다고 꼬드겼다. 촌민들을 동원해 운송 차량을 막아서자 이러지도 저러지도 못하는 상황이 초래되었다. 현縣 정부의 수리국水利局은 분노했다. 저수지 보수사업의 직접적인 수혜자가 차를 막아 세운 농민들이었기 때문이다. 그러나 진鎭 정부는 일이 커지는 것을 꺼렸다. 사람들을 잡아들일 생각은 접어둔 채, 2만 위안을 내주면서 일을 무마하게 했다. 결국 작업반은 차를 막아선 불량배와 촌민들에게 2만 위안을 내주었다.

이는 매우 질이 나쁜 치안 사건이다. 그러나 지방정부는 이런 일로 씨름하기보다는 '조화'롭게 처리하고 싶어한다. '조화'로운 일처리의 결과는 선량한 농민들도 '골칫거리'들한테 배워서 따라하는 것이다. 골칫거리가 되면 이익을 얻을 수 있다는 학습효과가 만들어진다. 이전에는 일부 소외집단이 지방정부와 힘겨루기를 하며 죽기살기로 싸울 때 대다수 농민들은 옆에서 냉담하게 지켜볼 뿐이었다. 그러나 이제는 많은 선량한 농민들이 '골칫거리'들에게 배워서 그들처럼 정부와 맞서려 한다.

어떤 일이든 일정 수준을 넘어서면 그 성격이 변질되고, 그러면 투쟁해서 이를 바로잡아야지 적당히 타협해서는 안 된다. 당장의 문제를 모면하고 '좋은 사람'이 되기 위해서, 법을 어기는 범죄행위에 대해 아무런 원칙도 없이, 옳고 그름을 따지지도 않은 채 '조화'롭게만 처리하려 한다면, 모든 사람들이 악영향을 받게 되고 침묵하던 대다수가 일탈행위를 자행하는 골칫거리로 변해버린다. 마오쩌둥毛澤東은 일찍이 농민을 교육하는 것이 중요한 문제라고 말한 바 있다. 전근대 시대에도 농민 교화는 끊임없이 강조되었다. '농민'은 많은 개별 농민이 모여 만들어진 방대한 집단이다. 단수가 아니라 복수다. 따라서 농민을 교육한다는 것은 그들이 자신의 총체적 이익, 장기적 이익, 근본적 이익을 깨닫게 한다는 것을 의미한다. 그들 중 소수가 개인의 이익을 위해 공동의 합의를 깨뜨리고 정서적 공감대를 깨뜨리며 공동의 이익을 깨뜨리게 놔둬서는 안 된다. 소수를 강력히 통제하는 동시에 다수를 교육해야 한다. 그런데 정부는 소수의 불법적 범죄행위를 묵인하면서 아무런 원칙도 없이, 옳고 그름을 따지지도 않은 채 무골호인無骨好人이 되어가고 있다. 문제를 이렇게 처리하는 일이 몇 번만 되풀이되어도 정부의 위신은 땅에 떨어지고 만다. 게다가 정부의 일부 관료들은 사익을 추구하면서 불법적 범죄행위를 옹호하기까지 한다. 그러니 농민들이 기층 관료를 믿지 못하는 것이다. 이렇게 많은 요인들의 총체적인 영향 속에서, 농민들은 사적 이익에서 출발해 이내 법률의 경계선을 넘나들면서 공공이익의 반대편에 서게 된다. 이렇게 다수가 규범을 지키지 않는 국면이 만들어지면, 국가가 아무리 큰 힘을 가지고 있어도 이를 저지하기는 힘들어진다.

1퍼센트의 악성 탄원이 99퍼센트의 탄원을 인질로 삼는 상황

지방정부는 갈등이 촌의 범위를 벗어나지 않도록 해야 할 뿐 아니라, 동시에 조화사회를 건설해야 한다. 혹 갈등이 촌의 범위를 벗어나 심지어 중앙에까지 알려지면 '일표부결'의 대상이 될 수 있다. 따라서 지방정부는 돈을 주고서라도 사회 안정을 사려고 한다. '인민 내부의 모순을 인민폐로 해결'하는 상황이 만들어지면, 지방정부의 거버넌스에 원칙이 사라지고 경계선도 무너지게 된다. 게다가 기층 관료가 개인적인 문제로 인해 농민들의 신뢰까지 잃게 되면 투쟁을 통해 단결을 이루고 비판을 통해 교육하는 메커니즘이 유지되기 어렵다. 일부 골칫거리들이 농민의 대표로 행세하고 다른 농민들까지 골칫거리로 변해가면, 단계를 뛰어넘는 탄원이 급증하게 되고 그 성격도 변질

된다. 현재 농촌이 겪고 있는 이 질적 변화가 대단히 위험해 보인다.

후베이성 한촨漢川[18] 시위원회 선전부의 한 간부는 단계를 뛰어넘는 탄원이 현재 가장 큰 문제라고 말한다. 사람이 죽어도, 설령 자기들끼리 싸우다 사람을 죽여도 지방정부에 찾아와서 난동을 부리곤 한다. 죽음을 일종의 빌미로 이용하는 것이다. 불법조직이 사망사건에 개입하기도 하는데, 비즈니스 차원에서 접근해 어떻게 하면 정부로부터 더 많은 배상을 받아낼 수 있는지 도움을 주곤 한다. 예컨대 20만 위안을 배상받으면 5만 위안을 수수료로 떼어가는 식이다. 거리에서 시위를 하면 일당 50위안과 담배 한 갑을 받는다. 지금은 민民이 관官을 기만하는 시대다. 법률에 대한 두려움도 없다. 무슨 일이든 일단 노인들을 동원해 지방정부 청사의 정문부터 가로막는다. 그래도 어찌할 방법이 없다. 기력도 없는 노인들이 날마다 50위안을 받겠다고 청사 정문을 가로막고 서 있는 모습을 보면 참담하기 그지없다. 위뱌오余彪[19]는 장시성 안이현安義縣[20]에서 조사연구를 진행할 때, 원인이 무엇이든, 심지어 병원에서 치료를 받다가 죽든 교통사고로 죽든 무조건 지방정부부터 찾아가는 것을 목격했다. 정부가 직접 배상하지 않으면 정문을 가로막기도 했으며, 심지어 상급 지방정부에 떼로 몰려가 탄원을 넣기도 했다. 현재 교통사고는 교통경찰이 처리하는 사항이 아니라 정법위원회政法委員會[21]가 관리하는 업무가 되어버

18　후베이성 중부에 위치한 현급시.
19　허쉐펑이 주임으로 있는 화중과기대학華中科技大學 중국 향촌 거버넌스 연구센터의 연구원.
20　장시성 중북부에 위치한 현.

최근 중국에는 의도적으로 의료분쟁 소란을 주도하는 집단이 형성되고 있다. 조직적으로 소란을 일으켜 보상금을 받아내고, 그 보상금의 일부를 수수료로 챙기는 것이다. 이 역시 중국의 탄원제도와 밀접히 관련되어 있다. 사진은 그에 맞서 정상적인 의료행위와 의사·간호사의 존엄을 요구하는 병원 측의 집회 장면이다.

렸다. 전문적으로 의료분쟁을 일으키는 이들이 있다는 사실은 이제 모르는 사람이 없을 정도다.

현재 농촌에서는 노골적으로 이익을 노린 탄원이 보편적으로 벌어지고 있다. 농민의 탄원은 이제 양적 변화를 넘어 심각한 질적 변화의 단계로 진입하고 있다. 큰 지혜와 강력한 힘으로 전략적으로 대응할 필요가 있다. 이는 노선과 방침의 문제다.

탄원제도가 어쩌다가 이런 지경에까지 이르렀을까? 어떻게 이런

---

21 당내 기구 중 하나로, 주로 사법 관련 업무를 담당하는데, 법원과 검찰, 경찰 조직이 모두 당 정법위원회의 지도를 받고 있다. 경찰이 아닌 정법위원회가 교통사고를 담당했다면, 그 지방의 최고 사법기구가 직접 그 업무를 관장한다고 볼 수 있다.

질적 변화가 초래되었을까? 중요한 원인 가운데 하나는 상명하달식의 조화사회 건설 요구와 탄원 횟수를 근거로 삼는 '일표부결'제다. 이 때문에 지방정부는 불합리하게 단계를 뛰어넘어 탄원하는 소수를 강제로 제압하지 못하게 되었고, 돈을 쥐어주어 사건을 무마하려 하고 있다. 그렇다면 농촌 탄원을 적정한 한도 내에서 관리할 방법은 없는 것일까?

불합리한 탄원, 노골적으로 이익을 노린 탄원, 특히 불법세력이 개입한 탄원을 지방정부가 제압할 수 있게 허용하는 것이 한 가지 방법이 될 수 있다. 대다수 군중은 선량하지만, 그 속에는 불합리하게 탄원하는 사람, 노골적으로 이익을 노리고 탄원하는 사람 등 불순한 사람들이 섞여 있다. 탄원제도를 유지하기 위해서는 그런 불순한 사람들을 제압해야 한다. 다만 누가 불순한 사람인지, 그 불순한 사람을 제압해도 좋은지는 여전히 문제로 남는다. 중앙이 지방정부가 불순한 사람을 제압하도록 허용하면, 불합리하게 이익을 노리고 탄원하면서 공공질서를 어지럽히는 행위를 어느 정도 제어할 수 있을 것이다(탄원 조례에 이에 관한 규정이 있기는 하다).

그러나 그렇게 되면 지방정부는 분명 중앙이 허용하는 한도를 넘어서 자신이 불합리하다고 판단하는 모든 탄원을 억압할 것이고, 나아가 농민의 이유 있는 탄원조차 해결하지 않을 수 있다. 그들은 자기 직위를 지키고 업적을 쌓기 위해 권력을 최대한 이용하여 마음에 들지 않는 모든 탄원을 억압할 것이다. 그러면 농민의 이익이 크게 침해될 뿐 아니라 중앙이 농민과 협력해 지방정부를 제어하는 것도 불가능해진다. 지방정부의 힘이 과도하게 커지면 상부를 기만하고 군중을 억압하는, 군중과 대립하는 괴물이 출현할 수 있다.

국가는 탄원 문제를 놓고 딜레마에 빠져 있다. 단계를 뛰어넘는 농민의 탄원을 허용한다면 합리적이든 비합리적이든 모든 탄원을 허용해야 한다. 그런데 그렇게 하면 무수한 갈등이 중앙으로 밀려들 것이고, 중앙은 이를 해결할 힘이 없다. 이 때문에 갈등을 기층에서 해결하라는 것이고, 탄원이 지나치게 많이 발생하는 지방정부를 일표부결로 처리하는 것이다.

지방정부는 단계를 뛰어넘는 탄원을 줄이기 위해, 한편으로는 갈등이 촌과 향, 현의 범위를 벗어나지 않아야 한다고 강조하고, 다른 한편으로는 탄원 자체를 억누르려 한다. 그러나 탄원 자체를 억압하는 것은 불법적이고 중앙의 지시에 어긋나는 일이다. 따라서 지방정부는 어쩔 수 없이 '인민 내부의 모순을 인민폐(위안화)로 해결'한다. 그리고 이것이 단계를 뛰어넘는 농민들의 탄원을 한층 더 조장한다. 탄원이 늘어날수록 중앙은 처리 능력이 더 부족해지고, 기층에서 갈등을 처리하라는 지시는 더욱 강해진다. 그러면 기층에서는 어쩔 수 없이 개별 탄원에 대해 임시방편으로 대응하게 되고, 양회兩會[22] 같은 전국적 행사가 있을 때면 협박성 탄원이 발생하지 않도록 막대한 비

---

22 전국인민대표대회全國人民代表大會(이하 전인대)와 정치협상회의政治協商會議(이하 정협)를 합쳐서 보통 '양회'라고 부른다. 전인대는 중국의 의회로서 최고의결기구다. 정협은 일종의 통일전선 조직으로, 중국공산당과 그 밖의 소수당이 함께 정치 의제를 교류하는 장이다. 둘 다 매년 한 차례씩 전국회의를 개최하는데, 비슷한 시기(3월)에 열리기 때문에 합쳐서 부르는 경우가 많다.

용을 지불하게 된다. 이처럼 기층은 갈수록 사회 안정을 유지해야 한다는 압박에 시달리고 있고, 사회 안정을 유지하기 위한 비용이 눈덩이처럼 불어나고 있다. 사회 안정 유지가 기층 조직의 가장 중요한 임무가 되고 있는 것이다.

기층 조직은 진퇴양난의 처지에 놓여 있다. 하는 일마다 욕을 먹는다. 그런데 중앙도 사정이 비슷하다. '사람을 근본으로 삼는다'는 현실과 동떨어진 빈말(언론매체나 학자들도 마찬가지다)만 되풀이할 뿐, 다른 도리가 없다. 그러다 보니 '사람을 근본으로 삼는다'와 같은 중앙의 지시가 기층에 내려가면 기층에서는 돈으로 문제를 해결하는 졸렬한 임시방편을 주로 취하게 된다. 그러나 임시방편에도 한계가 있기 때문에 악성 사건이 빗발친다. 이런 악성 사건들이 언론매체를 통해 확대되면, 지방정부에 비난이 쏟아진다. 그러면 군중이 더 감정적으로 반응하고, '골칫거리'들은 이에 고무되어 더욱 활개친다. 우칸촌에서와 같은 악성 사건들이 대거 발생하는 데에는 이런 배경이 자리하고 있다. 그리고 그 결과로 기층 거버넌스부터 국가 거버넌스에 이르기까지 위기가 나타나는 것이다.

현재 향촌 거버넌스와 국가 거버넌스는 모두 위와 같은 위기에 직면해 있다. 그러나 이것이 최악의 상황이 아닐 수 있다. 최악의 상황은 누구도 마주하고 싶지 않은 것이다. 사실 마주할 능력도 없다. 우리는 모두 자신이 진리를 안다고 착각하면서, 경험을 깊이 있게 살피지 않은 채 결론부터 내린다. 학계가 특히 그렇다. 습관적으로 성급하게 결론을 내릴 뿐, 사실을 깊이 이해하려 하지 않는다. 그럴 능력도 없다. 결국 일반 사람들은 전체의 1퍼센트도 안 되는 악성 사건으로 전체 탄원을 인식한다. 99퍼센트에 이르는 참된 탄원은 의식적으로, 혹은 무의식적으로 간과된다. 1퍼센트의 악성 탄원이 모든 탄원을 인질로 삼는 이 상황은 대단히 위험하다.

향촌 정치의 소멸과 국가의 무능

국가 거버넌스가 위기에 처한 데는 향촌 정치가 사라진 것이 주요 원인 중 하나로 작용했다. 향촌 정치는 전근대 시대와 인민공사 시기에 주로 작동했다. 전근대 시대 향촌 정치의 핵심이라 할 수 있는 지방향촌자치규약은 법률과 마찬가지의 효력이 있었고, 향촌은 내부 갈등을 스스로 해결할 수 있는 주체성을 가지고 있었다. 설령 향촌 내부의 갈등을 향촌 내에서 해결하지 못하더라도, 현縣 관아의 지현知縣[23]처럼 기층에 파견된 국가의 대리인이 향촌자치규약에 의거해 판결을 내렸다. 향촌 내에 여러 소외집단이 있었지만, 이들이 향촌의 규범을 주도하는 것은 불가능했다. 향촌의 여러 힘이 이들을 꼼짝 못하게 제압했다. 향촌의 주류에 맞서 싸움을 벌이는 사람은 말썽을 일으키는 '건달'로 낙인찍혔다. 이렇게 낙인찍히면 주민들에게 형편없는 취급을 당할 뿐 아니라 민사 재판에서도 대단히 불리한 처지에 놓

---

23 중국의 옛 군현제郡縣制에서 현을 관장하던 벼슬의 이름. 시기에 따라 그 이름이 조금씩 달랐기 때문에 현령縣令이나 지현사知縣事로 통하기도 한다.

였다. '비합리적이지만 불법은 아닌' 방식으로 지방정부의 권위에 계속 도전하는 이들이 있다면 지방정부는 최종 판결 전에 우선 유죄로 추정하여 그들을 감금하거나 벌을 내릴 수도 있었다. 전근대 시대에도 탄원은 있었고 알박기도 있었지만, 그 수가 매우 적었다. 따라서 기본적으로 통치질서에 대한 도전이 될 수 없었다.

인민공사 시기에는 가장 중요한 것이 군중노선群衆路線[24]과 계급투쟁이었다. 군중의 암묵적 합의에 도전하는 사람은 불순분자로 낙인찍혀 비판투쟁의 대상이 되었다. 국가는 그 의도를 두고서 어떤 개인의 행동을 판단할 수 없었지만, 군중은 향촌에서 공유되는 상식을 기준으로 그 판단을 내릴 수 있었다. 군중의 눈이 엄정하다는 것을 전제로, 그 행동이 선의에서 비롯된 것인지 악의에서 비롯된 것인지, 공적인 것인지 사적인 것인지, 공동체에 도움이 되는지 해가 되는지를 비판대회에서 군중으로 하여금 가려내게 했다.

전근대 시대와 인민공사 시기에 향촌 주민은 하나의 전체로서 움직였고 특정 행위를 구체적으로 분석했다. 나아가 동기나 의도, 그리고 행위를 근거로 촌민을 불순한 자로 판정할 수 있었고, 촌민 군중의 이름으로 처벌할 수도 있었다. 촌민 군중에게는 불순한 자를 처벌할 능력과 정당성이 있었다. 의무를 중심으로 하는 규범, 그리고 판

---

24 마오주의의 핵심 개념 중 하나. 군중을 위하고, 군중에 의존하며, 군중으로부터 나와서 군중으로 향하는 업무 방식과 태도를 총칭한다. 지도자와 대중 간의 친밀한 상호관계가 강조되며, 특히 군중의 경험을 통해 지도자가 스스로 자기 교육에 나선다는 것이 중요하다. 지금도 군중노선은 중국 정치에서 조사연구 등의 방식으로 구현되고 있다.

결 전에 우선 유죄로 추정하는 사법적 원칙이 그 근거가 되었다. 따라서 향촌에서는 누구든 거리낌 없이 행동하는 것이 불가능했다. 관리와 죽기살기로 싸우는 것 또한 반드시 질 수밖에 없는 위험한 일이었다.

그러나 향촌이 소외집단의 발호에 대응할 힘을 상실하면서 소외집단이 대거 지방정부와 힘겨루기를 하며 죽기살기식으로 싸움을 벌이게 되었다. 국가는 '조화사회 건설'이나 '사람을 근본으로 삼는다'는 구호만 외칠 뿐 속수무책이 되었다. 현재 국가는 군중의 요구에 정면으로 대응할 능력이 없음을 스스로 잘 알고 있다. 특히 각종 이익을 위한 군중의 요구(심지어 불합리한 요구까지)가 분출되는 상황에서, 중앙은 대다수 군중은 나쁘지 않기 때문에 '불순한 자'라는 비판은 온당치 않다는 말만 되풀이하고 있다. 위법이냐 아니냐는 가려낼 수 있을지 몰라도 불순한 자인가 좋은 사람인가는 구분할 수 없다. 따라서 중앙은 지방정부에게 더 좋은 태도로 군중을 대하고 군중을 부모처럼 여기며 군중과 더불어 '삼동'三同을 하라고 지시한다. 국가는 군중의 복잡성을 분석할 능력이 부족하다. 설령 분석을 해도 정치적으로 정확한 분석이 되지 못한다. 따라서 중앙은 불합리한 탄원이든 과도한 요구이든 상관없이 지방정부에게 정당하지 않을 수도 있는 요구를 들어주라고 지시할 수도 있다. 그러면 지방정부는 무마책으로 사건을 수습할 수밖에 없고, 이는 오히려 더 큰 문제를 불러일으키게 된다. 중앙은 '좋은 사람'이 되려고만 하고 지방은 임시방편으로 사건을 무마하려고만 하면, 결국 상황은 지방정부가 감당할 수 없는 지경에 이를 것이고, 모든 갈등이 중앙으로 집중될 것이다. 중앙이 이를 해결할 능력이 있는 것도 아니다.

현재 농촌 기층에서 분출되고 있는 정당하거나 정당하지 않은, 합리적이거나 비합리적인, 합법적이거나 불법적인 각종 이익 요구에 비해, 중앙의 대처 능력은 턱없이 부족하다. 그럼에도 언론매체는 대책 없이 비판만 한다. 학계는 복잡한 현실을 구체적으로 따져보지도 않은 채 결론부터 내린다. 이런 상황은 대단히 위험하다. 더 이상 추상적이고 거창한 말만 늘어놓으면서 스스로 사회의 양심인 것처럼 행세해서는 안 된다. 사실을 정확히 밝혀야 한다. 군중은 분석이 필요한 대상이다. 농민은 이미 분화되었고, 따라서 그들의 사회적 요구를 명확하게 구별해야 한다. 진선미眞善美는 좋은 것이지만, 그것에 도달하기 위해서는 단계가 필요하고, 그것의 통일을 이루려면 지혜가 필요하다. 바라기만 한다고 높이 올라갈 수 있는 것이 아니다. 사실을 냉정하게 분석하고 판단해야 올바른 방향으로 나아갈 수 있다. 현재 언론매체나 학계, 정부 고위층은 현실을 깊이 분석하지 않고 판단부터 내린다. 이는 대단히 위험한 일이다. 당위만 이야기하고 무엇이 왜 문제인지를 말하지 않는 것은 현재 중국 학계의 치명적인 병폐다.

중국의 현실과 담론의 주체성

현재 중앙은 농민의 탄원을 놓고 딜레마에 빠져 있다. 특히 문제가 되는 것은 중국공산당이 인민 내부의 모순과 계급 모순을 더 이상 구분하지 않으면서,[25] 무원칙적으로 서구 주류 담론의 이데올로기를 받아들인다는 점이다. 중국의 국가 주체성, 즉 국가가 자신의 분석을 바탕으로 정책을 결정하고 행동에 옮기는 능동성이 서구의 주류 이데올로기, 특히 서방의 민주주의나 자유, 인권 같은 담론에 의해 제약을 받게 되었다는 것은 대단히 중요한 문제다. 서방의 것은 당연히 좋고 옳은 것이기에 중국은 당연히 그것을 본받아야 한다는 심리가 이미 중국 사회의 각 분야에 깊게 뿌리내려 있다. 그래야 정치적으로 올바르다는 것이다. 언론매체도 그렇고 학자들도 그렇고 정부 지도자들도 그렇다.

민주주의와 자유, 인권은 추구할 만한 가치다. 문제는 그 가치들을 어떻게 받아들일 것인가이다. 그 가치의 추구는 중국이 현대사회로의 전환을 완수하는 데 도움이 될 뿐만 아니라 취약집단이 패권에 맞서 저항하는 데에도 도움이 되며, 기층에 있는 개별 관료들이 억압에 맞서는 데에도 도움이 된다. 그러나 중국과 관련된 문제에서, 자유나 민주주의, 인권 같은 서방의 가치를 추상화하고 본질화하며 신격화해서는 안 된다. 문제에 대한 구체적인 분석이나 토론을 생략한 채 답을 얻으려 해서는 안 된다.

그런데 일부 학자들은 문제를 전혀 분석하지 않은 채 모든 문제

25 마오쩌둥은 1957년 「인민 내부의 모순을 정확히 처리하는 문제에 대해」關於正確處理人民內部矛盾的問題라는 글에서 사회 모순을 적대적인 계급 모순과 비적대적인 인민 내부의 모순으로 나누고, 사회주의 중국 사회의 주요 모순은 후자에 있음을 설명한 바 있다. 허쉐펑이 이 글에서 자주 언급하는 '인민 내부의 모순을 인민폐로 해결'한다는 구절은 마오쩌둥의 문장에서 가져온 것이다.

에 대해 정부가 인권을 존중하지 않고 정치체제가 민주적이지 않으며 인민이 자유롭지 않기 때문이라고 주장한다. 그렇게 소리 높여 주장한 지 여러 해가 되었지만, 중국 사회에 대한 그들의 이해는 거의 진보하지 않았고, 사회 문제 해결을 위한 발상도 여전히 제자리에 머물러 있다. 이런 학자의 머릿속에는 모든 문제의 해결책이 서방의 보편규칙에 따르는 것으로 입력되어 있다. 의문의 여지조차 없는 것처럼 보인다. 정치학계는 중국의 정치 전통이나 체제를 깊이 탐구하지 않으면서, 서방의 민주제만이 중국의 정치체제가 나아갈 방향인 것처럼 묘사한다. 그들은 서방의 민주제도를 받아들인 개발도상국이 거의 예외 없이 혼란에 빠졌다는 사실을 외면하고 있다. 또한 법학계는 중국 사회의 관습법에 대해 자세히 연구하지 않은 채, 중국은 마땅히 이러이러해야 한다고 주장한다. 중국에서 수천 년 동안 지속되어온 사법 전통을 무시하고 있는 것이다.

서방은 인권대화나 각종 백서의 형태를 빌려 중국의 내정에 간섭하고 잔소리를 늘어놓는다. 그러나 서방과 중국은 사실상 경쟁관계에 있다. 중국은 어떤 일에든 서방을 의식해야 하고, 서방의 이데올로기를 함부로 따라서는 안 된다. 서방은 여전히 이데올로기적으로 공산주의를 적대시하고 있다. 서방이 종교와 문화, 이데올로기의 힘으로 중국을 평화적으로 변화시키려 한다는 사실을 모르는 사람은 없다. 그런데 중국은 자신의 담론권을 잃어가면서 '자주독립'적인 발전 전략을 뇌리에서 지워버리고 있다. 중국은 언론매체부터 학계에 이르기까지, 심지어 국민 모두가 아무런 성찰도 없이 서방의 보편적 가치를 받아들이고 있다. 반성이나 성찰이 없으며, 그것이 중국에 적용 가능한지도 토론하지 않는다. 하물며 구체적 문제에 대한 분석이야 말할 필요가 있겠는가?

현재 세계에서 인구가 가장 많은 개발도상국인 중국은 국가의 부강과 중화민족의 부흥, 혹은 국가의 현대화를 가장 중요한 과제로 삼고 있다. 현대화의 실현에는 경제 발전이 필요한데, 경제 발전에서 서방 이데올로기 또는 보편적 가치가 독이 될지 약이 될지는 토론이 필요하다. 장웨이웨이張維爲[26]는 세계 100여 개의 개발도상국 중에서 서방의 민주제도를 받아들여 선진국으로 진입한 예를 하나도 발견하지 못했다고 지적한 바 있다. 반면 서방의 민주제도를 받아들여 국가가 혼란이나 내분에 빠진 예는 무수히 많다. 그런 점에서 서방 이데올로기는 화려한 옷일 수 있다. 가난한 사람이 화려한 옷을 입는다고 해서 부자가 되는 것은 아니다. 서방이 화려한 옷을 입을 수 있는 것은 그들이 그것을 살 수 있을 만큼 부유하기 때문이다. 가난한 사람이 화려한 옷을 사서 입는다면 더욱 가난해질 뿐이다. "먼저 들녘을 보수하고, 그다음 거처를 수리한다"先治坡後治窩[27]는 천융구이陳永貴[28]의

---

26 푸단復旦대학 중국연구원 원장. 덩샤오핑鄧小平의 통역으로도 일한 적이 있으며, 최근에는 『중국진감』中國震撼 등의 책으로 베스트셀러 작가의 반열에 올랐다. 학술적이라기보다는 대중적이라고 할 수 있으며, 민족주의적 색채도 강하게 나타난다.

27 1960년대 모범 농촌이었던 다자이大寨의 대표적인 구호 중 하나. 1963년 여름, 다자이에 큰 홍수가 났는데, 당시 두 가지 구호작업이 시급하다고 평가되었다. 하나는 물에 잠기고 쓰러진 작물을 바로잡는 것이었고, 다른 하나는 무너진 가옥과 동굴 집을 수리하는 것이었다. 그러나 투입될 수 있는 노동력에 한계가 있었기 때문에 우선순위를 정할 필요가 있었다. 다자이 농민들의 결정은, 우선 작물 피해를 최소화하여 그해 수확에 차질이 없도록 한다는 것이었고, 그다음 자신들이 머물 거처를

다자이에 있는 천융구이의 상. 다자이는 마오쩌둥 시기의 대표적인 모범 농촌으로, 다자이를 이끈 인물이 바로 천융구이다. 그는 중국공산당 중앙위원회에 진출한 이후에도 언제나 두건으로 머리를 감싸고 등장해 농민의 대표자임을 나타냈다.

말은 그런 점에서 이치에 맞는 명언이다.

　　서방의 보편적 가치는 서방의 역사, 국가 상황, 국제적 처지와 뗄수 없다. 즉 특정 시공간의 산물이며, 따라서 특수성을 지닌다. 5,000년 문명과 13억 인구를 가진 개발도상국 중국이 지금까지 실천해온 가치도 중국의 역사, 국가 상황, 국제적 처지에 부합하는 것이었다.

수리한다는 것이었다. 당시 공업의 모범으로 통했던 다칭大慶은 '선생산, 후생활'先生産, 後生活이라는 구호로 유명했는데, 그 의미가 서로 통한다고 볼 수 있다.
28　다자이의 농민 지도자. "먼저 들녘을 보수하고, 그다음 거처를 수리한다"는 결정을 내린 것으로 알려져 있다. 그는 다자이의 성과를 바탕으로 1969년 당 중앙위원에 선발되었으며, 1973년에는 중앙정치국원까지 올랐다. 1970년대 말 덩샤오핑이 실권을 장악하면서 중앙정치에서 밀려났다.

그런 점에서는 마찬가지로 보편적 가치라 할 수 있다. 중국의 보편적 가치는 자신의 민족적 특성과 발전 단계에 대한 깊이 있는 이해를 바탕으로 다시 정의되어야 한다. 예컨대 중국은 인권을 무엇보다 생존권과 발전권으로 정의한다. 중국은 세계에서 가장 큰 개발도상국이고 현재 중국의 가장 중요한 과제가 발전이기 때문에, 이는 당연한 일이다. 반면 서방의 인권은 주로 언론의 자유와 정치의 자유를 의미한다. 이 역시 합리적이다.

서방은 줄곧 제1세계로서 국제 규칙의 제정자이자 주도자 역할을 해왔고, 국내 위기를 외국에 전가할 수 있는 패권국가였다. 혹 국내에 문제가 생겨도 이를 해소할 능력이 있었다. 그러나 중국의 처지는 많이 다르다. 중국의 '부상'[29]은 최소한 다음과 같은 전제가 필요하다는 데 거의 대부분 동의하고 있다. 안정적인 사회 환경이 있어야 하고, 국내의 각 계층이 상대적으로 조화롭게 공존해야 하며, 국가가 어떤 계층에게도 휘둘리지 않고 주체성을 가짐으로써 중화민족의 장구한 미래를 책임져야 한다는 것이다. 중국의 발전 순서나 전략에서, 또는 발전 노선이나 방침, 정책에서 이미 정해진 불변의 것이란 존재하지 않는다. 환경의 필요와 발전 필요에 따라 끊임없이 적응하고 심화하면서 시행착오를 거쳐야 한다. 이 과정에서 국가는 각 계층에 대해 자율성을 가져야 하고, 서방 국가에 대해서도 자율성을 가져야 한

---

29 21세기 중국이 경제·정치·군사 등의 거의 모든 영역에서 괄목할 만한 성장을 이뤄내고 있음을 의미한다. 영어로는 보통 'rise'로 번역되기도 하거니와 우리말로 '굴기崛起도 어색한 면이 있어, 여기서는 '굴기' 대신 '부상'이라는 말로 번역했다.

다. 중국의 사회과학 종사자들도 중국이 발전 과정에서 직면하게 되는 복잡한 현실 속으로 깊이 들어가야 한다. 중국 사회과학이 직면한 문제가 무엇인지를 구체적으로 살펴보고, 왜 그런 문제에 직면하게 되었는지에 대해 개방적인 태도로 토론을 진행해야 한다. 그 이후에야 중화민족의 위대한 부흥에 도움이 되는 전략적 사고와 구체적인 대안이 나올 수 있다.

현재 중국의 학계는 언론매체와 마찬가지로 선입견이 강하고, 사실 자체를 구체적으로 토론하지 않으려는 풍조가 매우 심하다. 좌든 우든 모두 고집스럽게 자기 입장만 고수하면서 사실에 대한 기본적인 이해를 생략하거나 심지어 전혀 이해하려 하지 않는다. 이러한 태도로는 곤란하다. 중국의 지식인과 학자들은 독선적으로 도덕적 우월감을 누리려는 태도를 버리고, 진리가 자신에게 있다는 생각에 빠지지 않도록 경계해야 한다. 마오쩌둥이 말한 것처럼 오로지 구체적 실천 속에서 견실하게 조사연구를 수행할 뿐이다.

■ 이 글은 「농민 탄원과 향촌 거버넌스, 그리고 사회과학의 주체성」農民上訪, 村庄政治與社會科學主體性을 번역한 것이다. 원문은 삼농중국 홈페이지(http://www.snzg.net)에서 확인할 수 있다. '상방'上訪은 개인 또는 법인 등이 우편이나 방문 등의 방식으로 국가기관을 상대로 청원이나 의견을 표하는 제도를 말한다. 이 글에서 '탄원'으로 번역된 부분은 모두 이 '상방'을 가리킨다.

법과 사회의 딜레마 그리고 미묘한 균형

허난성河南省 저우커우시周口市[1] 근교의 농촌에서는 농민들 간에 치고 받는 싸움이 현저히 줄어들었다. 혹 다툼으로 인해 분이 덜 풀렸더라도 어느 누구도 감히 주먹을 휘두르지 않는다. 아무리 좋은 집안의 출신이고 많은 친족이 있어도, 그래서 그 지방에서 상당한 영향력을 발휘할 수 있어도 함부로 누군가를 때리는 법이 거의 없다. 어떻게 된 것일까? 이 지방 농민의 표현을 빌리자면, 지금은 법치사회이기 때문이다. 누군가 폭력을 휘두르면 그에 상응하는 책임을 져야 한다. 주먹을 잘못 휘둘러 누군가를 다치게 하면, 단순 찰과상이라 할지라도 맞은 사람은 병원을 찾아가 드러눕는다. 이런저런 검사 비용으로 최소 몇만 위안의 의료비가 나오는데, 이 비용을 내지 않으면 맞은 사람은 퇴원할 수가 없다. 결국 그 비용을 때린 사람이 내야 한다. 따라서 이 지방에서는 싸울 때 흔히 하는 상투어가 하나 만들어졌다.

---

1 허난성 동남부에 위치한 지급시.

"너 10만 위안짜리 싸움을 할래, 아니면 8만 위안짜리 싸움을 할래?" 만약 싸우고 싶다면 먼저 돈을 준비해야 한다. 돈이 없다면 싸워서도 안 되고, 괜히 기분 나빠서도 안 된다.

농민들 사이의 싸움만 그런 것이 아니라 농촌 마을에서 일어나는 모든 일이 다 그렇게 바뀌고 있다. 리로우李樓라고 하는 이 지방 촌서기의 말에 따르면, 법치사회에서는 폭력이나 친족의 힘을 빌려 모질게 대하는 방식은 통하질 않는다. 농촌 업무는 감정에 호소해야 하고 마음을 움직여야 한다. 당신이 누군가에게 30퍼센트 정도 공경해야 그 사람이 당신에게 40퍼센트로 보답한다. 그래야 일이 된다. 그런데 1990년대만 하더라도 농촌 사회에서는 싸움과 난투극이 빈번했다. 왜냐하면 "법치가 아직 온전하지 않았기 때문"이다.

법치사회는 주로 경찰의 역량에 의존한다. 싸움이 일어나면 누군가가 110[2]에 신고를 하고, 그러면 경찰이 출동한다. 경찰은 우선 다친 사람이 있는지 확인한 다음, 부상자가 있으면 그를 병원에 후송시킨다. 그러고 나서 경찰은 원인과 경위를 파악해 사건을 마무리한다. 그런데 시비 여부와 상관없이 가해자는 무조건 피해자의 의료비를 부담해야 한다. 그리고 의료비는 어떤 정해진 기준이 있는 것이 아니기 때문에, 피해자는 각종 검사 비용을 요구하고, 결국 상해 수준과 상관없이 거액의 의료비를 청구한다. 보통 그럴 때면 가해자가 피해자에게 인정을 베풀어달라고 호소하게 마련이다. 만약 피해자의 상

---

2 중국의 경찰 신고 전화번호.

해 수준이 심각하면, 가해자는 형사적 책임도 져야 한다. 쌍방이 폭력을 휘둘렀다면, 그들은 언제나 상대방이 먼저 폭력을 썼다고 주장한다. 그리고 자신은 피해자라고 주장하면서 병원에 드러누워, 별로 필요하지 않은 검사까지 필사적으로 받으려 한다. 그런데 그 치료비는 본인이 부담하게 되는 경우가 많다. 원통한 일이 아닐 수 없다. 따라서 아무리 기분이 상하더라도 함부로 폭력을 휘둘러서는 안 된다. 흥분은 악마와 같은 존재여서 법치사회에서는 일말의 빌미도 제공해서는 안 된다.

110 신고를 통해 농촌에 깊숙이 들어온 국가 법률은 단숨에 관습법을 대체했다. 국가 법률과 국가 역량이 농촌 마을 속에 확고히 자리를 잡게 되었고, 농촌 사회의 작동 논리를 개조 혹은 리모델링하게 되었다. 국가 법률과 국가 역량을 대표하는 지방정부가 관습법에 상당한 영향을 주고 있다.

표면적으로만 보면, 현재 중국의 농촌은 법률을 받아들이는 정도가 아니라 환영하는 것처럼 보인다. 법치에 의해 모든 것이 규범화, 혹은 대체된 듯하고, 국가 법률과 관습법의 힘겨루기는 국가 법률의 완승으로 끝난 것 같다. 그런데 실제로는 이 힘겨루기가 아직 완전히 끝나지 않았다. 국가와 향촌 사회의 상호작용에는 아직 애매한 부분이 많다. 몇 가지 사례를 살펴보자.

초과 출산의 '구매'

농민들의 전통적인 출산 관념 중에는 '다자다복'多子多福이나 대를 이어야 한다는 것 등이 있다. 경작지와 인구의 불균형을 해결하기 위한 계획출산 정책은 농민들의 전통적인 출산 관념과 상충하는 면이 있다. 계획출산은 1970년대부터 장려되기 시작했고, 1980년대에는 강제적인 양상을 띠었다.[3] 그 과정에는 계획출산의 필요성에 대한 선전교육도 포함되어 있었다. 농민들도 계획출산이 무엇을 의미하는지 잘 알고 있으며, 그것이 필요하다는 데 대부분 공감하고 있다. 그러나 오랜 기간에 걸쳐 형성된 출산 관념이 하루아침에 바뀌기는 쉽지 않다. 1980년대 계획출산이 강제적인 양상을 띠었을 때, 국가와 농민 사이의 갈등과 충돌은 피할 수 없는 결과였다. 초과 출산을 해서라도 반드시 아들을 낳으려는 풍조가 지금 크게 변한 것은 아니지만, 국가의 강력한 정책 의지와 행정조치 속에서 농촌의 출산율은 빠르게 하락했다. 계획출산 정책이 당초 목표를 완전히 달성했다고 할 수는 없겠지만, 최소한 비슷한 수준까지는 근접했다. 강력한 계획출산 정책의 압력 속에서 계획출산 정책을 위반한 일부 농가들은 그에 상응하는 대가를 치러야 했다. 가장 대표적인 예가 벌금이었는데, 심각한 경우에는 주택 철거까지 감수해야 했다(지방정부가 사용했던 위협 수

---

3 1970년대 중국 정부는 이른바 '만晩·희希·소少'라는 출산 정책을 내놓은 바 있다. '만'은 결혼 시기를 늦추는 것이고, '희'는 출산 간격을 넓히는 것이며, '소'는 출산 횟수를 줄이는 것이다. 그런데 '만·희·소'는 선전과 교육에 중점을 뒀을 뿐, 강제적인 것은 아니었다. 1980년 중국공산당 중앙위원회가 공개편지의 형식으로 전체 당원과 공청단원에게 계획출산 정책의 필요성을 역설하면서 강제적인 계획출산 정책이 등장했다.

지금도 농촌 건물의 벽에는 1970년대 이후의 계획출산 표어가 남아 있다. 사진 속에 보이는 표어는 '한 자녀 반' 정책에 대한 것인데, 아들을 낳았으면 더 이상 출산하지 말 것과 딸을 낳았으면 4년의 출산 간 격을 둘 것을 말하고 있다.

단). 어떤 경우에는 연좌제가 적용되어 친인척이 피해를 입기도 했다.

계획출산 정책이 상당한 성공을 거둔 것은 사실이지만, 동시에 심각한 부작용을 초래한 것도 사실이다. 가장 큰 부작용은 계획출산 이 강제성을 띠면서 정치적으로 안 좋은 상황이 자주 연출되었다는 점이다. 일부 지방에서는 향촌 간부와 군중 사이의 관계가 매우 나빠 졌고, 국가와 농민 사이의 관계도 악화되었다. 강제적이고 폭력적인 정책 집행 방식은 일반 군중의 원망을 샀을 뿐 아니라 정권의 합법성 에 대한 의심마저 불러왔다. 1990년대 말까지도 강제적인 계획출산 은 농업세 부과와 함께 많은 악성 사건들의 원인이 되었다. 결국 중앙은 2000년을 전후해 계획출산과 농업세 부과에서 사용되던 일부 '부정확'한 방식을 금지했고, 그에 따라 강제적이고 폭력적인 계획출산의 집행 방식이 폐기되었다. 그 대신 설득과 교육, 그리고 유도가 자리를 잡았는데, 이러한 배경에서 초과 출산에 대한 벌금제도도 등장했다.

강제적인 계획출산 조치가 사라지자 농민들의 출산이 다시 늘어났다. 출산 시기가 앞당겨졌고 초과 출산도 감행되었다. 최소한 아들하나는 낳아야 한다는 것이 농촌의 일반적인 상황이 되었다. 그런데 농민들은 초과 출산에 대한 벌금을 가능한 한 내지 않으려 했다. 아이가 커서 호적에 올려야 하는 상황이 되어서야 비로소 사정을 이야기하면서 벌금을 나중에 내겠다고 양해를 구했다. 사실 벌금을 감수하겠다는 의지만 있다면 얼마든지 아이를 출산할 수 있다. 벌금을 내고 초과 출산을 구매하는 것은 일부 농촌 지역에서는 이제 흔한 현상이다.

현재 중국 농촌에서 농민들의 출산 의지를 억제하는 요소는 두 가지다. 하나는 지난 20년간 시행된 강제적인 계획출산 정책이 비록 초과 출산을 완전히 저지하지는 못했더라도 출산율을 낮추는 데에는 상당한 효과를 보았고, 농민들의 출산 관념에도 일정 부분 변화가 일어났다는 점이다. 최소한 '다자다복'은 이제 더 이상 환영받는 관념이 아니다. 남아와 여아가 함께 있는 1남 1녀가 다자다복을 대체하고 있고, 그에 따라 농민들의 출산 의지도 많이 약해지고 있다. 둘째는 지나치게 높아진 자녀 교육비와 혼례 비용이다. 현재 농민들은 아들을 낳으면 상당한 경제적 압박을 느끼곤 한다. "아들 둘을 낳는 바람에 한바탕 크게 울었다"는 말도 있다. 바로 이러한 배경에서 교육과 설득 그리고 행정적 벌금이라는, 상대적으로 느슨한 계획출산 방식이 농촌의 출산율을 합리적인 수준에서 잡아두게 되었다. 국가의 계획출산 정책과 농민들의 출산 의지 사이에 이뤄진 균형이 이 정책의 효과를 결정하는 핵심이다. 새로운 세기에 강제적인 수단을 더 이상 사용하지 않는 것은 그전 20년 동안 시행되던 강제적인 조치가 영향을 미쳤기 때문이다. 이전의 강제성이 없었다면 지금의 비교적 느슨한 계획출산 정책도 있을 수 없다. 이것이 농촌 정책의 변증법이다.

　계획출산에 대한 이상의 내용에서 말하고 싶은 것은 국가 정책이 향촌 사회에서 언제나 본래의 모습 그대로 실천되는 것은 아니라는 점이다. 법치사회의 함의 중 하나는 향촌 사회가 법에 의해 완전히 규범화될 수 있다는 것인데, 계획출산 정책의 사례에서 알 수 있듯이 향촌 사회에는 그에 대한 위반이 보편적으로 존재하고 있다. 향촌 사회는 아직 완전한 법치의 수준에 도달하지 못했다. 국가 정책과 농민의 행동 사이에는 매우 넓은 게임의 공간이 형성되어 있다. 이 공간이 사뭇 미묘한데, 쌍방이 모두 제약을 받아 뒤로 물러나기도 하지만, 동시에 쌍방이 모두 자신의 공간을 확보해두고 있다. 미묘한 균형 상태다. 국가가 자신의 의지를 완벽하게 관철시킬 수도 없고, 농민 역시 자신의 의지를 완벽하게 주장할 수 없다.

주택 심기

저우커우시 근교의 농촌을 살펴보면 농민들의 원성이 자자한 사안이 하나 있다. 건물을 짓기만 하면 도시관리城管 부처의 직원이 찾아와 벌금을 매긴다는 것이다. 농민들은 도시관리 부처에서 농민들의 주택 건설을 구실로 영리를 취한다고 생각한다.

이 근교 농촌은 이미 도시 지역으로 편입되어 있다. 관련 법규에 따르면, 도시 내 모든 건축은 반드시 건설계획 부처의 심사와 비준을 거쳐야 한다. 사적인 건축은 일절 금지되며, 심지어 불법행위로 간주될 수 있다. 이 마구잡이 건축 행위를 감시하는 책임 부처가 바로 도시관리 부처인 것이다.

혹자는 관련 법규에 따라 농민들의 미승인 건축 행위를 금지하는 것은 도시관리 부처의 마땅한 책임이라 생각할 수 있다. 그런데 문제는 실제 정책 집행에서 미승인 건축 행위에 대한 금지가 어떻게 벌금 제도로 바뀌었는가 하는 점이다. 정말로 도시관리 부처는 농민의 불법적인 건축 행위를 통해 영리를 꾀하고 있는 것일까?

그 원인 중 하나는 농민들의 미승인 건축 행위를 일일이 감시하기가 어렵다는 점이다. 도시관리 부처가 매일 향촌에 나가서 그들의 건축 행위를 감시하고 저지할 수는 없다. 또한 일단 농민들이 건축을 시작하고 나중에 도시관리 부처가 이를 저지하게 되면 충돌이 일어나게 된다. 특히 이미 절반쯤 지은 주택을 철거하기라도 하면, 이 '폭력'적인 방식은 마을 전체 주민의 공분을 산다. 도시관리 부처는 대량의 인력을 조직해 강제로 법 집행을 할 수도 있지만, 마을 농민이

『귀주도시보』貴州都市報가 보도한 '주택 심기' 현장. 이런 건물의 벽은 밀기만 해도 쉽게 넘어지고 만다.

흩어져 전개하는 유격전을 모두 감당하기는 어렵다. 도시관리 부처의 입장에서도 매번 많은 사람을 동원해 법을 집행하는 것이 쉬운 일은 아니다. 게다가 현재 도시관리 부처는 언론매체에서 거의 악마처럼 묘사되고 있다. 이런 상황에서 도시관리 부처가 차선책으로 선택한 방식이 바로 벌금으로 관리를 대신하는 것이다.

농촌의 주택 건축만 그런 것이 아니다. 도시관리도 만만치가 않다. 토지수용이 예정된 곳에서는 도시관리 부처가 잠시 부주의한 틈을 타 미승인 건축 행위가 일어나곤 한다. 짧은 시간에 다량의 자원을 투입해 집을 짓는 것이다(곧 주택 심기). 나중에 토지가 수용되고 철거가 시작되면, 그들은 높은 보상금을 요구하며 철거를 거부한다. 보상금을 줘야 할까? 그러나 그 주택은 불법 건축물이다. 사전에 신고와 승인의 절차를 밟지 않았다. 보상금을 주지 말아야 할까? 그러면 그들은 되레 집을 지을 때 도시관리 부처가 저지하지 않았으니 건축을 묵인한 것이 아니면 무엇이냐고 따진다. 강제 철거라도 할라치면, 그들은 죽기살기로 덤벼든다. 따라서 이미 지어진 집은 설사 그것이 불법 건축물이라 하더라도 강제로 철거할 수 없다. 철거에 따른 보상을 해주어야 한다. 그저 다음에는 제발 이런 일이 일어나지 않기를 바랄 뿐이다.

불법 건축물마저 보상을 받기 시작하면서 주택을 심으려는 사람들의 욕망은 더욱 커졌다. 한 지방 관료의 말에 따르면, 주택을 심는 것은 순식간에 일어나는 일이어서 며칠 주의하지 않으면 어느새 집이 만들어진다고 한다. 철거는 거의 불가능하다. 강제 철거가 시작되면 베이징을 향한 탄원이 이어지고, 분신마저 꺼리지 않는 이도 있다. 지방정부의 관료들은 일이 새어나갈까 두려워 일을 질질 끌게 되고, 도시관리 부처는 할 수 없이 벌금으로 관리를 대신하게 된다.

분명 여기에서도 법률은 원칙대로 집행되고 있지 않다. 그 변통의 폭이 매우 크다. 그런데 이 도시관리에 비할 수 없는 영역이 바로 화장火葬 정책이다. 화장은 저우커우시 근교에서 기본적으로 추진될 수 없는 정책이다.

암매장의 유행

저우커우시는 화베이華北 평야 지대에 위치해 있는데, 인구에 비해 토지가 적은 편이다. 그 지방 사람들의 계산 방식에 따르면, 무덤 하나에 대략 3푼 정도의 토지가 필요하고, 따라서 죽은 사람과 산 사람이 토지를 다투지 않을 수 없다. 국무원國務院이 통과시킨「장례관리조례」에 따라 저우커우시는 2000년을 전후해 화장을 적극적으로 권장하기 시작했다. 그리고 저우커우시 근교의 농촌에서는 기본적으로 화장만 가능할 뿐 매장은 할 수 없다.

그런데 중국 농민들은 땅에 묻혀야 편히 잠들 수 있다는 믿음을 가지고 있다. 화장에 대한 두려움이 매우 크며, 심지어 어떤 노인은 강제적인 화장 정책이 결정되자 자살을 선택해 매장해줄 것을 요구했다. 저우커우시가 강제적으로 화장 정책을 시행하자, 이 지역 농민들은 곧 암매장의 방식으로 화장 정책에 대처하기 시작했다. 즉 누군가 세상을 떠나면 상주는 장례를 치르지 않는다. 가까운 친척에게만 소식을 알릴 뿐, 이웃에게도 전혀 알리지 않는다. 그다음 사망한 지 얼마 안 되었을 때 몰래 관을 마련해 시신을 안치하고서 땅 속 깊이 파묻는다. 물론 봉분도 제대로 만들지 않는다. 사람이 죽은 지 몇 개월이 지났지만, 사망 소식을 모르는 마을 사람들이 태반이다. 이런 식의 암매장이 이 지역 농촌에 빠르게 전파되었다.

장례 개혁을 관장하는 민정 부처가 그러한 암매장 행위를 구체적으로 파악하고 있었던 것은 아니다. 다만 화장터에 시신이 거의 없는 것으로 보아 문제가 있다고 추측할 뿐이었다. 민정 부처는 즉시 조사에 들어갔고, 그 조사에 기초해 고발제도를 만들었다. 암매장 행위가 발견되면, 무덤을 파헤칠 뿐 아니라 벌금을 부과하겠다고 했다. 상

저우커우시 근처 농촌 경작지에 마련된 무덤. 저우커우시는 화장을 권하고 있으며, 동시에 경작지에 무덤을 만들지 못하도록 하고 있다. 그러나 농민들이 잘 따르는 것만은 아니다.

가喪家를 위협하기 위해서 민정 부처는 고발제도를 통해 입수한 단서를 가지고 탐측기로 암매장 위치를 찾아다니곤 했다. 그러고는 강제로 무덤을 파헤쳐 상당한 위협 효과를 거두었다. 농민들은 무덤을 파헤치는 것을 극도로 꺼리기 때문에, 민정 부처의 이러한 처사는 즉각 그들의 반감을 불러일으켰다. 농민들도 암매장이 옳지 않다는 것을 안다(이 점에서는 법치사회와 매우 비슷하다). 그저 자기만 암매장한 것이 아님에도 무슨 근거로 자기 집 무덤만 파헤쳤냐고 따질 뿐이다. 저항은 집단 시위로 발전하고, 심지어 사람이 다치기도 한다. 이는 분명 농민이나 지방정부 모두에게 결코 좋은 일이 아니다.

　더 당혹스러운 일은 그다음에 일어난다. 법 집행이 시행된 지 1년도 못 되어 무덤을 파헤친 사건들로 인해 수많은 집단 시위가 일어났다. 한번은 무덤 주인이 정부 청사에서 난리를 피우는 통에 민정 부처가 10만 위안을 배상하기도 했다. 그럼에도 소란은 사그라지지 않았다. 법 집행에 심각한 문제가 발생하고 그 비용이 지나치게 많이 들자, 결국 민정 부처는 강제로 무덤을 파헤치는 법 집행을 포기하고 말았다. 그저 화장하라고 요구할 뿐이다. 그 결과 저우커우시 근교의 농촌에는 매우 희한한 광경이 연출되고 있다. 한쪽에서는 민정 부처가 강제적인 법 집행의 가능성을 남겨둔 채 화장에 대한 선전을 강화하는 사이, 다른 한쪽에서는 공개적인 장례식을 생략한 채 야밤에 시신을 암매장하고 있다. 일반적으로 3주기가 되었을 때 농민들은 제대로 된 봉분을 만들곤 한다.

결국 민정 부처가 강제로 추진했던 장례 개혁 조례는 농민들의 저항에 부딪혀 제대로 시행되지 못하고 있다. 예전과 같은 방식이 그대로 유지된다. 물론 이 지역의 장례가 예전과 완전히 똑같은 것은 아니다. 우선 암매장과 토장土葬이 위법이라는 사실을 모두가 알고 있다. 다음으로, 암매장 자체가 농촌 사회에 엄청난 변화를 초래하고 있다. 장례는 농촌 사회에서 매우 중요한 의식이기 때문에 다양한 사회문화적 함의를 가진다. 이제 장례식이 사라지고 암매장이 유행하면서, 마을 주민들은 한편으로는 간편해졌다고, 더 이상 돈을 쓸 필요 없으니 번거롭지 않아 좋다고 말하지만, 다른 한편으로는 사람이 죽었는데 개가 죽은 것보다 못하다고 이야기한다.

농민들이 최저생활
보장 혜택에 기뻐하
는 모습.

윤번과 연령으로 선정되는 최저생활보장 혜택

최저생활보장제도 역시 실제 양상은 본래의 취지와 많이 달라져 있
다. 특히 최저생활보장의 지표가 꾸준히 보완되면서, 본래의 가구 대
상이 사람 대상으로 빠르게 변화하고 있다.[4] 가장 큰 이유는 농민들
의 공평 관념이 영향을 미치고 있다는 데 있다.

　정보의 비대칭성으로 인해 지방정부는 농민들의 정확한 소득을
파악하기가 어렵다. 최저생활보장 가구의 결정은 농촌 마을 내부의
'낯익은 사회'熟人社會[5] 전통에 근거하는 경우가 많다. 국가가 대상 가

4　본래 중국 농촌의 최저생활보장은 가구를 대상으로 제공되는 혜택이었다. 그런데 그 기준이 강화
되면서, 실제 농촌에서는 개인을 대상으로 제공되는 경우가 많아졌다. 예를 들어 컬러TV의 유무가
흔히 그 기준으로 활용되곤 했는데, 최저생활보장 가구를 이 기준으로 판단하는 것은 대단히 어려운
일이었다. 게다가 농촌 가구 중에는 결혼한 자녀가 부모와 함께 사는 경우도 있지만 분가한 경우도
있어 그 상황이 매우 복잡한 편이었다. 따라서 만약 선정된 가구와 선정되지 못한 가구 사이에 눈에
띄는 경제적 차이가 존재하지 않는다면, 가구 대상의 최저생활보장은 공평성의 문제를 야기할 수밖
에 없었다.

5　중국의 저명한 사회학자 페이샤오퉁費孝通이 제기한 개념으로, 중국 농촌의 특징을 설명할 때 자

구를 지정하기가 어렵기 때문이다. 일단 농촌 마을 내부에서 대상 가구를 선정하면, 이는 향촌 간부가 대상자를 선정하는 방식으로 바뀌게 된다. 어떤 경우에는 농촌 주민들이 자기들만의 공평관으로 대상 가구를 선정해야 한다고 주장한다. 심지어 어떤 마을에서는 그 주민 전체가 윤번으로 최저생활보장제도의 혜택을 누리기도 한다. 저우커우시 근교의 농촌은 보통 연령을 기준으로 대상 가구를 선정한다. 한 노인은 이렇게 말한다. "내 나이가 이미 70인데, 어떻게 아직도 최저생활보장 가구가 아니란 말인가?" 이는 결코 그들이 최저생활보장 정책을 제대로 이해하지 못하고 있기 때문이 아니다. 단지 그 정책이 현장에서 이런 식으로 실천되고 있을 뿐이다.

최저생활보장 정책이 저소득 가구를 보호하기 위한 사회보장제도라고 한다면, 그 대상은 농촌 마을에서 경제적으로 가장 어려운 가구여야 한다. 윤번제로 그 혜택을 주거나 나이를 기준으로 최저생활보장 가구를 선정하는 것은 그 정책의 본래 취지를 저버리는 것이다. 그럼에도 이런 식으로 집행되는 것은 윤번과 연령이 상대적으로 더 객관적인 지표이기 때문이다. 정보가 불투명하고 비대칭적이라면, 사람들은 모두 자신이 경제적으로 어렵고 소득 수준이 낮아 최저생

주 언급된다. 전통적인 농촌 사회는 인구 유동성이 현저히 낮기 때문에 마을 주민들이 상대방의 이름을 부를 수 있을 정도로 친숙한 관계를 형성하게 되는데, 이는 낯선 사람들로 가득 찬 현대 도시와 명확하게 구분되는 점이다. 그런데 중국은 신중국 성립 이후에도 인구 유동성을 엄격히 제한했고, 인민공사나 단웨이單位 체제 역시 생활의 공동체를 지향한 측면이 있기 때문에, 지금까지도 이 전통이 살아 있다고 평가되곤 한다. 최근 중국의 일부 학자들이 '사회자본'social capital의 관점에서 이 '낯익은 사회'를 다시 평가하려고 하는데, 그 이면에 이러한 맥락이 자리하고 있다.

활보장의 수혜를 받아야 한다고 생각한다.

　이러한 임시변통의 출현은 단순히 지방정부 관료들의 정책 이해도가 떨어지기 때문이 아니다. 그보다는 내재적인 이유가 있다.

탄원과 재판의 딜레마

탄원제도라는 것은 본래 군중이 상급 정부에 자신이 처한 현실을 알리고, 그에 따라 상급 정부가 전체적인 상황을 파악해 제때에 문제를 해결하고자 만든 제도다. 그런데 지금은 성가시게 굴기 위한 탄원, 소란을 피우기 위한 탄원, 까닭 없는 탄원, 이익을 노린 탄원, 심지어 정신병적인 탄원까지 넘쳐나고 있다. 이러한 탄원들이 관련 부처 및 지방정부의 행정 자원을 잠식하면서, 꼬리가 너무 커 흔들기조차 힘든 미대난도尾大難掉의 상황이 연출되고 있다. 일부 탄원꾼들은 이 제도를 전략적으로 이용해 개인적인 이익을 추구하기도 한다.

　탄원제도의 부작용을 해결하기 위해 국가 탄원국은 예전에 '탄원 3급 종결' 제도라는 것을 만든 적이 있다. 민원인이 제기한 탄원 요구를 세 등급의 탄원 부처가 맡아 처리하게 하고, 일단 처리된 탄원은 동일한 문제를 가지고 다시 제기하지 못하게 만든 제도다. 그러나 이 제도는 현실에서 제대로 실시된 경우가 거의 없다. 몇몇 민원인들은 1년 내내 탄원을 내면서 정신병적인 집착을 보이기도 한다. 그들에게 탄원은 일종의 직업이다. 왜 탄원을 하는지도 명확하지 않을 뿐 아니라, 사실 그 이유가 중요한 것도 아니다. 탄원제도의 실제 시행

에서 불거지는 일부 예상치 못한 결과들을 보고 있으면 절로 탄식이
나온다.

현재 탄원제도에서 가장 해결하기 힘든 부분이 재판과 관련한 탄
원이다. 지금은 법치사회라고 하는데, 그렇다면 가장 중요한 기관은
의심할 여지없이 법에 근거해 판결을 내리는 법원이다. 그런데 현실
은 다르다. 법원이 판결을 내리면 승소한 쪽은 정의가 승리했다며 손
실에 대한 배상을 말하지만, 패소한 쪽은 거의 예외 없이 재판이 불
공정했다고 주장하며 사법부의 부패와 상소의 의지를 피력한다. 중
국의 재판은 이심제이기 때문에, 상급심이 원심을 유지하거나 파기
하면, 소송 당사자 중 어느 한쪽은 거의 예외 없이 그 최종 결과에 불
만을 품고서 탄원제도로 달려가 문제 해결을 요구한다. 사법 정의를
세우겠다며, "말이 통하는 곳"을 찾겠다는 것이다. 어떤 경우에는 양
쪽이 모두 최종 판결에 불만을 품고서 탄원을 내기도 한다.

재판과 관련한 탄원이 일단 제기되면 쉽게 종결되는 경우가 드물
다. 지속적인 탄원을 통해 사태가 확대되면, 관련 부처가 법원의 재
판 과정을 들여다보게 되고, 그러면 사법부의 심각한 부패뿐 아니라
사소한 결함까지도 들춰지게 된다. 물론 이러한 과정이 사법부의 공
정성에 도움을 줄 수 있다. 그러나 동시에 판사가 소신껏 판결을 내
리지 못하는 이유가 된다. 완벽한 판결이 불가능하다면, 모든 판결은
결국 소송 당사자의 어느 한쪽, 혹은 양쪽 모두의 불만을 불러온다.
이른바 "판결을 안 내리면 문제가 안 생기는데, 판결을 내리면 어떤
식으로든 문제가 발생"하는 것이다. 가장 큰 문제가 판결 후 소송 당

사자가 탄원을 제기하는 경우다.

결국 신뢰를 얻기 위해 법원은 큰일이든 작은 일이든 최종 판결을 미루게 된다. 시간이 길어지면, 소송 청구액이 아무리 적어도 그 비용이 커지게 마련이다. 혹 이것이 또 다른 불만의 원인이 되기도 하지만, 장점은 소송 당사자들이 결국 조정에 들어가게 된다는 사실이다. 조정을 하게 되면, 아무래도 탄원을 제기하는 경우가 드물어질 수밖에 없다. 현재 법원은 민사 소송의 경우 판결보다는 합의와 조정을 더 많이 강조하고 있다. 일부 지방에서는 민사 소송의 80퍼센트를 합의와 조정으로 끝내라고 기층 법원에 요구하기도 한다.[6]

조정과 판결의 차이는 전자가 분쟁 해결을 목적으로 하는 반면, 후자는 법률을 그 근거로 제시한다는 데 있다. 하나가 분쟁의 해결이라면 다른 하나는 법률의 지배다. 일단 법원이 단지 분쟁 해결만을 주요 목표로 제시하게 되면, 이 사회의 공공 법규는 힘으로 다른 사람을 억압하는 양상으로 흐르거나(사회적 강자), 혹은 '소란을 떨어 문제를 해결'하는 전략으로 흐른다(사회적 약자). 탄원과 시위, 소란, 분신 등이 중국 사회의 게임 전략이자 수단이 된 지 오래이며, 이에 따른 문제들도 계속 나타나고 있다.

법원마저 임시변통으로 현 사회에 순응하는 모습에서 법치사회의 딜레마를 엿볼 수 있다. 어쩌면 법치사회에서 절대적인 법치란 존

---

6 이는 정법위원회 때문이라고 할 수 있다. 당 기구 중 하나인 정법위원회는 중앙中央과 성省, 지地, 현縣의 4급에 모두 설치되어 있으며, 각급에 해당하는 검찰과 법원, 경찰, 사법 관련 행정을 전체적으로 지도 및 감독한다.

재하지 않는 것일 수 있다. 법률과 사회 사이에는 언제나 미묘하면서
도 긴장감 넘치는 어떤 균형이 있다.

치안 사건의 사적 해결

농민이 법치사회를 가장 피부로 인지하는 경우가 경찰이 출동했을
때다. 110에 전화하면, 경찰은 농촌 사회의 치안 사건을 처리하기 위
해 출동하고, 상해 사건의 경우에도 두말할 나위가 없다.

그런데 경찰조차도 현실 사회에 대처할 때 어찌할 바를 몰라 당
황할 때가 있다. 현실적으로 미묘한 부분이 상당히 많기 때문인데,
예를 들어 공권력을 집행하는 과정에서 사람이 죽으면 경찰은 대단
히 불리한 상황에 놓이게 된다. 「사회치안조례」[7]를 위반한 처벌 행위
도 자주 논란의 대상이 되곤 한다.

가장 평범한 구타 사건을 처리할 때에도 경찰은 난처한 상황에
빠질 수 있다. 예를 들어 폭력 사건의 양쪽 당사자가 모두 병원에 입
원해 필사적으로 돈을 쓰게 되면, 작은 치안 사건이 큰 사건으로 둔
갑한다. 만약 이것이 지속적인 탄원으로 이어지면, 사건을 수습하기
가 더 어려워진다. 최종적으로 그 사건이 어떻게 수습되든, 이는 문
제 해결에 전혀 도움이 되지 않는다. 자칫 경찰까지 문제에 연루될

---

7 원래 명칭은 '사회치안관리조례'社會治安管理條例다. 공공질서 교란 행위에 적용되는 규정으로,
형법을 적용하기에 미미한 경우에 적용된다. 경고와 벌금, 구류 등의 처벌을 가할 수 있다.

수 있다. 가장 작은 대가와 가장 적은 비용, 그리고 가장 작은 책임으로 어떻게 농촌 사회의 갈등과 모순을 해결할 것인가가 현재 경찰, 특히 기층 파출소가 직면한 문제다.

인민공사 시기에는 경찰이 군중노선을 통해 사회 치안을 유지할 수 있었다. 군중을 동원하고 일부 적극분자의 힘을 빌리면, 군중이 스스로 예방하고 관리하는 촘촘한 법치의 망을 만들어낼 수 있었다. 그런데 1990년대에 들어서는 치안의 군중노선이 정보원 제도로 대체되었다. 경찰은 정보원의 힘을 빌려 사건 해결의 실마리를 찾기 시작했고, 가장 큰 힘이 된 정보원은 범법행위를 저지르기 쉬운 검은 세력이었다. 결과적으로 흑과 백 사이에 명확히 선을 긋기가 어려워진다.

경찰이 자신의 책임을 회피하면서도 치안 유지의 비용을 줄일 수 있는 가장 손쉬운 방법이 중개인을 끌어들여 사건을 해결하는 것이었다. 가령 폭력 사건이 일어나 110 신고가 들어오면, 경찰은 그 사건에 개입하면서도 바로 처리하지는 않는다. 대신 사건 당사자들이 모두 인정할 수 있는 중개인이 조정하도록 기다린다. 어떤 경우에는 그 중개인을 직접 찾아가 조정에 나서달라고 요청하기도 한다. 사적인 문제 해결을 바라는 것이다. 경미한 사안도 경찰은 쌍방이 중개인을 통해 사적으로 해결하길 기대한다. 이렇게 사적으로 문제를 해결할 수 있는 중개인은 대부분 지역 유지다. 경찰과 밀접한 관계를 유지하는 이들 중에는 거리의 인물도 있다. 경찰은 의식적으로 사법권력의 일부를 그들에게 넘겨준다. 농촌 치안 사건의 사적 해결을 묵인하거나 혹은 방조하는 것이다. 이 역시 법치사회에 대한 흥미로운 해석이 아닐 수 없다.

현재 시행되고 있는 법률과 제도, 정책들은 사회와의 관계 속에서 일종의 미묘한 균형점을 만들어내고 있다. 법률이 한순간에 사회를 압도한 적은 지금껏 단 한 번도 없었다. 사회는 자체의 일상적이고 시시하며 분산적인, 마치 유격전 같은 방식으로 법률의 강제적인 개입을 뒤틀어버린다. 위에서 내려오고 밖에서 들어온 강제력을 상대하며 균형점을 찾아가는 것이다. 이런 식으로 특정 시기의 균형점이 만들어진다. 법치사회는 사실 한 단어가 아니라 법과 사회라는 두 개의 낱말로 구성된 단어다.[8] 이 역시 흥미로운 부분이다.

사라지는 민간 역량

법치사회는 사실 농촌 주민들이 생각했던 것과 달리 법의 통제나 법의 지배가 아니다. 사회는 여전히 상당한 역량을 가지고 있다. 일상적이고 끊임없는 저항을 통해, 법과 사회 사이의 미묘한 균형점이 만들어진다. 이 균형은 간혹 국가와 농민의 균형으로 묘사되기도 한다.

그러나 법치사회의 이 균형은 결코 절대적이지 않다. 거기에는

---

8 이 글에서 '법치사회'로 번역한 중국어 표현은 '법제사회'法制社會다. 허쉐펑은 '법치사회'를 2개의 단어, 곧 '법제'와 '사회'로 나누어 두 역량의 균형을 이야기하고 있다. 중국어에서 '법제'法制와 '법치'法治는 분명 다른 의미다. 전자가 제도로서의 법을 강조한다면, 후자는 그에 근거한 관리와 통치를 의미한다. 그런데 '법제사회'라고 표현하게 되면 법치의 개념에 더 가까워진다. '법제사회'라는 말이 비교적 생경하다는 점을 고려해, 이 글에서는 모두 '법치사회'로 옮겼다.

법과 사회 사이의 흥미로운 밀고 당기기가 존재한다. 우선 법치사회에서는 법률이 개입하여 사회를 규범화하고, 그 영향으로 인해 사회 변화나 사회 개조가 일어난다. 사회 속에 들어온 법은 소기의 목적을 달성했는가의 여부와 상관없이 이전의 사회 생태계를 뒤바꿔놓으며, 동시에 기존 사회의 파괴도 수반한다. 계획출산과 장례 개혁이 농촌 사회 및 농민 심리에 어떤 영향을 끼쳤는지를 보면 알 수 있을 것이다. 어떤 경우에는 그 변화가 불가역적이기도 하다. 나아가 법이 사회에 들어와 일으킨 변화는 현대성이 자랄 수 있는 공간이기도 하다. 그 변화의 기초 위에 법과 새로운 사회의 미묘한 균형이 만들어진다. 물론 이 균형은 이전의 균형과 동일하지 않다.

법의 사회 진입을 알리는 한 가지 중요한 표지는 합법적 폭력 사용의 독점이다. 즉 이전에 사회 질서를 유지하던 전통적인 힘이 약해진다는 뜻이다. 예를 들어 저우커우시 근교의 농민들은 가문이 더 이상 중요하지 않다고 생각한다. 예전처럼 한 가문이 농민 사이의 관계를 조정하는 것은 이제 상상하기 힘들다. 물론 가문의 강제력이 사라진다고 해서 그들의 영향력까지 완전히 사라진 것은 아니다. 정체성과 소극적인 저항의 힘은 여전히 가문에 존재하고 있다.

법이 사회에 진입하면서, 이전 향촌 사회의 모순과 충돌, 그리고 거기에서 비롯되던 정치가 모호해졌다. 그로 인해 사회 질서와 안정을 유지해주던 적극적인 역량도 사라지고 말았다. 차이가 간과되면서 사회가 평면화된 것이다. 이전에 사회 질서를 만들어내던 방식에 큰 변화가 일어났다.

법은 소극적인 힘이다. 징벌과 방지를 수단으로, 최악의 상황을 예방하는 한계선의 정치가 바로 법이다. 그러나 적극적인 사회는 때때로 격려가 필요할 수 있다. 가장 좋은 것, 그리고 가장 높은 것을 추구하는 정치가 필요하다. 법은 간혹 합법적이기는 하지만 비합리적이고 비상식적인 영역을 보호한다. 그 영역, 혹은 그 행위가 향촌 사회의 정서와 질서를 크게 훼손할 수 있다. 게다가 법은 문제 해결이 필요한 상황에서 속수무책일 때도 있다. 청렴한 관리도 누군가의 가정 문제는 해결하기 힘들다고, 농촌의 세대 간 갈등을 법으로 해결하려는 시도는 좋은 결과로 이어지지 않는다.

법의 사회 진입은 필연적으로 문중과 같은 민간 역량의 위축을 야기한다. 적극적인 힘일 수 있음에도, 민간 역량이 갈수록 공공업무에 개입하기가 힘들어진다. 이 적극적인 힘이 사라지면, 부랑자와 건달, 주변 집단의 부도덕한 행위들이 나타나기 쉬워진다.

'좋은' 중앙과 '나쁜' 지방의 악순환

법이 향촌 사회로 진입하면서 향촌 사회의 정치가 사라지고 있다. 다수는 더 이상 소수를 결정짓지 못하며, 소수는 더 이상 다수에 복종하지 않는다. 향촌 사회의 재분배 기제 역시 사라지고 있다. 향촌 사회의 정치가 사라지면 국가와 사회, 개인의 전통적인 삼각관계가 국가와 개인의 일대일 관계로 바뀌게 된다. 사회가 사라지면, 알박기 가구나 철면피 가구가 국가와 직접 '지략 대결'에 나서게 된다.

중앙이 직접 모든 개인과 마주하기는 힘들기 때문에 관료체계가 그 통로로 활용된다. 이전의 향촌이 사회의 한 부분이었다면, 지금의 향촌은 국가 행정체계의 한 부분이자 기층에 위치한 중앙의 대리인이다. 국가는 이 대리인을 통해 사회가 해체된 이후에 등장한 개인을 대면하고 있다. 전통적인 방식은 이미 개인을 구속할 수 있는 힘을 잃었는데, 현재 관료체계에서의 기층은 반드시 중앙의 요구에 책임감 있게 임하면서 기본 질서를 유지해야 한다. 법으로 문제를 해결하기 힘들 때, 기층의 대리인은 법 이외의 회색지대에서 문제를 해결할 방법을 찾는다. 가장 좋은 힘이 바로 흑사회黑社會다. 만약 기층의 대리인이 흑사회와 결탁하면, 기층에서 문제가 발생할 확률은 더욱 커지고, 그러면 그럴수록 중앙은 더욱 마음을 놓지 못한다. 이와 달리 농민을 위장한, 혹은 농민의 대표를 자처하는 알박기 가구 등은 순식간에 탄원자가 되어 중앙에 기층의 상황을 알리는 탄원을 넣는다.

이런 식으로 이전의 국가, 사회, 개인의 삼각관계가 중앙, 지방, 알박기 가구의 삼각관계로 변하게 된다. 이 얼마나 놀라운 변화인가! 완전히 다른 논리다.

농민(골칫거리 농민)이 탄원을 제기하면 중앙은 지방정부(기층의 중앙 대리인)를 신뢰하지 않게 된다. 농민에게 중앙은 은인이지만, 지방정부는 그야말로 악당이다(이름만 그런 것이 아니라 행동도 그렇다). 지방이 일단 명예와 합법성, 그리고 권위를 잃게 되면, 그들의 태도는 더욱 소극적이 된다. 직무유기가 많아지고 일처리는 혼란스러워진다. 중앙이 은인이 될수록, 지방은 더욱 악당이 되고, 골칫거리 농민들은 중앙을 더 많이 찾게 되며, 지방에 대한 중앙의 불신은 더욱 커진다. 지방이 없다면 중앙은 농민을 직접 마주할 방법이 없다. 이 악순환이 계속되면, 결국 정치적 합법성마저 빠르게 약화될 것이고 정부 운용도 어려움에 봉착할 수밖에 없다.

이 거대한 변화의 과정 속에서, 그 내적 기제에 대한 깊은 이해 없이 지난날의 방식으로 농민과 지방, 중앙의 행동을 이해하면 복잡한 현실 문제가 도덕과 윤리의 차원으로 단순화되고 만다. 문제 해결에 아무런 도움이 되지 않을 뿐 아니라 오히려 더 악화될 뿐이다. 가령 현재 농민 탄원의 상당 부분은 게임 전략이다. 그럼에도 농민의 고생이 심하고 원한이 깊다고 판단하면 잘못 대처하게 된다. 잘못된 대처는 문제를 깊이 들여다보지 못하는 학자들의 연구에서 먼저 나타나고, 이 문제를 감정적으로 접근하는 언론매체에서 그다음으로 나타나며, 마지막에는 좋은 역할만 하려고 하는 중앙의 무골호인주의에서 나타난다. 중앙이 좋은 사람으로 남고 지방이 나쁜 사람으로 남으면, 문제가 해결될 수 없다.

진부한 도덕과 윤리의 담론을 가지고 이미 엄청난 변화가 일어나고 있는 현실을 대면하면, 문제 해결의 방식에서 감정적으로 반응하게 된다. 흑백 논리와 좌우 논리에 함몰되어 실천의 변증법을 놓칠 수 있다.

그런 점에서 법치사회와 법과 사회, 그리고 법과 개인의 관계 및 그 내재적인 논리를 깊이 연구해야 한다. 그 내적 논리에 대한 깊이 있는 이해가 전제될 때 비로소 정확한 정책이 나올 수 있다.

■ 이 글은 「농촌 법치사회와 그 맹점」農村法制社會及其盲點을 편집·번역한 것이다. 원문은 삼농중국 홈페이지(http://www.snzg.net)에서 확인할 수 있다.

'낯익은 사회'의 거버넌스

인정의 호혜성

설이 다가오자 구이저우성貴州省 메이탄현湄潭縣 쥐허촌聚合村[1]에서는 '일을 치르는' 가정이 많아졌다. 하루에도 네다섯 번씩이나 인정人情을 표하기도 한다. '일을 치른다'고 하는 것은 축하 자리를 마련하는 것이다. 혼례나 장례는 말할 것도 없고, 새로 집을 지은 사람과 생일을 맞이한 어르신, 아이의 출생과 학교 진학 등이 모두 '일을 치러야' 하는 사안이다. 쥐허촌에서는 이러한 일이 비교적 큰 규모로 치러진다. 처음에 촌 지부의 서기가 아들의 혼례를 위해 무려 160여 명의 축하 자리를 마련했다고 했을 때, 서기의 교류 범위가 워낙 넓다 보니 자리가 그처럼 커진 것인 줄 알았다. 그런데 나중에 알고 보니 쥐허촌에서는 일반 마을 주민들도 보통 100여 명 규모의 축하 자리를 준비하고 있었다.

---

1 구이저우성 북부 쭌이시遵義市에 위치한 촌.

마을 사람들의 설명에 따르면, 몇 년 전만 해도 축하연의 자리가 이처럼 크지는 않았다. 경제 상황이 좋아지면서 '일을 치러야' 할 사안도 많아졌다. 특히 집을 새로 지은 경우가 유별나다. 어떤 이는 1년 전쯤 1층짜리 집을 지었다고 축하 자리를 마련했는데, 지금은 그 위에 한 층을 더 올렸다고 다시 축하 자리를 마련했다. 생일 축하연도 과거에는 연세 많은 분들만 축하 자리를 마련하곤 했는데, 이제는 그 연령이 점점 내려가고 있다. 자세히 들여다보니, 쥐허촌의 각종 축하 자리는 수지가 맞는 장사였다. 자리를 한 번 마련할 때마다 보통 1만여 위안의 인정을 거둘 수 있기 때문이다. 반대로 그 소요 비용은 5,000위안을 넘지 않는다. 일을 치를 때 거둬들이는 인정의 대략 3분의 2가 순수입이다. 남는 게 있다 보니 이런 축하연이 성행하게 된 것이다.

일을 치를 때마다 이익이 생기자, 일을 치르기 위한 명분도 갈수록 많아지고 있다. 만약 어떤 가정에 자녀가 다섯이라고 한다면, 그 자녀들이 독립하는 시점을 즈음해 이 가정은 결혼과 출산, 분가 등으로 거의 매년 일을 치르게 된다. 이웃 주민들도 거의 매년 그들에게 인정을 표시한다. 그런데 어떤 가정은 매년 상당한 인정을 표하지만, 부모의 나이가 이미 많고 자녀가 아직 어려서 정작 자신의 축하연은 만들지 못한다. 인정의 불균형이 발생할 수 있다.

인정은 기본적으로 금액의 한계가 있고 장기적인 관점에서 바라볼 여지가 있기 때문에 일종의 호혜互惠라고 할 수 있다. 혼례와 장례 등을 치르기 위한 친인척 간의 상호 부조인 셈이다. 단기적으로는 불균형일 수 있지만, 장기적으로 보면 결국 균형을 이룬다. 인정은 오가는 예禮의 한 부분이다.

그런데 만약 사람들이 더 이상 장기적으로 이 문제를 바라볼 수 없게 되면, 즉 누군가는 매년 일을 치르느라 축하연을 준비하지만 다른 누군가는 여러 해 동안 그럴 일이 없다고 생각되면, 심각한 불균형의 문제가 불거질 수 있다. 오랫동안 일을 치러보지 못한 사람들은 더 이상 인정을 표기하기가 힘들어질 수 있고, 매년 일을 치른 사람들은 마치 빚진 것 같은 느낌을 가질 수 있다. 그 균형을 맞추기 위해서, 마을 사람들은 오랫동안 축하 자리를 만들지 못한 사람을 찾아가 몇 가지 명분을 만들어주기도 한다. 가령 본래는 환갑연을 크게 벌이지 않았지만 구태여 부모의 환갑연을 권하며 부분적으로나마 인정을 거둬들일 수 있는 기회를 주는 것이다. 집 대문만 수리한 작은 공사였는데, 친인척이 굳이 축하를 표기하기도 한다. 자녀가 대학에 진학하지 못할 경우 고등학교 졸업을 축하하는 자리가 마련되기도 한다. 게다가 이처럼 이전에 없던 축하 자리가 만들어지면, 이는 친인척의 권유 때문이기도 하고 인정을 챙기라는 배려 때문이기도 하지만(혹은 친인척이 인정을 회수하려는 것이기 때문), 여기서 거둬들인 인정은 비교적 규모가 큰 편이다. 어떤 경우에는 일상적인 축하연보다 더 클 때도 있다.

일단 새로운 명분이 만들어지면 이제 그것이 새로운 관습이 되기도 한다. 그리고 일단 축의금의 규모가 커지면 다른 축의금의 규모도 덩달아 커진다. 최근 몇 년 사이 쥐허촌의 축하연은 갈수록 많아졌

최근 중국 농촌의 축하 술자리에는 다양한 명목들이 추가되고 있다. 보도에 따르면, 돼지 출산에도 술자리가 만들어진다고 한다. 이 문제를 집중 보도한 CCTV 보도의 한 장면. 충칭시의 안러춘 주민들은 혼례와 장례를 제외한 축하 술자리를 일절 중지하기로 결정하였다.

고, 축의금의 규모도 갈수록 커졌다. 특히 가까운 친인척의 경우에는 그 액수가 1,000위안에 달한다. 심지어 어떤 경우에는 1만 위안이 오가기도 한다. 형제지간의 축하 인정이 1,000위안도 안 된다면, 그것은 미안한 일에 속한다. 혹 어떤 부부의 양쪽에 모두 형제자매가 많다면, 그 부부는 매년 1만 위안이 넘는 인정을 표해야 할 수도 있다. 인정의 표현이 농가의 가장 큰 부담이 되기도 한다. 쥐허춘에서는 우스갯소리로 축하 자리를 마련하는 것은 친척을 괴롭히는 일[2]이라고 표현한다.

---

2 원문은 '整酒就是整親戚'이다. '정'整이라는 글자를 활용한 언어유희이다.

장기적인 안목이 느슨해지고 사람들이 가능한 한 빨리 자신의 인정을 회수하려 한다면, 인정은 더 이상 과거와 같은, 오가는 예의 기초라고 할 수 없다. 혼례와 장례 등을 치르기 위한 상호 부조의 성격이 약해지는 것이다. 이러한 인정은 장기적으로 지속되기 힘든 면이 있다.

그런데 축하연이 괴롭히는 대상은 친척에만 국한되지 않는다. 근처에 살고 있는 마을 주민도 상황은 비슷하다. 축하 자리를 찾는 대부분은 친척이 아니라 근처 마을에 살고 있는 이웃들이다. 쥐허촌에서는 어떤 집이 축하연을 준비하면 같은 촌민위원회 소조小組[3]의 가구들이 모두 자기 일을 멈추고 그 집을 도와준다. 한 조에 대략 50~60가구가 있으므로 200여 명이 동원되는 셈이고, 아무리 작은 조라 하더라도 20~30가구가 있기 때문에 100여 명이 동원된다. 사실 도와야 할 일이 그리 많은 것도 아니다. 다만 과거에도 그랬기 때문에 지금도 그렇게 할 뿐이다. 한 가구가 일을 치르면, 같은 소조의 사람들은 대부분 그 집에 가서 끼니를 때운다. 혼례나 장례는 보통 3일에 걸쳐 진행되기 때문에 3일 내내 이웃 사람들이 그 집에 가서 식사를 해결한다. 그 사람들을 위한 테이블만도 수십 개에 달하곤 한다.

물론 이렇게 도와주러 찾아온 사람들 역시 모두 인정을 표시한다. 다만 그들이 표하는 인정은 친척의 경우보다 한참 적다. 쥐허촌

---

3 본래 명칭은 '촌민소조'村民小組다. 이 책에 수록된 「농민 탄원의 실상과 '조화사회'의 역설」의 역주 12 참조(124쪽).

에서 이웃이 표하는 인정은 많아봐야 20위안이고, 적은 경우에는 10위안이다. 같은 소조에 속한 사람들이 모두 일 치르는 집에 찾아가 2~3일 동안 식사를 해결한다면, 아무리 20위안의 인정을 표했다 하더라도 그들의 식사 비용을 고려할 때 적은 금액이라고 하지 않을 수 없다. 따라서 축하연을 마련한 가정은 절대로 지나치게 푸짐한 만찬을 내놓지 않는다. 그렇지 않으면 손해가 이만저만이 아니게 된다. 쥐허촌의 경우, 술과 담배를 포함한 가격이 한 테이블에 50위안 정도다. 주 메뉴는 훠궈火鍋이고, 여기에 서너 가지 요리와 반찬이 제공된다. 축하연은 결코 풍성한 편이 아니다. 그저 배불리 먹을 수 있는 정도다. 그야말로 '조촐'한 수준이다. 예전에 북방 산시山西에서 보았던 연회의 조촐함과 비슷하다고 할 수 있다.

연회 자리가 '조촐'하기 때문에, 비록 이웃의 인정이 적고 그들이 여러 날 와서 먹더라도, 친척들이 보내온 축의금 덕택에 오히려 남는 게 있게 된다. 중국의 다른 지방 농촌을 살펴보면, 후베이湖北와 후난湖南, 푸젠福建, 저장浙江의 농촌 연회가 비교적 풍성한 편이다. 어떤 경우에는 술과 담배를 포함한 비용이 한 테이블에 200위안을 넘는다. 2007년 후난의 헝양현衡陽縣[4]에 현지조사를 간 적이 있는데, 혼례와 장례 때 개별 농가가 거둬들인 축의금이 1만 위안이었다. 그런데 그 연회에 들어간 비용 역시 1만 위안이었다. 수입과 지출을 비슷하

---

4 후난성 중남부에 위치한 현. 헝양시衡陽市도 후난성에 있는데, 이는 지급시로서 헝양현을 관할하고 있다.

게 맞출 수만 있어도 제법 괜찮다는 평가를 들을 정도였다.

　다른 농촌도 마찬가지이지만, 쥐허촌도 인정의 교류에 참여하는 사람은 크게 세 부류다. 하나는 친척이고, 다른 하나는 이웃이며, 마지막 하나는 친구다. 이웃은 주로 같은 촌락에 사는 마을 주민이다. 인민공사 시기에는 같은 생산대生産隊였고, 경작지가 가구 단위로 나뉘진 이후에는 같은 촌민위원회의 소조다. 농업세 폐지 이후 메이탄 현에서는 촌과 소조의 합병이 추진되고 있는데, 촌민위원회의 소조 규모가 커지면서 그 범위 역시 이웃의 수준을 넘어서고 있다. 쥐허촌에서 이웃은 같은 성姓도 아니고 같은 문중도 아니지만 같은 소조이기 때문에 서로 긴밀히 인정을 교환하는 사람들이다. 반면 친구는 이웃도 아니고 친척도 아니지만, 지인으로서 인정을 교환하는 사이다. 동창이나 동료, 동호인 등이 여기에 속한다. 쥐허촌에서는 친구와 일단 인정이 오가게 되면(특히 같은 촌에 살고 있는 지인이라면), 그 교환이 지속되는 경우가 많다. 친구와 이웃의 가장 큰 차이는 이웃은 인정을 표할 뿐만 아니라 일을 직접 도와준다는 데 있다. 친척이나 친구는 많아야 두 끼 정도 먹고 가버린다. 게다가 그들은 일을 도와줄 필요도 없다.

　이런 축하연 외에도 쥐허촌에는 새해를 맞아 돼지를 잡는 풍속도 있다. 필자가 방문했을 때도 마침 돼지를 잡는 시기였다. 이곳에서는 새해맞이 돼지를 잡으면 이웃을 불러 '삶은 돼지고기'를 함께 먹는다. 쥐허촌의 새해맞이 돼지잡기는 매우 오래된 풍속이고, 그 돼지의 크기 역시 놀라울 정도다. 가장 일반적인 경우도 300근에 달하고, 클

중국 대부분의 농촌에 새해를 맞아 돼지를 잡는 풍속이 있다.
쓰촨성 동북부의 난충시南充市에서 새해를 맞아 돼지를 잡는 모습.

경우에는 500근을 넘어선다. 소 한 마리와 맞먹는 크기다. 일반적으로 새해맞이 돼지를 잡으면 농가는 이웃들을 초대해 이틀에 걸쳐 '삶은 돼지고기'를 대접한다. 이때 '삶은 돼지고기'를 함께 먹는 이웃은 주로 이전에 같은 소조였던 사람들이다. 물론 그보다 작은 경우도 있다. 보통 수십 명의 사람들이 모이기 때문에 테이블 10여 개는 준비해야 한다. '삶은 돼지고기'도 결국 고기가 주된 메뉴이고, 휘궈에 신선한 돼지고기와 돼지피를 삶는다. 여기에 양념과 배추를 곁들이고, 바이주白酒를 함께 마시기도 한다. 혹 찾아오는 사람이 많더라도 지출은 큰 편이 아니다. 마을에 가난한 가정이 있다면, 마을 주민들은 이 돼지고기를 먹을 때 반드시 그들을 부른다. 물론 이 가난한 이웃은 돼지 잡을 형편이 안 되기 때문에 그들이 '삶은 돼지고기'를 함께 먹자고 청하는 경우는 거의 없다.

자기 사람의 네트워크

쥐허촌의 인정은 오늘날 새롭게 생겨난 것이 아니다. 일을 치르고 축하연을 준비하며 '삶은 돼지고기'를 함께 나누는 것 등은 모두 이전부터 내려온 전통이다. 쥐허촌뿐 아니라 구이저우 지방 전체가 그렇고, 중국의 모든 농촌 지방이 그렇다. 자연 촌락이나 생산대 혹은 촌민위원회 소조를 중심으로 '인정'의 문화가 형성되어 있고, 생산과 생활에서 상호 협력하는 전통이 남아 있다. 이러한 인정의 교류와 생산 및 생활의 상호 협력이 일종의 구조적인 힘을 형성한다. 보통 이 구조적인 힘은 부족이나 가문, 친족, 문중, 촌락, 생산대, 촌민위원회 소조, 이웃 등으로 불린다.

이 구조적인 힘이 형성되고 지속될 수 있는 것은 그것이 가지는 기능 때문이다. 그 기능은 대체로 세 가지다. 하나는 생산과 생활에서 공동의 문제를 해결하는 것이고, 다른 하나는 상호성을 바탕으로 혼례와 장례 등을 치를 때 필요한 경제적·인적 자원을 확보하는 것이며, 마지막 하나는 정서적으로 서로 의지할 수 있는 기초를 마련하는 것이다. 이러한 기능이 이 구조적 힘을 유지하는 요인이다. 그 과정에서 인정의 교류가 매우 중요한 부분을 담당한다.

촌락에서는 세 종류의 인정 교류가 있다. 하나는 친족 간의 교류다. 이는 엄격한 혈연관계에 기초한다. 둘째는 이웃 간의 교류다. 이는 지연을 기초로 형성되는데, 이른바 가까운 이웃이 먼 친척보다 낫다는 말이 이것이다. 셋째는 친구 간의 교류다. 업종이나 취미를 기초로 형성된 인정 교류가 여기에 속한다. 어떤 인정이든 상호성을 띠는 순간 지속성을 가지게 된다. 네가 하면 내가 하는 식이다. 그렇다고 해서 한순간에 계산될 수 있는 관계는 아니다. 일이 있어 찾아가고 일이 있어 찾아오기 때문에, 서로 장기적으로 바라보는 태도가 형성된다. 일이 있기 때문에, 그리고 신뢰와 정서를 바탕으로 하기 때문에 상호 교류가 이루어진다.

일단 상호 간의 신뢰가 형성되고 장기적인 태도가 마련되면, 인정 교류의 당사자들은 상대를 자기 사람으로 간주하고 상대의 입장에서 문제를 바라보게 된다. 즉 인정을 교류하는 집단이 자기 사람의 정체성을 낳는 것이다. 이를 '형성'이라 할 수도 있고, 아니면 '강화'나 '유지', '재생산'이라 할 수도 있지만, 중요한 것은 이 서로 다른 단어가 인정의 교류와 자기 사람의 정체성 사이에 존재하는 복잡다단한 관계를 드러내 보인다는 점이다.

자기 사람의 정체성이 형성되면, 그 네트워크 안에서는 규칙이나 계약, 법률, 이익이 더 이상 중요한 역할을 하지 못한다. 그 안에서는 인정이나 체면의 논리가 우선된다. 이러한 자기 사람의 정체성 안에서는 타인이 자기 존재의 전제가 된다. 타인의 평가와 승인이 자기 생명과 같은 궁극의 의미를 가진다(금의환향이나 가문의 영광, 체면, 존엄 등). 낯익은 사회에서는 그들과 서로 경쟁함으로써 자기 목표에 도달한다.

주의해야 할 점은 낯익은 사회와 자기 사람의 네트워크가 정확히 일치하는 것은 아니라는 사실이다. 자기 사람의 정체성은 인정의 교류가 유지되는 인적 네트워크다. 이 네트워크에는 두 가지 특징이 있다. 하나는 네트워크 안에 있는 사람은 자기 사람이지만 네트워크 밖에 있는 사람은 자기 사람이 아니라는 것이다. 네트워크 안과 밖은 명확하게 구별된다. 둘째 특징은 네트워크 안에서 요구되는 원칙, 예컨대 인정이나 체면, 이타성利他性 같은 것은 단순히 그 네트워크 안에서만 공유되고 사용되는 것이 아니라 그 네트워크를 넘어서는 지역에서도 폭넓게 인정된다는 사실이다.

비슷한 지역 정서를 공유하고 서로가 서로를 잘 아는 집단은 낯익은 사회라고 부를 수 있다. 이 낯익은 사회 안에서는 자기 사람의 네트워크들끼리 서로 경쟁을 벌인다. 물론 그 네트워크들은 서로 중첩될 수 있기 때문에 명확히 구분되는 것은 아니다. 결국 낯익은 사회에서의 행동은 두 가지 기준을 따르게 된다. 하나는 자기 사람인지를 따져서 상대의 입장에서 문제를 바라볼 필요가 있는지 확인하는 것이고, 다른 하나는 낯익은 사회가 공유하고 있는 공통의 규범에 따라 일을 처리하는 것이다. 특히 인정과 체면의 규칙에 따라 일을 처리하는 것이 중요하다.

낯익은 사회에서는 모든 사람들이 두 종류의 서로 다른 집단을 마주한다. 하나는 자기 사람이고, 다른 하나는 자기 사람 이외의 아는 사람이다. 자기 사람 이외의 아는 사람은 외부인으로 간주되지만, 그렇다고 해서 이들이 낯선 사람과 같은 의미의 외부인은 아니다. 외부인과 자기 사람은 모두 낯익은 사회의 구성원이며, 그들은 모두 낯익은 사회가 가지는 규범을 공유하고 있다. 이 낯익은 사회 안에서 인정의 교류를 통해 외부인을 자기 사람의 네트워크 안으로 끌어들이고 자기 사람의 규범에 맞춰 일을 처리한다. 만약 누군가 자기 사람의 네트워크 안에서 규범에 어긋나는 행동을 한다면, 그는 '사람을 알아보지 못한다'는 평가를 받을 수 있다. '사람을 알아보지 못한다'는 것은 심각한 결점이다. 농촌에서 이는 생각도 없고 양심도 없는 사람을 뜻한다. 사람의 기본 도리도 알지 못하기 때문에, 교류할 가치도 없고 동정할 이유도 없다. 농촌 사회의 별종과 같은 사람들이다.

낯익은 사회에서는 자기 사람의 범위가 넓을수록 중요한 위치를 차지하고 문제 해결 능력도 향상된다. 앞에서 언급한 것처럼, 자기 사람의 네트워크는 혈연과 지연, 그리고 업종과 흥미를 바탕으로 형성되는데, 어떤 종류의 관계이든 기본적으로 인정의 교류를 통해 그 관계가 재생산된다. 더 중요한 사실은 인정의 교류가 자기 사람의 네트워크를 유지해줄 뿐 아니라 그 범위를 확대해줄 수 있다는 점이다. 돈이 많거나 권력이 강한 사람은 인정의 교류를 통해 자기 사람의 네트워크를 확대할 수 있고, 나아가 낯익은 사회에서 그의 지위와 권위를 더 향상시킬 수도 있다. 인정의 교류를 통해 자기 사람을 늘리고 이를 통해 권위를 강화하는 과정이 낯익은 사회의 거버넌스를 이해하는 데 매우 중요하다.

자기 사람의 거버넌스

쥐허촌 당 지부의 황 서기는 아들의 결혼을 위해 160여 명의 축하연을 마련했다. 그런데 황 서기는 평소에도 인정을 표할 일이 대단히 많다. 같은 촌민위원회 소조에 속한 사람들의 일뿐만 아니라 다른 소조에 속한 사람들의 일에도 인정을 표해야 한다. 그의 설명에 따르면, 촌락 내 일상 업무를 보노라면 다른 집을 방문하게 되는 경우가 많고, 그러면 그때마다 주변 사람들이 그를 적극적으로 환영하면서 식사를 권한다. 만에 하나 그들이 어떤 일을 치를 때 인정을 표하지 않으면, 이는 대단히 미안한 일이 되고 얼굴 보기도 힘들어진다.

쥐허촌의 주임은 성이 류씨劉氏인데, 그는 2007년에 당선된 신임 간부다. 그전에는 오랫동안 마을 초등학교의 교사로 근무했다. 류 주임의 말에 따르면, 그는 향촌 간부가 되면서 인정을 표해야 할 범위가 큰 폭으로 넓어졌다. 다른 향촌 간부나 소조장은 물론이고, 그 외 중요한 인물들이 일을 치를 때 반드시 인정을 표해야 했다. 그렇지 않으면 업무를 보기가 어려워진다. 그가 인정으로 보내는 금액은 대략 10~20위안인데, 상대방도 체면을 차릴 줄 알기 때문에 나중에 일을 부탁하면 적극적으로 협조하는 경우가 많다.

황 서기이든 아니면 류 주임이든, 비록 관점의 차이는 있을 수 있지만, 그들이 표현하는 인정은 향촌 거버넌스에서 대단히 중요한 역할을 한다. 핵심은 낯익은 사회의 외부인을 자기 사람의 네트워크 안으로 끌어들이는 것이다. 여기에는 세 가지 층위의 변화가 존재한다. 하나는 가장 아래의 층위에서 인정 교류의 네트워크를 확대하고 촌락 내 모든 가구의 핵심적인 인정 교류에 참여하는 것이다. 일단 그러한 인정 교류에 참여하면 낯익은 사회의 외부인이 자기 사람의 네트워크로 들어오게 된다. 그리고 일단 자기 사람이 되면 촌 주민이든 간부이든 모두 '사람을 알아봐야 하고', 자기 사람의 논리에 맞춰 행동해야 한다. 물론 촌 간부는 이중적인 신분이다. 촌락 내 자기 사람의 일원이기도 하지만, 그는 또한 위에서부터 아래로 내려오는 행정계통의 말단을 담당한다. 상급 행정기관을 대신해 일을 처리할 때도 있는 것이다. 따라서 촌 간부의 행동은 때때로 자기 사람의 일반적인 행위 규범에서 벗어나기도 한다. 그러나 이는 대부분 '공'公에서 비롯된 것이기 때문에 쉽게 양해된다. 사적인 이익을 위해서 자기 사람의 규범을 어긴 것이 아니기에 촌민들은 기꺼이 이해한다. "그것이 정책이기 때문"(촌민의 표현)에, 혹은 다른 뾰족한 수가 없기 때문에, 원한이나 불만을 갖지 않는다. 촌 간부가 촌민과 긴밀한 관계를 유지할수록, 그는 더 쉽게 자기 사람의 방법으로 자기 사람의 일을 처리해줄 수 있고, 위에서 내려온 임무를 더 쉽게 완수할 수 있다. 이것이 '감정'에 '인정'이 더해져 만들어지는 힘이다. 그리고 이것이 바로 '예치' 禮治다.

둘째 층위는 촌락의 영향력 있는 주민과 교류하는 것이다. 촌락의 영향력 있는 주민이란 대사원大社員[5]과 같은 이들이다. 그들은 향

---

5 촌 간부는 아니지만 촌 간부에 못지않은 영향력을 지닌 촌민을 가리킨다. 영향력이 크다고 해서 '대'大라는 말이 붙었고, 촌 간부가 아니라고 해서 '사원'社員이라는 말이 사용되었다. 인민공사의 영향으로 촌민을 흔히 '사원'이라 부르기도 한다. '대사원'에는 폄의貶義가 다분하다.

촌 사회에서 호소력을 가진 경우가 많고 향촌에서 일어나는 일에 관심이 많기 때문에, 간혹 촌 업무를 두고 간부들과 맞서기도 한다. 촌 간부가 만약 이 '대사원'들과 자기 사람의 정체성을 만들 수 있다면, 최소한 그들이 신나서 촌 간부에 맞서는 상황은 벌어지지 않는다. 오히려 촌 간부에 대해 좋은 여론을 조성해주며, 촌 관리에 문제가 생겼을 때에도 직접 나서서 문제를 해결하기도 한다. 촌민위원회 소조회의나 혹은 촌민 대표회의에서 자주 대사원과 촌 간부 사이의 이러한 묵계를 발견하게 된다.

촌 간부와 대사원의 인정 교류는 일반적인 촌민과의 교류보다 깊다. 친구 사이라 할 수 있기 때문에 서로 성심성의껏 대하고 자주 술자리를 가진다. 두 사람만 이 교류에 힘쓰는 것이 아니라 가족 전체가 이 관계에 노력한다. 촌 간부는 자주 그 대사원의 편에 서서 그의 일과 가족을 돌봐주고, 다양한 인생 문제에 대해 아낌없이 조언을 해준다.

농촌은 비교적 당원黨員이 적기 때문에 당원은 일반적으로 엘리트에 속하고 촌 간부를 추천, 선발할 수 있는 능력도 가지고 있다. 따라서 촌 간부들은 적극적으로 당원의 근심과 어려움을 해결해주고자 하며, 그들을 자기 사람 안에 들이고자 애쓴다. 때때로 당원들은 자신의 특수한 신분을 이용해 대사원과 같은 편의를 취하려 드는데, 그럴 때면 촌 주민들은 "당원이 당원 같지 않다"고 느끼게 된다. 여기서 말하는 당원이란 언제나 공公을 추구하는, 이상적이고 표준적인 당원이다.

셋째 층위의 변화는 촌 간부 사이, 그리고 촌 간부와 조장 사이에서 일어난다. 쥐허촌의 전임 서기였던 왕씨王氏는 서기에게 가장 중요한 사안 중 하나가 촌민위원회의 소조장을 잘 뽑는 것이라고 말한다. 그런데 소조장은 향촌 간부가 지명하는 것이 아니라 촌민위원회 소조가 천거하는 것이다. 따라서 일단 조장이 선출되면, 촌 간부는 반드시 그 조장을 충분히 존중하고 지원해서 그와 좋은 관계를 만들어야 하고 그의 적극성을 끌어내야 한다. 바로 이 맥락에서 서기가 그 조장의 자기 사람 네트워크에 들어가는 것이 중요해지고, 조장을 자기 사람의 일원으로 포함시키는 것이 중요해진다.

유능한 촌 서기가 되려면, 무엇보다 다른 간부나 조장들을 동원할 수 있어야 하고 공동의 업무를 처리할 때 그들과 한마음이 되어야 한다. 만약 촌 간부들이 단결하지 못한 채 여러 갈래로 흩어지게 되면, 향촌 거버넌스는 상당한 어려움에 봉착할 수밖에 없다. 사업의 성사 가능성과 현지 적합성이 면밀히 검토되는 것이 아니라 법률과 제도가 들먹여지면서 상대에 대한 공격이 난무하게 되는 것이다. 어떤 경우에는 아무 생각 없이 대충대충 일을 하면서 책임을 회피하기도 한다.

촌 서기가 조장이나 다른 촌 간부와 좋은 관계를 맺으면 그는 자연스럽게 인간적인 매력을 내뿜게 된다. 혹 조장이라는 것이 수지가 안 맞는 장사라 하더라도, 그래서 조장 자리를 고사하고 싶더라도, "서기가 나한테 잘해주었다"는 사실 때문에 사양하기가 미안해진다.

이처럼 향촌 사회의 기층 거버넌스에는 자기 사람의 거버넌스

기제가 존재한다. 그리고 이 자기 사람의 거버넌스는 대체로 두 개의 영역에서 위력을 발휘한다. 하나는 촌민위원회의 소조 영역이다. 이 영역은 인민공사 시기에는 생산대였고, 낯익은 사회이며, 쥐허촌의 경우처럼 '일을 치를 때' 상호 부조하는 세계다. 이 낯익은 사회에서는 모든 사람들이 고개만 들면 서로를 볼 수 있을 정도로 가까이에 살고 있다. 서로를 너무나 잘 알기에 대단히 친밀하며, 자주 왕래하기에 거의 친척과 같은 관계를 형성한다. 혹 같은 성이 아니더라도 서로 호형호제한다. 특히 이 영역에서는 정보가 매우 투명할 뿐 아니라 자기 사람의 규범이 정확하게 적용된다. 정서와 이치에 호소할 뿐, 이익이나 권력을 따지지 않는다. 이 낯익은 사회에서 촌민들이 선출한 조장은 자기 집안 일을 처리하듯 소조의 일을 처리하고, 상급 행정기관이 부여한 그 어떤 어려운 업무도 자기 사람의 일처리 방식으로 비교적 쉽게 완수한다.

다른 하나의 영역은 촌민위원회의 수준이다. 촌락의 규모는 일반적으로 큰 편이기 때문에, 한 사람이 그 큰 규모의 인정 교류에 참여하기는 대단히 어렵다. 따라서 촌민위원회의 수준을 낯익은 사회로 간주하더라도, 자기 사람의 특징이 명확히 나타나는 소조와 이를 동일시할 수는 없다. 여기서는 이익과 권력의 요소가 중요할 수 있으며, 법률이나 규정, 정책 등이 위력을 발휘하기도 한다.

촌민위원회의 수준에서 모든 촌민들이 서로 인정을 교류한다는 것은 거의 불가능하다. 그러나 촌 간부들은 인정의 교류를 통해 그들이 자기 사람의 정체성을 갖게 하려고 노력한다. 특히 각 소조의 대

마작과 광장무는 중국 농촌의 대표적 오락활동이다. 주민 네트워크를 확대하기 위해서라도 이런 활동에 참여하는 것이 중요하다. 비슷한 맥락에서 로버트 퍼트넘Robert Putnam의 사회자본social capital을 떠올려볼 수도 있는데, 그 역시 정기적인 카드 게임 모임에 주목한 바 있다.

사원이나 엘리트, 실력자들은 간부들이 어떻게 해서든 교류하여 자기 사람의 정체성을 심어주려는 대상이다. 일단 촌락의 엘리트들(이들은 잠재적인 도전자이기도 하다)이 자기 사람의 정체성을 형성하게 되면 촌락의 다양한 업무들이 비교적 쉽게 처리된다. 따라서 촌 수준의 거버넌스에서는 인정의 교류를 확대하고 함께 술을 마시며, 심지어 함께 마작을 하며 촌락의 엘리트 주민을 자기 사람으로 끌어들여야 한다. 이것이 효과적인 촌락 거버넌스의 가장 일반적인 기술이다.

촌의 인정 교류는 그 범위가 지나치게 작으면 안 된다. 너무 작으면 일을 볼 수가 없다. 지나치게 작은 인정 교류의 범위는 상대적으로 소수만을 자기 사람에 두게 되고, 그러면 생산과 생활에서 필요한 지원을 끌어내지 못할 수 있다. 반대로 그 범위가 너무 커도 곤란하다. 지나치게 크면 시간과 에너지, 경제력에 문제가 생기고, 내부 응집력이 떨어진다. 일을 처리하는 사람이 많아지면 효율은 떨어지고, 제대로 된 일처리도 기대하기 힘들다. 산시 관중과 화베이에서는 문중이 득세하지만 후베이와 구이저우에서는 촌민위원회 소조가 중요한 이유가 바로 여기에 있다.

낯익은 사회는 상대적으로 안정적인 구조와 규모를 갖고 있다. 자기 사람을 위주로 하고, 친족과 같은 특징을 보이며, 인정 교류를 바탕으로 한 낯익은 사회의 거버넌스가 먼저 존재한다. 그다음 향촌 간부들이 촌락 수준의 거버넌스에 이 낯익은 사회를 활용한다. 이 두 층위가 중국 농촌의 거버넌스 질서다. 전통시대에도 이 거버넌스는 이중적이었다. 즉 향신鄕紳[6]을 위주로 하는 자치가 있었고, 보갑保甲[7]에 힘입은 세금 관리 체계가 있었다. 향신은 한편으로는 국가와 관련을 맺고 있었지만, 다른 한편으로는 낯익은 사회의 일원이었다. 즉 그 지역의 규범을 공유하고 있었다. 전통사회에서는 사회가 비교적 안정적이었고 사회에 대한 국가의 영향력도 비교적 부드러웠기 때문에, 전통사회의 내생적인 질서가 절대적인 우위를 점할 수 있었다.

---

6 봉건 시기 중국 지방에 형성되었던 특정 계층을 가리키는 말이다. 과거에 합격했으나 아직 관직을 얻지 못한 사람, 혹은 과거 준비생, 중소 지주, 퇴직 관리, 문중 어른 등이 여기에 포함될 수 있다. 공식적인 관리와 유사한 영향력을 가졌지만, 정작 신분은 일반인이다.

7 중국의 전통적인 기층 조직 방식이다. 가구戶를 기준으로, 10개의 가구를 묶어서 '갑'甲을 설치하고, 10개의 '갑'을 묶어서 '보'保를 설치했다. 각 호와 갑, 그리고 보에는 장長을 두어 수직적인 연결망을 구축했다. 20세기 초 국민당 정부 역시 이 보갑제를 통치에 적극 활용한 바 있다.

이런 상황에서는 향신 위주의 거버넌스가 상대적으로 효과적일 수 있다.

근대 이후 농촌에 대한 국가의 수탈이 가속화되면서, 그리고 외생적인 근대적 요소가 빠르게 농촌에 침투하면서, 전통적인 사회 질서를 구성하던 많은 부분들이 와해되었다. 그런데 그 과정에서도 농촌 사회 내부의 낯익은 사회와 자기 사람에 근거한 거버넌스 논리는 거의 변함없이 유지되었다. 오히려 이 낯익은 사회의 자기 사람 거버넌스를 통해 현대성이 빠르게 향촌에 침투하기도 한다. 그 전형적인 예가 인민공사 시기 '삼급三級 소유 및 대隊 기초'[8]의 생산대였다. 생산대 간부들은 낯익은 사회의 일원이었을 뿐 아니라 외부의 현대성이 향촌에 침투하는 구조적인 힘이었다. 심지어 지금도 중국에서는 촌민위원회 소조 간부가 자기 사람의 거버넌스를 통해 여전히 국가와 농민 사이를 이어주며, 전체 중국 거버넌스 체계의 틀을 마련해주고 있다.

8　인민공사의 기본 체제를 개괄적으로 표현한 말이다. 인민공사는 공사가 생산대대生産大隊를 관할하고, 생산대대가 생산대生産隊를 관할하는 삼급三級의 조직 체계였다. 따라서 '삼급 소유'는 농촌 생산수단의 소유가 이 세 층위로 이루어짐을 의미한다. 반면 '대隊가 기초'라는 것은 인민공사의 최하 단위인 생산대가 모든 생산과 소비의 기준이 된다는 의미다. 즉 생산의 기준도 생산대이고 분배의 기준도 생산대라는 것이다. 이는 초기 인민공사의 급진주의가 어느 정도 수정된 결과라고 할 수 있다.

낯익은 사회의 낮은 거버넌스 비용

지금까지 살펴본 것은 자기 사람의 거버넌스였는데, 이는 낯익은 사회의 거버넌스와 그 상호성의 규칙이 어떠한지를 설명하기 위해서였다. 그런데 이 규칙 이외에 낯익은 사회는 정보라는 차원에서도 눈여겨볼 부분이 있다. 마을 주민들은 서로의 '정신적 면모와 사상적 상황'(쥐허춘 전 서기의 표현)까지도 잘 이해하고 있다. 내부 정보의 투명도가 매우 높은 편이다. 게다가 향촌 사회는 그 내부 사람이 직접 관리하기 때문에, 즉 생산대장과 촌민위원회 소조장이 모두 농업활동에 종사하는 사람들이기 때문에, 관리 비용이 낮아지게 되고 반대로 효율은 올라가게 된다.

정보의 투명성 이외에도 낯익은 사회의 거버넌스에는 두 가지 특징이 있다. 하나는 감정에 호소해 사람을 움직인다는 점이다. 마을에서 불거지는 다양한 모순은 많은 경우 정서의 차원에서 해결된다. 이른바 "정으로 마음을 움직이고 이치로 일러주는" 방식이다. 또 다른 특징은 비유를 통한 설명이 보편적이라는 것이다. 마을 주민들의 일상에서 일어나는 사례를 통해 그들을 교육 및 설득을 하면서 그 장단점을 헤아리게 한다. 이러한 방식은 이미지를 활용하는 것이지 논리를 통해 추론하는 것이 아니다. 이치를 따져 감정에 호소할 뿐, 법률과 규칙을 가지고 절차와 정의를 묻지 않는다. 심지어 이치를 따지지도 않는다. 논리와 절차를 포기했다면, 남는 것은 현실의 정의로 사람들의 마음을 움직이는 것이다. 감정에 호소하고 생동감 있는 사례를 활용하기 때문에 사람들은 '감정적으로 반응'하고, 그러면서 낯익은 사회의 모순이 효과적으로 해결된다.

촌민위원회 소조와 같은 낯익은 사회는 서로가 서로를 너무나 잘 알기 때문에 내부 정보를 확보하는 데 비용이 적게 든다. 이 낯익은 사회에서 생활하는 소조장이나 촌민 대표는 다양한 정보를 수집하는 데 시간과 정력을 낭비할 필요가 없다. 또한 위에서 전해진 다양한 정보도 어렵지 않게 구성원들에게 전달해줄 수 있다. 그러나 촌민위원회 소조의 범위를 넘어서면 정보 수집과 정보 전달의 비용이 급격히 상승한다. 관리 방식에도 질적인 변화가 나타난다. 이전에는 자기 사람의 내부 관리였기 때문에 인정과 체면에 기초한, 비유를 활용해 이치를 따지는 관리가 가능했지만, 이제는 관료제적 성격이 농후해지기 때문에 이익과 공식 제도에 기초한, 높은 비용의 관리가 나타나게 된다. 이 두 가지는 서로 완전히 다른 관리 모델이다.

촌민위원회의 소조처럼 상호 간의 긴밀한 인정 교류를 바탕으로 한 낯익은 사회는 농민들이 인생의 의미를 재생산할 때, 그리고 농촌에서 기초적인 공공재를 생산할 때, 혹은 향촌 거버넌스 및 저비용·고효율의 국가 행정 능력을 마련할 때, 특히 중요해진다. 중국은 기본적으로 초월적인 신앙이 부재하기 때문에 낯익은 사회가 농민들의 인생에서 중요한 부분을 차지한다. 또한 국가는 촌민위원회 소조와 같은 낯익은 사회 덕분에 좀 더 쉽게 농촌에 침투할 수 있다. 낯익은 사회가 삶의 의미를 형성하는 핵심이자 궁극적인 소속감이며, 동시에 국가 권력을 건설하는 기본 조건이자 기본 영역, 그리고 시작점이다.

촌민위원회 소조는 인정의 교류를 바탕으로 한 낯익은 사회이기 때문에 거버넌스 비용이 낮은 편이다. 소조장은 어렵지 않게 필요한 정보를 수집할 수 있고, 따라서 모든 업무를 손금 보듯 훤하게 다룰 수 있다. 또한 자기 사람의 범위 안에 있기 때문에 소조장은 명예직으로 마을 주민의 신뢰를 먹고산다. 조장의 급여가 얼마이든 그것은 별로 중요하지 않다. 그러나 만약 몇 개의 소조를 합쳐 자기 사람의 범위를 넘어서게 되면, 정보 수집 및 전달의 비용이 늘어나 소조장의 일이 번거롭게 느껴질 수 있다. 혹 소조장의 급여가 더 많아지더라도 도리어 촌민들은 이를 마다할 수 있다. 2005년 쥐허촌은 3~5개의 촌민위원회 소조를 하나로 묶는 작업을 진행했다. 그전에는 소조장의 1년 급여가 80위안에 불과했지만, 그럼에도 이 일을 맡으려는 사람이 있었다. 하지만 지금은 급여가 360위안으로 올랐음에도 아무도 그 일을 원하지 않는다.

인민공사 제도가 20여 년간 안정적일 수 있었던 것은, 그리고 상당한 효율을 보일 수 있었던 것은 1962년에 제정된 「인민공사 60조」[9]가 '삼급三級 소유 및 대隊 기초'를 확립했기 때문이다. '생산대가 기초'였기 때문에 인민공사 제도는 당시 중국의 농촌 상황에 부합할 수 있었고, 그 중요한 역사적 임무를 담당할 수 있었다.

9 1962년 9월 27일 중국공산당 제8기 10중전회가 통과시킨 「농촌인민공사공작조례」農村人民公社工作條例를 가리킨다. 인민공사의 성격과 조직, 규모, 관리 등에 대한 규범적인 내용이 담겨 있다. 초기 인민공사가 띠고 있던 급진주의적 경향이 다소 완화된 결과이다. 60개의 조문으로 구성되어 있어 흔히 '인민공사 60조'라 칭해진다.

촌 합병이 이뤄지면, 촌민위원회와 당 지부위원회(이른바 '양위'兩委)의 새 간부 선출이 필요해진다. 쓰촨성 장여우江油에서 개최된 관련 회의 장면. 자료에 따르면, 1999년부터 2001년까지 중국 농촌의 촌민위원회 수가 4분의 1 정도 줄었다.

　　인민공사 시기의 생산대가 바로 오늘날의 촌민위원회 소조이고, 과거의 자연 촌락이다. 내부적으로는 생산 및 생활의 협력이 존재하는, 촘촘한 인정 교류의 낯익은 사회였고, 마치 친족과 같은 자기 사람의 사회였다(같은 문중은 혈연일 수는 있어도 친족은 아니다). 생산대가 있었기 때문에 아래로 농촌 사회를 효율적으로 조직할 수 있었고, 위로 현대성의 국가 권력과 조우할 수 있었다. 바꿔 말하자면, 생산대라는 기초적인 장치가 있었기 때문에, 인민공사가 효율적일 수 있었고, 도시가 효율적으로 농촌 자원을 가져갈 수 있었으며, 중국의 현대화가 이뤄질 수 있었다. 어떤 차원에서 보더라도 생산대가 가장 중요한 의미를 가지고 있다.

현재 중국 사회는 전대미문의 변화를 겪고 있다. 중국 농촌의 기본 사회구조(가족 구조 등)는 물론, 농민들의 삶의 의미까지 변화하고 있다. 중국에는 여전히 9억 명의 농민이 존재하는데, 그렇다면 아래로는 사회를 조직할 수 있고 위로는 국가와 만날 수 있는 기초적인 장치가 있어야 한다. 촌민위원회와 촌민위원회 소조의 이중 구조가 바로 그 장치일 수 있다. 정책적으로 표현하자면, 농촌의 기층 조직을 건설하고, 그 능력을 키우는 것이다. 어떻게 강화할 것인가? 어떤 층위에서 강화할 것인가? 중국 농촌의 두 층위가 이 질문에 대한 기본적인 방향을 제시해준다. 그런데 농업세 폐지 이후 몇몇 지방(가령 구이저우)은 대규모로 소조 합병 작업을 추진하고 있다. 어떤 곳은 촌민위원회 소조장을 아예 없애기도 했다. 행정 비용을 낮추겠다는 취지이지만, 그 결과는 국가가 낯익은 사회의 행정력을 거둬들이는 것이다. 변화가 작은 전통사회라면 사회 내 자생적인 힘이 농촌 사회 내부의 문제를 해결해줄 수 있고 국가와 농민의 관계를 처리해줄 수 있다. 그러나 변화가 빠르게 일어난다면, 특히 농민의 가치관이 급변하는 시기라면, 그 행정력의 철수는 심각한 결과를 가져올 수 있다.

■ 이 글은 「'낯익은 사회'의 거버넌스」熟人社會的治理를 번역한 것이다. 원문에는 마지막 절 뒤에 여론餘論이 붙어 있지만, 중복되는 내용이 많아 이 번역에서는 삭제했다. 절의 제목도 본래는 핵심 단어로만 제시되어 있는데, 여기서는 그 내용을 고려해 제목을 다시 달았다. 원문은 삼농중국 홈페이지(http://www.snzg.net)에서 확인할 수 있다. 중국의 사회학자 페이샤오퉁은 계약이나 공식 제도가 아니라 신뢰에 기반하여 형성·유

지되는 사회를 '숙인사회'熟人社會라 요약한 바 있다. 학계에서는 '숙인사회'가 일반적으로 통용되고 있지만, 여기서는 독자의 이해를 돕기 위해 '낯익은 사회'로 번역했다.

중국석유의 재벌빼 =

왜 급진적인 도시화가 문제인가

지금까지 중국공산당 중앙위원회는 도시화에 대해 비교적 적절한 현실 인식을 가져왔다. 상대적으로 안정적인 정책을 채택하여 상당한 효과를 거두었다. 그러나 최근 몇 년 사이 지방정부는 도시화의 추진에서 사뭇 급진적인 양상을 보이고 있다. 이 급진적인 정서가 적절히 통제되지 않는다면 중국의 현대화는 심각한 대가를 치를 수 있다. 필자는 도시화에 대한 학계 및 지방정부의 급진적 경향에 줄곧 반대하면서 온건한 도시화의 길을 주장했다. 안타까운 것은 이러한 필자의 목소리가 대단히 미약하여 지방정부의 열광적인 분위기를 저지하지 못하고 있다는 점이다.

필자는 급진적인 도시화의 문제로 최근에 조사한 세 가지 사례를 제기하고자 한다. 하나는 모두가 익히 알고 있는 충칭重慶의 정책이고, 다른 하나는 산둥성山東省의 여러 도시에서 추진되고 있는 농촌 공동거주지 조성의 실험이며, 마지막 하나는 허난성河南省 K진에서 진행되고 있는 소도시小城鎮[1] 건설이다.

충칭의 호적제도 개혁

2010년 8월 1일, 충칭시는 「충칭시 도농 호적제도 개혁 총괄 계획에 따른 농촌 주민의 후커우ᵖᵐ 전환 실시 방법」을 발표하면서 충칭시 농민들의 후커우를 바꿔주는 개혁을 단행했다. 계획에 따르면, 충칭의 후커우 전환 사업은 크게 두 단계로 나누어 진행된다. 첫째 단계는 2010년부터 2011년까지 자격을 갖춘 농민공과 새로 태어난 인구를 도시 주민으로 등록하는 것이다. 이렇게 되면 호적제도에서 비롯되는 여러 문제들을 해결할 수 있고, 338만 명의 새로운 도시 인구가 만들어진다. 둘째 단계는 2012년부터 2020년까지 유기적인 제도 설계를 통해 토지와 주택, 사회보장, 취업, 교육, 보건 등의 보장 기제를 마련하는 것이다. 동시에 도시 후커우의 요건을 완화해 매년 80만~90만 명에 이르는 농촌 인구의 후커우를 전환해준다. 이렇게 되면 전체적으로 700만 명에 달하는 인구가 도시 인구로 편입되고, 충칭시의 전체 인구에서 비농업 후커우가 차지하는 비중이 60퍼센트까지 늘어난다. 충칭시 황치판黃奇帆[2] 시장은 "계획대로 이뤄진다면, 충칭의 중심 도시에는 1,000만 명의 인구가 거주하게 되고, 현급 도시에

1 중국 학계는 도시화城市化와 성진화城鎭化를 구분하려는 경향이 강하다. 도시화가 상대적으로 대도시 중심이라면, 성진화는 지방 소도시 양성에 초점이 맞춰져 있기 때문이다. 규모와 집중도 면에서 차이가 있고, 중국 정부 역시 1990년대 말부터 2000년대 초까지는 소도시 개발을 더 강조했다는 점에서, 이러한 구분이 무의미하지는 않다. 그런데 도시화든 성진화든 모두 인구 집중과 토지개발을 필요로 한다. 그런 점에서 보면 차이보다는 유사성이 더 분명하다고 할 수 있다. 이 글에서는 도시화와 성진화를 따로 구별하지 않고 번역했다.
2 2001년부터 충칭시 부시장을 지냈으며, 2010년부터 2016년까지 충칭시 시장으로 재직했다. 지금은 제12기 인민대표대회 재정경제위원회의 부주임으로 재직 중이다.

충칭의 호적제도 개혁을 주도했던 황치판 전 충칭 시장.

는 600만 명의 인구가, 그리고 소도시에는 300만 명의 인구가 모여 살게 될 것"이라고 했다.

황치판 시장은 언젠가 이 새로운 제도 개혁을 옷에 비유한 바 있다. 도시 후커우는 연금, 의료, 교육, 주택, 취업의 '다섯 가지 옷'을 입는 반면, 농촌 후커우는 주택부지와 임야, 경작지 청부 경영의 '세 가지 옷'을 입는다는 것이다. 그렇다면 농민공의 후커우 전환에서 관건이 되는 것은 그들의 사회보장 체계를 마련하는 것이라 할 수 있다.

경제학자 랑셴핑郎咸平[3]은 충칭의 호적제도 개혁을 '충칭 모델'이

3   타이완 출신의 경제학자. 현재 홍콩중문대학 교수로 재직 중이다. 랑셴핑은 2000년대 초 거린커얼格林柯爾의 사례를 통해 국유기업의 자산 유출을 신랄하게 비판한 적이 있다. 이를 계기로 그는 일약 중국에서 가장 유명한 경제학자 중 한 사람이 되었다. 2010년에는 충칭의 개혁이 중국 부동산 문

라고 불렀다. '충칭 모델'은 전체적으로 3단계이다. 첫째는 향후 3년 동안 4,000만 제곱미터의 공공임대주택을 건설해 100만~200만 명의 주택 문제를 해결하는 것이다. 둘째는 300만 명의 농민공을 도시로 이주시켜 그들이 소유한 주택부지와 경작지를 공공임대주택의 토지로 활용하는 것이다. 셋째는 IT산업단지를 조성해 농민공의 취업 문제를 해결하는 것이다.

황치판 시장은 "충칭의 올해(2010년) 생산 총액이 1조 위안을 넘어설 것이고, 향후 20~30퍼센트의 속도로 성장세를 이어간다면 2020년 생산 총액은 4조 위안에 달할 것"[*]이라고 했다. 그리고 그는 향후 10년간 새로이 증가한 3조 위안의 생산액이 500만 개의 일자리 창출로 이어질 것이라 예상하면서 500만 개의 새로운 서비스업 일자리도 추가될 것이라고 전망했다.[**]

보도에 따르면, "현재 충칭시가 사용하고 있는 건설용지 면적은 9,000여 제곱킬로미터로서, 기본적인 개발은 이미 끝났고, 사회 발전에 따라 향후 몇 년간 2,000여 제곱킬로미터의 토지가 추가로 필요하게 된다. 그런데 또 하나의 현실은 최근 몇 년 동안 충칭시의 도시 상주인구가 큰 폭으로 늘었다는 것이다. 그들은 여전히 농민 신분

제를 해결할 수 있는 효과적인 방식이라고 주장하면서 '충칭 모델'의 보급에 앞장서기도 했다. 이로 인해 일부에서는 랑셴핑을 '신좌파' 경제학자로 분류하곤 한다.
● 「충칭의 호적제도 개혁, 전국적인 모델이 될 수 있을까?」重慶戶籍制度改革, 能不能爲全國樹立一個範本, 『남방보강』南方報網, 2010년 8월 30일.
●● 「충칭 모델', 수조 원대의 투자 기대」重慶模式' 有望撬動萬億投資, 『중국증권보』中國證券報, 2010년 8월 25일.

을 유지하고 있으며, 그들의 경작지와 주택부지는 버려진 채로 남겨져 있다. 대규모 토지 자원이 낭비되고 있는 셈이다."' 이에 대해 황치판 시장은 한 회의 자리에서 1,000만 명의 농민이 도시 후커우를 갖게 되면 3~5년 후에는 250여만 무에 달하는 주택부지가 준비된다고 밝혔다. 충칭시는 이를 가지고 250여만 무의 지표地票[4]를 만들 것이고, 그러면 충칭시의 건설용지 부족이 해결될 수 있다. 황치판 시장은 첫 단계에서 330만 명의 농민을 도시 주민으로 전환하고 그들에게 도시 주민과 똑같은 권리를 주는 데 필요한 자금이 1,000억 위안이라고 밝혔다. 이는 충칭시 정부가 보기에는 해볼 만한 일이다. 1무의 지표가 15만~20만 위안의 가격으로 거래된다면 3,000억 위안이 넘는 수익이 발생하고, 이는 후커우를 바꾼 농민에게 지불해야 하는 토지 보상금을 충분히 메울 수 있는 금액이다. 후커우 개혁에 따라 정부가 투입해야 하는 높은 비용도 여기서 어느 정도 충당될 수 있다."•

---

4 충칭의 지표를 이해하려면 이 글에서도 계속 언급되고 있는 '점유와 보충의 균형'을 먼저 이해해야 한다. 중국은 무분별한 도시 확장과 경작지 감소를 미연에 방지하기 위해서 도시와 농촌의 면적 변화를 서로 연계시키는 정책을 취하고 있다. 즉 도시 건설면적이 늘어나려면 농촌 경작지의 면적도 그만큼 늘어나야 한다는 것이다. 이른바 '증감 연계'增減掛鉤라는 말이 바로 이것이다. 그런데 이는 충칭에만 해당하는 것이 아니라 중국의 모든 지방에 공히 적용되는 원칙이다. 충칭의 독특함은 이 '증감 연계'를 적극적으로 활용해 자본을 끌어들였다는 점이다. 충칭은 개발업자가 도시에서 새로운 건설용 토지를 구입할 때 동일 면적의 농촌 건설용 토지도 함께 구입하도록 만들었다. 이것이 '지표' 地票인데, 충칭에서는 '지표'가 있어야 도시의 건설용 토지를 매입할 수 있다. 물론 여기서 도시 건설용 토지는 개발을 위한 것이지만, 농촌 건설용 토지는 개간해 경작지로 바꾸려는 것이다. 이렇게 하면 도시 건설면적이 늘어나는 만큼 농촌 경작지의 면적도 늘어나고, 지방정부는 그 거래 과정에서 더 많은 재정을 확보할 수 있다.
• 덩취안룬鄧全倫, 「충칭의 호적개혁 추진: 천만 농민의 도시 이주 계획」重慶戶籍改革破冰: 千萬農

이상의 충칭시 후커우 개혁을 정리해보면 다음과 같다. ①농가는 도시로 이주하면서 자신의 주택부지를 내놓는다. ②정부는 농촌 주택부지 등의 건설용지를 같은 면적의 도시 건설용지로 바꾼다. ③충칭시 정부는 이 도시 건설용지 지표를 가지고 세 가지 일을 하는데, 하나는 농민에게 염가의 공공임대주택을 제공하는 것이고, 다른 하나는 토지를 활용해 투자를 유치하는 것이며, 마지막 하나는 토지를 가지고 수익을 창출해 도시로 이주한 농민에게 도시 시민과 똑같은 사회보장을 제공하는 것이다. ④충칭시 정부의 희망 시나리오는 다음과 같다. 대규모 투자를 유치해 일자리를 창출한다면, 도시로 이주한 농민공이 비교적 쉽게 일자리를 찾을 것이다. 농민에게 도시 주민과 똑같은 사회보장을 제공해주기 때문에, 도시로 이주한 농민들은 도시에서 인간다운 삶을 살 수 있는 기본 조건을 확보할 수 있다. 또한 다량의 공공임대주택을 염가로 제공하기 때문에 혹 경제 상황이 안 좋은 농민이라 할지라도 거주할 집을 가질 수 있다. 농민의 대규모 도시 이주가 도시 빈민굴의 형성으로 이어지지 않는다면, 그로 인한 사회적 혼란도 미연에 방지할 수 있다. ⑤그리 머지않은 미래에 충칭시는 1,000만 명에 이르는 농촌 인구의 도시화를 성공적으로 완수할 것이다. 충칭의 도시화 비율은 대폭 상승할 것이고, 중국 도시화의 기적으로 기억될 것이다.

충칭 모델은 그리 복잡한 방식이 아니다. 농민이 가진 토지를 도

民進城路線圖, 『시대주보』時代周報, 2010년 8월 19일.

초창기 충칭 농촌토지교역소의 지표地票 경매 장면. 충칭에서 도시 근교의 농촌 토지를 수용하고 개발하려면, 이 지표가 있어야 한다.

시 후커우와 맞바꾸어 도시화의 기적을 이루는 것이다. 이처럼 간단한 방법으로 충칭이 기적을 만들 수 있다면, 당연히 다른 지방도 그렇게 할 수 있을 것 같다. 그런데 다른 지방이 이 모델을 적용하면 몇 가지 심각한 문제가 발생할 수 있다.

우선 '토지와 호적을 맞바꾼' 이후에도 토지는 여전히 농촌 토지다. 물론 일부 농촌 건설용지는 개간의 과정을 거치면 도시 건설용지의 지표로 활용될 수 있다. 중국의 토지 정책에 따르면, 도시 건설용지는 '점유와 보충의 균형'占補平衡과 '선보충 후점유'先補後占의 원칙을 따른다. 즉 지방정부가 먼저 새로운 경작지를 만들어야 비로소 도시에 추가적인 건설용지를 확보할 수 있다. 농민이 도시로 이주하면서 살던 주택부지를 내놓으면, 지방정부는 이 주택부지를 새 경작지로 개간할 수 있고, 그러면 이 새롭게 마련된 경작지를 가지고 도시 건설용지를 확보할 수 있다. 그런데 문제는 '점유와 보충의 균형'이나 '선보충 후점유'가 새로운 도시 건설용지를 확보하기 위한 한 가지 전제조건에 불과하다는 점이다. 농민이 살고 있던 주택부지를 경작지로 개간했다고 해서 그 즉시 도시 건설용지를 확보할 수 있는 지표가 마련되는 것이 아니다. 한 가지 더 중요한 조건이 있는데, 국가는 매년 정해진 양만 지방정부의 도시 건설용지 지표를 승인해준다는 사실이다. 매년 국가는 일정량의 건설용지 계획만 하달하며, 따라서 지방정부는 그 양을 초과해 건설용지를 사용할 수 없다. 설사 개간 경작지가 계획된 용지 지표보다 100배 많아도 아무런 소용이 없을 수 있다. 결국 충칭시가 경작지로 개간한 농민의 주택부지 면적만큼 도시 건설용지를 확보하려면 국가에 건설용지 지표를 늘려달라고 요청해야 한다. 그런데 만약 충칭도 요청할 수 있고 전국의 각 지방정부도 요청할 수 있다면, 전국적으로 도시 건설용지의 지표를 관리하려는 당초의 계획은 그 의미를 상실하고 만다.

충칭은 도농통합계획의 실험 지역인 데다 직할시이므로 건설용지의 지표를 늘려달라고 요구하기가 상대적으로 용이하다. 그렇다면 충칭시는 특별한 경우라고 봐야 한다. 다른 지방정부들은 어떻게 해도 그 특혜를 누릴 수가 없다. 따라서 다음과 같은 지적이 나온다. "충칭이 현재 빠르게 발전할 수 있는 것은 단순히 물류 비용이나 개발 비용이 낮기 때문이 아니라 국가가 상당한 혜택을 주기 때문이다. 양강兩江[5] 유역만 해도 1,200제곱킬로미터에 달한다. 서부의 다른 대도시의 경우 1년에 개발할 수 있는 지표가 대략 20제곱킬로미터 정도다. 10년이 지나야 비로소 200제곱킬로미터를 개발할 수 있다. 그런데 충칭은 직할시로 지정될 때 그 도시 건설면적이 200제곱킬로미터였고, 지금은 그 면적이 두 배 이상 늘어 500제곱킬로미터에 달한다. 조만간 1,000제곱킬로미터에 이를 것이다. 그렇다면 향후 10년 동안 충칭의 도시 면적은 서부에 있는 다른 어떤 도시들보다 최소한 몇백 제곱킬로미터 정도 더 늘어난다고 봐야 한다."[*] 게다가 아무리 중앙이 충칭을 특별 대우하더라도, 300만~1,000만 명에 달하는 농민이 내놓는 주택부지를 전부 충칭시의 건설용지로 전환할 수는 없다. 충칭 농민이 가지고 있는 주택부지를 1인당 200제곱미터로 계산해보면 1,000만 농민공이 내놓을 주택부지 면적은 300만 무, 곧 2,000제곱킬로미터에 달한다.

충칭시가 아무리 애를 써도 최대로 받을 수 있는 건설용지의 지표는 1,000제곱킬로미터 정도다(주의할 점은 이 토지가 이미 준비된 것이 아니라 농민들에게서 수용해야 한다는 것이다). 그렇다면 경작지를 보충할 것도 없이, 국가가 충칭에 대한 특별 조치를 마련해 처음부터 충칭에 한해 1,000제곱킬로미터의 건설용지를 공급해주는 편이 더 간단하지 않겠는가? 1,000제곱킬로미터이면 150만 무 정도인데, 그중 맹지와 임야, 휴경지를 제하면 경작지는 100만 무 정도다. 중국의 전체 경작지

---

5   일반적으로 양강 신구新區라 부르며, 상하이 푸둥浦東 신구나 톈진天津의 빈하이濱海 신구와 같은 국가급 개발지구로 지정되어 있다. 장강長江의 북쪽, 그리고 자링강嘉陵江의 동쪽에 위치하기 때문에 '2개의 강' 兩江이라는 이름이 붙게 되었다.

*   양강서생兩江書生, 「충칭 호적개혁 이면의 토지개혁」重慶戶籍改革背後的土地改革, 『화용망』華龍網, 2010년 8월 5일.

가 18억 무 정도인데, 그중 100만 무를 희생해서 서부 최대 도시를 만들 수 있다면, 그래서 서부 대개발의 기초로 삼을 수 있다면, 이 정도 희생이 큰 문제가 될 수 있겠는가?

그런데 또 다른 문제는 국가가 충칭에 한해 예외적으로 100만 무에 달하는 경작지를 건설용지로 사용할 수 있게 해주더라도 충칭이 반드시 경제 성장을 이룰 수 있는 것은 아니라는 점이다. 도시 건설 용지의 확대는 도시 발전의 내적 수요와 맞물려 있다. 도시 경제가 성장해야 토지에 대한 수요가 생긴다. 먼저 토지가 있어야 경제 발전을 이룰 수 있는 것이 아니다. 토지는 어느 곳에나 있지만, 그렇다고 해서 모든 지역이 경제적으로 발전하는 것은 아니다. 일본은 국토 면적이 크지 않고 싱가포르는 그보다도 더 작지만, 그럼에도 이들 국가의 경제는 변함없이 성장해왔다. 반대로 인도나 라틴아메리카 국가들은 넓은 국토 면적을 자랑하지만 일본이나 싱가포르보다 더 빠른 경제 성장을 이루지는 못했다. 따라서 충칭의 경제 성장에서 중요한 부분은 투자 유치와 자본의 유입이다. 그리고 투자 유치와 자본 유입은 중국인이라면 너무 많이 들어본 말이다. 왜냐하면 중국의 전국 방방곡곡에 투자 유치의 외침이 끊임없이 울려 퍼지기 때문이다.

충칭시의 의지가 확고하기 때문에, 혹은 충칭시의 지리적 위치가 상대적으로 좋기 때문에 충칭시가 쉽게 투자를 유치할 수 있을 것이라 생각해서는 안 된다. 자본의 속성은 잉여가치의 획득에 있다. 이윤이 없으면 자본이 유입될 이유가 없다. 그런데 이윤의 수준을 결정 짓는 데에는 토지 비용과 노동 비용, 그리고 세금 비용이 중요하다.

이를 합쳐 보통 투자 환경이라 부른다.

우선 충칭의 토지 비용부터 살펴보자. 중국의 산업용지 비용은 전국 어느 곳이든지 낮은 편이다. 일반 토지 가격이 1무당 대략 20만 위안에 거래되는데, 대부분의 지방정부는 투자 유치를 위해 토지 가격을 거의 무상으로 제공한다. 심지어 일부 기업들은 단지 토지를 점유하기 위해서 투자자처럼 행세하기도 한다. 예컨대 유명 식음료업체인 후이위안匯源은 전국을 돌아다니며 땅을 확보하고 있다. 그런데 충칭은 무당 10만 위안의 지표地票가 있어야 용지 지표를 획득할 수 있다. 게다가 계획용지 안의 농민 토지는 다시 수용해야 한다. 이렇게 비용이 쌓이게 되면, 충칭 정부가 기업에 내주는 토지는 가격이 상대적으로 높거나 아니면 시 정부의 재정 보조가 필요하게 된다.

다음으로 노동 비용에 대해 살펴보자. 충칭시는 투자 유치가 순조롭게 이뤄지면 이주 농민공에게 일자리를 제공할 수 있게 되고, 농민공은 인간다운 삶을 살 수 있을 것이라고 본다. 그런데 그렇게 되려면 기업이 도시 이주 농민에게 더 높은 보수를 지불해야 한다. 그렇지 않으면 도시로 이주한 농민들은 인간다운 삶을 살 수 없고, 어떤 경우에는 도시의 삶 자체가 어려워질 수 있다. 게다가 도시로 이주한 농민들에게는 이전보다 더 많은 사회보장과 실업보험 비용 등을 제공해야 한다. 만약 한 기업이 충칭시의 투자 유치 조건을 받아들여 충칭에서 사업을 한다면, 그 기업은 도시로 이주한 농민 대신 타지에서 건너온 농민공을 채용할 확률이 높다. 그렇지 않다면 그 기업은 과도한 노동 비용으로 인해 사업을 접어야 할 것이다. 물론 그보다 개연성이 더 높은 상황은 처음부터 충칭에 오지 않는 것이다.

마지막으로 세금 비용의 차원에서 살펴보자. 충칭시는 엄청난 규모의 도시 이주 농민 때문에 재정 지출이 많을 수밖에 없다. 충칭시의 재정 수입이 하늘에서 갑자기 떨어질 리가 없다. 게다가 전국 대부분의 지방정부는 투자 유치를 위해 기업에 대해 감세 정책을 시행하고 있다. 그러나 재정이 부족한 충칭시는 감세가 아니라 증세에 나서야 할 판이다. 결국 어떤 차원에서 살펴보더라도 충칭시의 투자 환경이 다른 지방보다 더 좋다고 할 수 없다. 투자 유치의 결심이 아무리 확고하더라도 그 효과가 미미할 수 있는 것이다.

혹자는 충칭시가 토지를 통해 이익을 남길 수 있을 것이라고 예상한다. 그러나 앞에서 지적했던 것처럼, 건설용지가 많다고 해서 이익이 발생하는 것이 아니라 경제 성장이 전제될 때 건설용지가 이익을 가져다주는 것이다. 건설용지 면적이 경제 규모에 비해 훨씬 많이 공급된다면, 건설용지의 가격이 오를 리가 없다. 충칭시 정부는 토지를 통해 재정 수입을 무한대로 늘릴 수 있을 것이라고 생각하겠지만, 이는 현실적으로 불가능하다.

물론 충칭시는 특수한 건설용지 정책에 힘입어 끊임없이 토지 공급을 늘려갈 수 있고, 이를 바탕으로 충칭시의 부동산 가격을 낮추는 데 성공할 수 있다. 그렇게 되면 충칭의 노동 비용이 낮아지고, 이는 투자자에게 매력적인 부분이 될 수 있다. 그러나 충칭이 도시와 농촌을 오가는 농민공의 노동력 재생산 비용에 맞설 수 있으리라 생각해서는 안 된다. 농민공은 도시에서 주택에 그 어떠한 지출도 하지 않고 있다.

백 번 양보해서, 설령 충칭시가 기대대로 더 많은 토지를 공급하여 투자 유치를 하더라도, 이를 중국의 다른 지방에 적용하는 것은 거의 불가능하다. 충칭 모델은 중앙정부의 특별한 토지 정책에 힘입은 것이다. 기업가의 혁신을 통해 발전을 이룬 것이 아니라 다른 지방정부의 희생 위에 이뤄진 것이다.

마지막으로, 기업의 주요 비용 중 하나인 임금도 큰 문제가 될 수 있다. 도시로 이주한 농민의 생활비는 아무래도 농촌보다 많이 들 수밖에 없다. 만약 기업이 현재의 농민공 수준으로 그들에게 임금을 지급하면 그들의 삶이 농촌에 있을 때보다 나빠지게 된다. 반대로 기업이 임금 수준을 큰 폭으로 올리면, 한편으로는 기업이 감당하지 못할 것이고, 다른 한편으로는 다른 지방의 농민들이 그 자리를 차지하려 들 것이다. 빠른 경제 성장이 도시 이주 농민의 취업 문제를 해결해주는 것이 아니라, 취업 문제도 해결되지 않고 경제 발전도 늦어지는 결과가 나타날 수 있다.

충칭시가 희망하는 도시화의 기적은 도시 이주 농민의 퇴로를 막아 이러지도 저러지도 못하게 할 수 있다. 이 진퇴양난의 확률이 더 높다. 그럼에도 여전히 10년 안에 충칭시는 생산 총액을 1조 위안에서 4조 위안으로 올리겠다고 공언하고 있다. 이해하기 힘든 일이다.

황치판 시장은 "만약 공공임대주택이 없으면 농민공이 도시에서 큰 사회적 혼란을 일으킬 수 있다"라고 말했다. 그러나 공공임대주택의 건설 여부가 중요한 것이 아니다. 사회적 혼란의 이유는 도시로

충칭의 최초 공공임대주택 '민심가원'民心佳園. 2010년에 착공해 2012년에 완공했다. 그 상징적인 의미 때문에 시진핑을 비롯한 많은 국가 지도자들이 방문했다.

이주한 농민이 임금소득으로 인간다운 삶을 꾸리지 못하고 노동력을 재생산할 수 없기 때문이다. 그들이 도시로 이주해 더 이상 물러날 곳이 없다면, 그리고 만에 하나 경제 위기나 금융 위기, 혹은 기타 위기가 발생하여 인간다운 삶을 살지 못한다면, 노동력의 재생산을 완수하는 데 실패한 그 많은 도시 이주 농민들은 타오르는 불길의 장작이 되고 말 것이다.

산둥의 농촌 공동거주지 조성

산둥성 주청諸城[6]의 농촌 공동거주지 조성은 충칭의 사례와 성격이 비슷하다. 지방정부가 원하는 것은 농민들의 토지이고, 내세우는 명분은 농민들에게 도시와 비슷한 생활환경과 공공서비스 시설을 제공해주는 것이다. 그 결과 주청은 농촌의 전통 촌락을 빠르게 철거했고, 10여 개의 촌락을 한곳에 모았다. 새롭게 만들어진 거주지에 1만여 명의 인구가 모여들었고, 농민들은 2층 혹은 3층에 올라가 살게 되었다. 지방정부는 농민이 떠난 주택부지를 경작지로 개간해 '선보충 후점유' 및 '점유와 보충의 균형'을 충족시켰고, 이를 통해 도시 건설용지를 확보할 수 있었다.

산둥이 충칭과 다른 점은 세 가지다. 우선 산둥은 여전히 농촌의 범주에서 농민들의 주택부지를 획득하지만, 충칭은 농민들을 철저하게 농촌에서 끌어낸다는 점이다. 산둥의 농민은 여전히 농업에 종사하지만, 충칭의 농민은 도시로 이주하기 때문에 더 이상 농업에 종사할 수 없다. 기본적으로 농촌이라고 하는 고향이 사라져버리는 경우다. 그런 점에서 충칭의 '호적제도 개혁'이 산둥의 '공동거주지 조성'보다 훨씬 더 급진적이다.

둘째 차이는 충칭의 농민은 농촌에서 입었던 몇 가지 '옷' 대신 도시가 제공하는 '다섯 가지 옷'을 입게 되지만, 산둥의 농민은 농촌에서 입었던 '옷'을 벗을 필요도 없고 새롭게 제공받는 '옷'도 없다는 점

---

6 산둥성 중동부에 위치한 현급시.

이다. 다만 산둥의 경우에는 농민이 철거와 함께 새로운 거주지로 이주하기 때문에 그들의 경작지가 사는 곳으로부터 멀어지는 불편이 발생하게 된다. 농업활동에는 그때그때 살펴야 하는 일이 많기 때문에, 생산의 측면에서 보자면 아무래도 예전보다 번거로울 수밖에 없다.

셋째 차이는 충칭과 산둥의 경제적 격차다. 충칭은 비교적 낙후한 서부 농촌이지만, 산둥, 특히 주청 일대는 경제적으로 상당히 발달한 연해지역에 속한다. 주청의 경제 발전이 토지에 대한 수요를 낳고 있기 때문에, 주청의 공동거주지 조성이 충칭의 '호적제도 개혁'보다 더 합리적이라고 말할 수 있다.

그런데 산둥은 전통적으로 행정 수단이 강하고 업적 경쟁이 치열한 지방이다.[7] 주청의 촌락 철거와 공동거주지 조성은 산둥의 다른 지방으로 빠르게 퍼져갔다. 그 지역의 경제 발전 상황과 상관없이, 그리고 그 지역 농촌의 주요 산업과 상관없이, 산둥의 거의 모든 지역이 '촌락을 공동거주지로 바꾸는'[8] 방식으로 토지를 활용하고 있다.

---

7 정도의 차이일 뿐, 중국의 거의 모든 지방정부들은 이 경쟁에 참여 중이다. 상급이 바로 아래 급의 정부를 평가하는 현 체제에서는 같은 급의 지방정부 사이에 경쟁이 불가피해진다. 특히 경제 성장이 중요한 지표로 활용되는 것으로 알려져 있다. 이에 대해서는 베이징대 국가발전연구원의 야오양姚洋의 연구를 참조할 만하다. 그는 이 상황을 지방정부 간의 우승컵 쟁탈전이라고 불렀다.
8 중국에서 도시 건설용지의 증가는 농촌 경작지의 증가와 보조를 맞춰야 한다. 산둥의 방식은 흩어져 있는 농촌 주택을 철거한 후, 아파트 같은 공동거주지를 농촌에 조성하는 것이다. 농촌 주택부지의 용적률을 높여 농촌 주택부지를 절약하는 식이다. 이렇게 되면 본래의 농촌 주택부지를 경작지로 개간할 수 있게 되고, 그 늘어난 경작지 규모만큼 새로운 도시 건설용지 면적을 확보할 수 있게 된다.

주청의 가장 대표적인 농민 공동거주지 '토장사구'土墻社區. 왼쪽은 2010년의 건설 현장 장면, 오른쪽은 2011년의 서비스 센터 전경. '사구'는 '지역 커뮤니티'에서 비롯된 말이지만, 중국에서는 주로 도시의 기층 조직을 가리키는 경우가 많다. 농촌 지역에 도시의 '사구'가 형성된 것이다.

이런 식의 토지 활용은 '점유와 보충의 균형' 혹은 '선보충 후점유'와 같은 토지 정책이 현지화하면서 나타난 결과다. 새로운 경작지를 개발하는 것은 상대적으로 어려운 일이기 때문에, 우선 농촌 건설용지를 경작지로 개간한 다음, 이 경작지의 양만큼 도시계획 안에 포함되어 있는 다른 경작지를 도시 건설용지로 수용할 수 있게 해달라고 국토자원부에 요청하는 것이다. 이렇게 하면 경작지 규모가 줄어들지 않는다.

그런데 여기에도 해결되지 않은 문제가 있다. 국가의 토지 정책에는 '점유와 보충의 균형'만 있는 것이 아니라 매년 하달되는 용지 계획도 있다. 따라서 해당연도의 용지 지표는 하달된 용지 계획을 넘어서면 안 된다. 충칭은 어쩌면 특수한 경우일지 모른다. 도농통합 계획의 실험 지역인 데다가 직할시이기도 하고 서부라고 하는 지리적 특성도 있기 때문에 더 많은 건설용지를 국가에 요구할 수 있다. 그러나 산둥도 그처럼 특수한 경우인가? 그렇다면 전국의 모든 성이 특수한 경우 아닌가? 이런 식이라면, 국가가 매년 제정하고 하달하는 도시 건설용지의 지표가 무슨 의미가 있는가? 계획이 계속될 필요가 있을까? 따라서 산둥의 특수한 경우는 국가의 토지 정책을 직접적으로 위반하는 것이거나 혹은 지방정부가 맹목적으로 토지를 수용하고 있는 것이다.

맹목적인 토지수용으로 볼 수 있는 이유는 지방정부가 나중에 더 많은 도시 건설용지 지표를 요구하기 위해 비축하는 것이라는 데 있다. 개간을 통해 형성된 경작지는 지방정부의 전략적인 비축 토지가 되어, 향후 도시 발전과 건설용지의 확대를 대비하게 된다. 그야말로 쓸데없는 걱정이 아닐 수 없다.

만약 농민들이 촌락 철거와 공동거주지 조성을 통해 확실히 어떤 편익을 얻고 있다면, 이 정책은 감수할 만한 것이다. 분명 낭비라고 생각되는 부분도 없지 않다. 농민들이 살던 집이 모두 괜찮았음에도 이를 철거했으니 최소한 에너지와 자원의 낭비이고, 저탄소나 환경 보호와도 맞지 않는다. 그러나 상관없다. 농민이 행복하다면 양해할 수 있다. 그런데 만약 농민들이 공동으로 거주하면서 생산도 불편해지고 생활도 불편해졌다면, 그래서 모든 면에서 예전만 못하다면, 이 촌락 철거와 공동거주지 조성은 보통 문제가 아닐 수 없다.

첫째, 주청시는 10여 개의 촌락을 철거해 하나의 주거지를 만들었다. 그에 따라 농민들이 경작지로부터 너무 멀리 떨어져 농업생산에 불편을 겪게 되었다. 게다가 다층 건물에 살게 되면서 농기구를 둘 데도 마땅하지 않다. 소를 키울 만한 곳도 없다. 생활이 불편해진 것이다.

둘째, 촌락을 철거하고 공동거주지를 조성함으로써 대량의 농민 주택부지를 경작지로 개간해 도시 건설용지의 지표를 확보할 수 있다. 그런데 철거 규모가 지나치게 커지면서 새로 개간된 경작지의 규모 역시 지나치게 커졌고, 이로 인해 반대급부로 활용하려던 경작지 규모가 국가 비준 도시 건설용지 계획을 넘어서고 말았다. 경작지로 개간했던 농민들의 주택부지는 그대로 비축 토지로 남아 추후 사용을 기다리고 있다.

셋째, 추후 사용하려던 그 농민 주택부지는 지방정부가 지금 당장 철거하려는 토지이고, 따라서 토지 보상과 새로운 공동거주지 건설을 위한 재정 지출이 필요하다. 만약 지방정부의 재정능력이 충분하지 않다면 개발업자의 선지출이 요구된다. 개발업자의 입장에서 보면, 선지출에는 리스크가 따르지만 그 리스크를 부담하지 않고서는 이익을 낼 수도 없다.

넷째, 전체적으로 보면 농민의 생산과 생활이 불편해졌고, 철거에 따른 대량의 자원 낭비가 초래되었으며, 지방정부의 재정 지출도 큰 폭으로 늘어나 부담이 가중되었다. 개발업체도 어쩔 수 없이 위험 부담을 무릅쓰고서 투자를 감행하고 있다. 유일한 장점은 '점유와 보충의 균형'을 맞추어 도시건설계획 내에 있는 농촌 경작지를 도시 건설용지로 수용할 수 있게 되었다는 것이며, 그 위에 산업단지나 주택

단지 혹은 도시 인프라 시설 등을 건설할 수 있게 되었다는 것이다. 주의할 점은 이상의 설명에서 도시건설계획 내 농촌 토지의 수용이 얼마나 힘든 일인지에 대해서는 따로 언급하지 않았다는 사실이다.

모든 문제가 18억 무의 경작지 레드라인[9]과 밀접히 관련되어 있다. 국가는 농촌 경작지를 도시 건설용지로 수용할 때 반드시 그에 상응하는 규모의 경작지 개간을 요구하고 있다. 그런데 현재 비교적 쉽게 경작지로 개간할 수 있는 토지가 바로 농촌 건설용지이고, 특히 농민 주택부지가 그러하다. 그 바람에 충칭시와 산둥성의 지방정부들은 거액의 비용을 들여서 '호적제도 개혁'과 '촌락의 공동거주지 조성'을 대대적으로 추진하고 있다. 그 비용 중에는 건축한 지 얼마 안되어 생활하는 데 전혀 불편함이 없는 주택의 철거도 포함된다. 이는 분명 심각한 자원의 낭비이지만, 도리어 경작지 자원을 보호한다는 명분을 내세운다. 설마 중국의 경작지가 농민들이 지금 당장 농촌 주택부지에서 떠나야 할 만큼 부족하겠는가? 설마 하루도 지체할 수 없을 정도로 시급한 상황이겠는가? 설마 농민들이 경작과 생활의 불편을 모두 감수해야 할 정도이겠는가? 다시 돌아갈 수 없다는 불편도 받아들여야 하고, 몇십 년은 더 살 수 있는 주택을 철거해 자원과 환경을 낭비해야 할 정도이겠는가?

---

9 경작지 보호를 위해 중국 정부가 설정한 전체 경작지의 최소 규모다. 공식 문건으로는 2006년의 「중화인민공화국 국민경제와 사회 발전을 위한 제11차 5년 계획 강요」에서 처음 명시되었다. 물론 이 문건에서는 1억 2,000만 헥타르로 표기되어 있지만, 이를 무畝로 환산하면 18억 무가 된다. 현재 중국의 경작지 규모가 18억 무 정도다.

전혀 그렇지 않다! 농촌에는 도처에 농민이 버려둔 경작지가 있고, 도처에 경작지로 바꿀 수 있는 경사지가 있다. 생산성 향상의 여지가 충분한 경작지도 있고, 낮은 비용으로 계단식 경작지를 만들 수 있는 임야와 언덕도 상당히 많다. 혹 반드시 농촌 주택부지를 경작지로 개간해야 하더라도, 전국 농촌에는 수억 무에 달하는 농촌 주택부지가 있고, 어떤 지방에는 그 주택부지가 가구당 2~3무에 달하기도 한다. 만약 국토자원부가 예산을 편성해 이러한 농촌 지역의 주택부지를 전체적으로 정리하면, 향후 10여 년간 도시의 건설용지 계획을 유지하는 데에는 아무런 문제가 없다.

'점유와 보충의 균형', '선보충 후점유' 등의 경작지 보호 정책은 본래 좋은 것이지만 현재 지방정부의 실상에서는 심각한 문제가 되고 있다. 많은 지방정부가 이 정책을 기계적으로 집행하여 대규모 철거와 건설, 그리고 자원의 심각한 낭비를 저지르고 있다. 본래 그 균형은 더 넓은 범위와 더 긴 시간을 전제한 것이지만, 지금은 도리어 자원 낭비를 통해 간신히 유지되고 있다.

촌락은 농민이 수백 년 동안 살아온 장소다. 그곳은 단순한 거주지가 아니라 농민들의 사회적 관계와 인정의 교류가 이루어지고 삶의 의미가 구축되는 곳이었다. 즉 촌락은 단지 생산의 공간에 그치는 것이 아니라 생활의 공간인 것이다. 가치 세계이기도 하고 종교적인 공간이기도 하다. 농민들이 조상 대대로 살아온, 그리고 자자손손 살아갈 공간이다. 지금 지방정부는 도시 건설용지 지표의 확대라고 하는 이 작은 목표를 위해 여러 가지 명분을 만들어 농민들의 기본적인 생산과 생활 조건을 파괴하고 있다. 단기적인 이익을 위해 전체 농민의 1,000년 생활을 망치고 있다. 이 얼마나 황당하고 수치스러운 일인가!

　조금 더 부연하자면, 지방정부도 이상하기 짝이 없다. 지방정부는 여전히 '공'公이지만, 지방정부의 책임자는 공과 사를 겸하기 때문이다. 지방정부의 책임자가 지방 발전과 인민 복지를 위해 어떤 결정을 내렸다면, 그것은 공이다. 그러나 만약 그가 개인의 업적을 고려했다면, 이는 공과 사가 섞여 있는 것이다. 더 당혹스러운 점은, 그리고 대단히 보편적인 현상 중 하나는 지방정부의 책임자가 그 같은 대규모 철거와 건설을 추진할 때, 농민들의 보존자원을 유동자원으로 바꾸어 그 유동자원 속에서 '정액 지대地代'를 취하겠다는 의도가 존재한다는 것이다. 유동자원이 많을수록 정액 지대의 전체 규모가 커진다. 지방정부의 지도자들은 과거의 보존자원과 미래의 가용자원을 현재 시점, 즉 자신이 '정액 지대'로 거둬들일 수 있는 지금 전부 다 써버리려고 한다. 그렇다면 지방정부들이 어째서 뒷일을 생각하지 않는지, 어째서 완전히 비이성적인 행태를 보이는지 이해할 수 있다. 다양한 업적으로 감추려 했던 것이 사실은 지대 추구였던 것이다. 조상 대대로 내려온 자원을, 그리고 자자손손 물려줘야 할 자원을 그들은 지금 즉시 써버리려 하고 있다.

허난성 K진의 도시 개발

허난성의 K진에서는 또 다른 종류의 도시화가 추진되었다. 최근 5~6년 사이 지방정부의 강력한 의지 속에서 K진의 면적은 1제곱킬로미터에서 3제곱킬로미터로 커졌고, 당초 3개에 불과했던 가도街道가 이제 21개로 늘어났다. 현재 이 소도시에는 이미 6,000가구가 살고 있다. 가구당 4인으로 추산해보면, 약 3만 명의 인구가 이 개발 지역에 거주하고 있는 것이다. 그런데 K진의 전체 인구는 3만 5,000명이다. 바꿔 말하자면, 이 진의 거의 모든 인구가 이 소도시 안에 살고 있다. K진의 이 소도시는 여전히 확장을 거듭하고 있다. 소도시 내 주택단지가 활발히 건설 중이며, 새로운 가도도 계획 중이다. 개발업자가 그 가도에 수도와 전기를 놓고 주변 도로와 용지를 정리하면, 도로 양쪽의 토지를 팔아 주택을 짓고 있다.

K진은 결코 이 지역의 중심 진이 아니다. 단지 현 아래 있는 상대적으로 조금 더 큰 진에 불과하다. 새로 개발된 소도시의 시장 범위도 본래 K진의 범위를 벗어나지 못한다. 그러나 최근 몇 년 사이 K진이 빠르게 발전하면서 인근 농민이 유입되었고, 그들이 K진에 주택을 마련해 살기 시작했다. 이 소도시의 최소 수백 가구가 다른 진에서 이주해 와서 주택을 마련한 경우다. 물론 최근 완공된 5,000호 주택에 비하면, 그 수는 결코 많지 않다.

K진의 개발 모델은 크게 세 단계로 이뤄진다. 첫째는 전체적인 계획을 세우는 것이다. 2005년을 전후해 K진은 이 개발계획을 세웠다. 둘째 단계는 그 계획에 따라 도로를 닦는 것이다. 당시 진 정부는

농민들의 공동거주지 건설은 현재 중국 전역에서 진행 중이다. 위의 사진은 허난성 지방의 사례. 사진 허쉐펑.

도로를 만들 재정적 여유가 없었다. 도로 하나에 적어도 400만~500만 위안이 소요되었기 때문이다. 결국 수도와 전기를 놓고 주변 도로 및 용지를 정리한 다음, 도로 양쪽에 있는 대지를 농민이나 개발업자에게 팔았다. 가로 4미터, 세로 16~20미터의 토지가 보통 8만~10만 위안에 거래되었다. 농민들은 이 땅을 구입한 뒤 2층 건물을 지었다. 1층은 주로 상점으로, 2층은 거주 공간으로 사용했다. 이렇게 하여 500미터에 이르는 이 새로운 도로에 200여 가구의 농민 주택이 들어섰다. 당시 토지 구입과 건축 비용으로 소요된 금액은 대략 20만 위안이었다.

농민에게 20만 위안은 결코 작은 돈이 아니다. 따라서 개발업자들은 농민들이 분납하는 것을 허용했다. 몇 년 후 새로운 도로가 추가로 개발되자 K진의 개발 지역 안에는 1,000여 개 이상의 2층 건물이 들어섰다. 이 건물의 1층 상가에는 전부 알루미늄 합금으로 만든 셔터가 있다. 이 작은 K진에서 수천 개의 상점이 모두 정상적으로 영업한다는 것은 거의 불가능하다. 소비자가 없기 때문에 K진의 도로에 늘어선 그 많은 상점 중 4분의 3 이상이 문을 닫은 광경만 볼 수 있을 뿐이다. 장사할 게 없으니 빈 채로 남겨둘 수밖에 없다.

도로에 인접한 상점이 너무 많아서 K진에서 장사를 하는 것은 거의 불가능하다. 그런데 그곳에서 생활하는 것도 여간 불편하지 않다. 소음도 심하다. 결국 최근 2~3년 사이 K진 정부는 또다시 공동주택 단지를 개발해 아파트를 공급하고 있다. 이번에 계획된 단지는 조용할 뿐 아니라 주거 기능에 초점을 맞춰 설계했기 때문에, 도로에 인접한 이전 2층 건물에 비해 분명 쾌적한 것이 사실이다. 현재 K진으로 이주하는 농민은 이 아파트를 최우선적으로 고려하고 있다. 아파트 한 채의 면적이 120제곱미터로, 대략 15만 위안 정도 한다. 한 번에 그 금액을 마련할 수 없어도 걱정할 필요 없다. 처음에 3만~5만 위안을 지불하고, 나머지 금액은 분할하여 납부하면 된다.

K진의 확장 과정은 대규모 자원과 재화가 투입되는 과정이다. 도로를 만들려면 토지를 점유해야 한다. 토지수용에서 진 정부가 최초 보상 가격으로 책정한 금액은 일괄적으로 무당 1만 위안이었다. 그런데 나중에 K진 주변에 고속도로 건설이 추진되자 토지 보상금은 무당 2만 위안에 달했다. 결국 농민들은 토지 보상금을 높여달라고

요구했고, 그에 따라 토지 보상금이 무당 2만 5,000위안으로 올랐다. 500미터 길이에 50~60미터 폭이라면 그 도로 건설에 필요한 토지는 100무를 넘어선다. 만약 무당 2만 5,000위안으로 토지를 수용하게 되면, 보상금만 250만 위안에 달한다. 게다가 도로 건설은 일반적으로 철거 과정이 수반된다. 토지를 수용한 다음에는 길도 닦아야 하고 수도와 전기도 들여야 하며 가로등 같은 시설물도 설치해야 한다. 대략 수백만 위안의 초기 투자가 있어야 가능하다는 뜻이다. 그렇다면 K진에 투자해 도로를 놓고 있는 이들은 기본적으로 부자라고 봐야 한다.

물론 돈만 있어서는 안 되고 진 정부와 모종의 관계가 있어야 한다. 투자 규모가 크긴 하지만 그 보상 역시 크기 때문에 기본적으로 남는 장사다. 여기에 이 지방 토착세력과의 관계도 필요하다. 새로 만든 도로 중 일부는 지방 토착세력이 투자해 개발한 것이다. 이 토착세력은 K진에서 '배후 인물'로 통한다. 1980년대에는 싸움 잘하기로 '명성'을 쌓았고, 1990년대에는 도시로 나가 적지 않은 검은돈을 만졌으며, 2000년대에는 농촌 자원의 유통을 틈타 고향으로 돌아와 수익을 거두고 있다. 따라서 토착세력은 이 지방의 암흑세력이라고 해도 틀리지 않다. 모든 사람들이 그들을 두려워하고 그들 또한 자신의 명성을 드러내길 좋아하기에, 구태여 무력을 쓰거나 칼 가진 아우들을 거느리지 않아도 얼마든지 농민들의 마음을 휘어잡을 수 있다. 그들은 양복에 넥타이를 매고 고급 세단을 타고 다닌다. 겉으로 보아서는 '암흑'이라는 말이 부적절해 보일 정도다.

도로를 만드는 일은 정부의 소관이고, 토지를 수용할 때에는 정부가 직접 주민과 만나야 한다. 무당 1만 위안의 가격으로 모든 사람을 대해야 한다. 그런데 주민 중에는 자신의 토지가 개발 지역의 중심이기 때문에 더 높은 금액을 받아야 한다고 주장하는 이들이 있다. 또 어떤 이들은 자신의 주택은 지은 지 얼마 안 되었고 내부 상태도 비교적 양호하기 때문에 더 많은 보상금을 받아야 한다고 주장한다. 그럴 때면 정부는 강제로 토지를 수용하고 철거하기가 어려워진다. 이때 토착세력이 나타나 어느 조용한 밤중에 그 농가를 방문한다. 그러고는 정부로부터 1,000위안을 더 받아줄 터이니 자기 체면을 좀 세워달라고 말한다. 토착세력이 집 안에 들어오는 걸 본 농민은 심장이 쪼그라들지 않을 수 없다. 어떻게 그들의 체면을 세워주지 않을 수 있겠는가(그들의 체면을 세워주지 않을 경우 어떤 결과가 생길지는 소문을 들어 익히 알고 있다). 결국 모두가 만족할 수 있는 결과가 만들어진다. 지방정부도 당연히 토착세력의 체면을 세워줘야 하고, 그들의 편의를 봐줘야 한다. 지방 토착세력과 지방정부 사이에 묵계가 성립되면, 토지 수용과 주택 철거는 그리 어려운 일이 아니다.

토지가 수용되면, 농민은 보상을 받게 되고(비록 충분히 많지는 않더라도), 토착세력은 편의를 봐달라고 요구할 수 있으며, 도로 위 상인은 이윤을 바랄 수 있게 되고, 지방정부는 커미션을 챙길 수 있다. 이 모든 것들이 K진의 소도시 개발에 막대한 자원이 투입되면서 실현된다. 그리고 그 이익은 기본적으로 도로가 완성된 이후 주변 부지를 매입하는 사람이 있을 때, 혹은 건설 중인 아파트를 매입하는 사람이 있을 때 최종적으로 실현된다.

그런데 K진은 대도시도 아니고 상업 중심지도 아니며 산업단지의 중심이거나 교통의 중심지도 아니다. 그렇다면 K진의 확장에서 그 토지를 구입하고 아파트를 구입하는 사람은 과연 누구인가? K진은 농업 도시로 인구 규모 역시 큰 편이 아니다(물론 아주 작은 도시는 아니며, 전체 행정구역 면적이 100제곱킬로미터 정도다). 그리고 이 지역 농민의 소득은 주로 농업활동과 임금노동에서 나온다. K진은 전통적으로 많은 농촌 인구가 외지로 나가 장기간 건축업 등에 종사했다. 농민들은 그 임금소득 덕택에 일정 수준의 현금을 보유하게 되었다. K진의 소도시 개발에서 주택을 매입하는 사람들이 바로 이들 농민이다. 그들의 소비가 있기 때문에 K진의 소도시 개발이 가능하고 다양한 집단들이 그 개발을 통해 자신들의 몫을 챙길 수 있다.

공교롭게도 외지로 나가 임금노동에 종사하는 농촌 젊은이들은 도시 삶에 대한 강한 의지가 있다. 그리고 나이가 비교적 많은 농민공들은 수중에 어느 정도의 저축이 있다. 그들은 나이가 많아 외지에서 일하는 것이 어려워지자 고향으로 돌아와 창업하려고 했다. 그러나 어디서부터 어떻게 시작해야 할지 몰랐고, 공장과 같은 대규모 사업을 벌이기에는 자금이 부족했다. 바로 그때, 고향에 새로 도로가 깔리고 그 주변에 부지가 마련되었다. 10여 년 동안 모아둔 돈으로 도로 주변의 부지를 구입해 그곳에서 장사를 하는 것은 괜찮은 선택처럼 보였다. 결국 이들이 새로 개발된 소도시의 첫 번째 입주자가 되었다.

중국의 한 농촌에 설치된 주택 광고. 전원주택을 빨리 살수록 더 좋은 며느리를 얻게 된다는 내용이다.

　젊은 농민공들은 외지에서 바깥세상을 경험했기 때문에 당연히 도시의 화려한 생활을 좋아한다. 그러나 대도시의 주택은 가격이 너무 높아서 구입할 수 없다. 물론 지방 소도시의 주택도 비싼 편이지만, 최초 계약금만 치르면 나중에 그 방법을 모색해볼 수 있다. 특히 미혼 여성은 도시에 살고 싶어한다. 그들은 도시 생활에 진입할 수 있는 빠른 길을 찾는다. 즉 혼사가 오고 갈 때 상대 남자에게 최소한 지방 소도시에 주택을 장만하라고 요구한다. 최근 몇 년 사이 K진에는 한 가지 관례가 생겼다. 소도시에 집을 사지 못한 총각은 기본적으로 맞선 볼 기회조차 없다. 평생 노총각으로 살 생각이 아니라면, 미혼 남성은 소도시에 집을 장만할 방법을 강구해야 한다. 그런데 그들이 생각할 수 있는 방법에는 한계가 있게 마련이고, 결국 소도시에 주택을 구입하는 것은 그들 부모의 몫이 된다. 부모는 저축해둔 돈이 없으면 대출을 받아서라도 주택을 사려고 한다. K진에서 주택을 구입하는 주력 집단은 대부분 신혼 가정이다. K진에는 이미 이것이 관례가 되었다. 결혼하려면 소도시에 주택을 사야 한다. 마치 예전에 신랑이 자기 집을 직접 지었던 것처럼 말이다.

누군가 집을 사면 다른 사람들도 그 분위기에 편승하게 된다. 처음 주택을 구입할 때, 대부분의 농민은 그 가격이 터무니없이 비싸다고 생각했다. 부지 한 필지에 4만~5만 위안이라니! 그런데 그 가격이 지금 10만 위안으로 올랐다. 일찍 샀다면 좋았을 것을, 늦게 사는 바람에 손해를 봤다고 생각한다. 처음 아파트가 매물로 나왔을 때, 그 가격은 제곱미터당 700위안 선이었다. 그러나 지금은 1,000위안으로 올랐다. 아파트 한 채의 면적이 120제곱미터이므로 3만~4만 위안이나 오른 것이다. 3만~4만 위안은 농민이 몇 년 동안 외지에 나가 일해야 겨우 모을 수 있는 금액이다. 결국 한 가지 결론이 주를 이루게 된다. 부지나 집을 사는 것은 투자다. 수지맞는 장사라는 것이다. 주택 가격이 계속 오를 것이므로 아들이 있는 집은 그 아들이 몇 살이든 상관없이 서둘러 집을 사둬야 한다. 어쨌든 조만간 사둬야 한다. 늦어지면 수세에 몰릴 수밖에 없고, 그러면 더욱 사기가 어려워진다. 주택 마련 자금이 부족하다면? 대출이라는 방법이 있고, 그것도 부족하면 우선 계약금을 지불한 다음, 차후에 조금씩 나머지 비용을 지불하면 된다.

물론 발 빠르게 행동했다가 손해를 본 경우도 있다. 가령 고향에 돌아온 농민공은 거리의 상가를 매입해 소득을 올리고 싶었다. 그러나 너무 많은 사람들이 도로변에 상가를 지었기 때문에, 지금은 기본적으로 영업이 불가능하고, 장사할 거리도 남아 있지 않다. 이는 다단계의 원리와 크게 다르지 않다.

게다가 농촌 주민들은 진 정부가 농촌 주택 건설을 불허한다고 이야기한다. 설사 옛 주택이 망가져 수리가 필요해도 진 정부가 허락하지 않는다는 것이다. 주택 수리도 몰래몰래 해야 하고, 발각될 경우 벌금과 처벌이 부과될 수 있다고 한다. 그런데 이는 기본적으로 불가능한 상황이다. 진 정부는 절대 농민들의 농촌 주택 건설과 수리를 금할 수 없다. 그럼에도 농민들이 이렇게 이야기하는 것은 진에 주택을 매입하겠다는 바람이 그토록 강하다는 뜻이다. K진의 농촌은 이미 오랫동안 집을 짓지 않고 있다.

이런 식으로 K진 농촌의 거의 모든 자원이 개발 지역의 주택으로 변하고 있다. 저축뿐 아니라 심지어 미래의 소득까지 저당잡히고 있다. 진에 주택을 매입하거나 집을 지은 농가들은 대부분 대출이 있거나 혹은 계약금만 지불한 상태다. 향후 몇 년 동안 정기적으로 나머지 돈을 갚아야 한다. K진의 소도시 개발은 K진의 모든 현존 자원을 유동화하는 데 성공했고, 그러고는 개발 지역 내의 새로운 주택으로 전부 침전시켰다. 그리고 그 과정에서 다양한 세력들이 자신의 '정액 지대'를 챙겼다. 장점이라고는 농민들이 마침내 도시에 살게 되었다는 것이고, 도시화의 수준이 높아졌다는 것이다.

그런데 이는 문제의 한쪽 면에 불과하다. 농민들의 저축과 미래

소득이 개발 지역의 건축물에 소비되었음에도, 실질적으로는 그들에게 이익을 가져다주지 못했을 뿐 아니라 여러 가지 심각한 문제만 안겨주었다. 그중 몇 가지만 추려보면, 다음과 같다. 첫째, 농업활동이 불편해졌다. 개발 지역에 살면서 경작지에서 멀어졌고, 이것이 농업활동에 큰 불편을 가져다주었다. 중국 농촌은 1인당 1무 남짓, 가구당 10무를 넘지 않는 소농경제를 구성하고 있다. 게다가 농가의 경작지는 많은 경우 예닐곱 이상의 곳에 흩어져 있어 그 경영 규모가 더욱 작아진다.[10] 농업생산에서 중요한 것은 얼마나 많은 노동시간을 투입하는지가 아니라 농작물을 얼마나 지속적으로 보살피는지다(예를 들어 관개라든지 방충, 제초, 비료 작업 등). 경작지가 멀리 떨어져 있다면, 제때에 농작물을 보살피거나 효과적으로 농작물을 관리하기가 힘들어진다. 경작하기가 불편해지는 것이다. 향후 30년간 중국의 소농경제는 계속 유지될 확률이 높으며, 따라서 K진의 농민들은 자신의 경작지를 떠나기가 쉽지 않다. 만약 온 가족이 개발 지역에 정착하게 된다면 K진의 농민들은 농업활동을 계속 유지하기가 어려워질 수 있다.

또 다른 문제는 소득이 줄어들게 된다는 것이다. 농가의 소득에서 텃밭 재배와 가축 사육은 중요한 부분을 차지한다. 채소를 가꾼

---

10 중국 농가의 청부 경작지는 여러 군데에 흩어져 있는 경우가 많고, 이는 줄곧 중국 농업생산의 문제점으로 지적되었다. 여기에는 여러 가지 원인이 있다. 예를 들어 최초 경작지를 나눌 때 형평성을 추구했던 것도 한 원인일 수 있다. 경작지는 수리시설이나 비옥도에 따라 산출량이 달라지게 마련이고, 이를 고려해 상대적으로 좋은 경작지를 잘게 나누게 되면 한 농가의 청부 경작지가 여기저기에 산재하는 상황이 만들어진다. 경작지가 분산되어 있으면 관리하기가 힘들어지고, 규모의 경영에도 도움이 되지 않는다.

다든지 돼지나 닭을 키우고 작은 물고기 등을 잡는 것 등이다. 농민들은 농촌 주택의 앞뒤 빈 땅을 활용한 이 부업활동을 통해 찬거리를 마련할 뿐 아니라 약간의 부수입도 올릴 수 있다. 즉 농촌에 살기 때문에 생활비가 적게 들고, 신선한 야채와 과일 등을 얻을 수 있다. 게다가 한가로운 시간에 텃밭을 가꾸는 것은 농민에게 삶의 즐거움이자 행복이다. 자연과 가까이 생활하는 것과 철근 콘크리트 건물 안에서 생활하는 것은 기본적으로 다른 느낌일 수밖에 없다. 농민들이 개발 지역에 거주하면서 차를 끌고 농촌으로 가서 채소를 가꾸고 돼지나 닭을 키우는 것은 거의 불가능하다.

새롭게 형성된 착취 구조도 심각한 문제다. 개발 지역에 거주하게 되면, 농업생산도 불편해지고 생활도 여의치 않기 때문에 K진의 농민들은 비록 개발 지역에 주택을 구입했더라도 그 주택에 거의 거주하지 않는다. 농촌 장년층과 노년층이 농업활동의 주력군이기 때문에, 그들은 대부분 농촌의 옛 주택에 남아 농업생산을 이어간다. 그들이 개발 지역에서 살고 싶지 않은 것이 아니라 개발 지역에 살면 농사짓기가 어렵기 때문이다. 그런데 젊은 사람들도 개발 지역에 살 수 없다. 왜냐하면 그들은 외지로 나가 일하기 때문이다. 농가가 인간다운 생활을 유지할 수 있는 것은 부모 세대의 장년층이 농업활동에 종사하고 자녀 세대의 청년층이 외지에서 돈을 벌기 때문이다. 이 두 가지 소득이 있기 때문에 개발 지역에서 집을 살 수 있는 것이다.

일반적으로 개발 지역의 주택은 대부분 부모가 구입한다. 그러나 그 소유권은 자녀가 갖고 자녀가 거주한다. 젊은 자녀들은 외지로 나가 일하면서 설 연휴가 되어야 비로소 개발 지역의 주택에 돌아와서 며칠 머문다. 돌아와 청소도 하고 소도시의 삶을 준비하다가 농촌의 부모님을 찾아가 함께 설을 지낸다. 그러고는 개발 지역에 며칠 더 머물다가 집을 정리한 다음, 집 문을 걸어 잠그고서 다시 외지로 일을 하러 떠난다. 다음 해에도 이 과정이 반복된다. 막대한 돈을 들여 집을 사고 내부를 장식했는데, 실제로는 거의 살아보지도 못하고 있다. 이 얼마나 막대한 자원 낭비인가?

젊은 자녀들은 혹 개발 지역에 계속 거주하더라도 경작을 할 수도 없고 하지도 않는다. 그들의 토지는 부모가 경작하고 수확하며 작황을 낸다. 부모는 자녀를 위해 새로운 주택을 구입했을 뿐 아니라, 자녀가 소도시에 살며 생활할 수 있도록 농업소득 중 일부를 떼어 그들에게 보낸다. 이런 식으로 새로운 종류의 농촌 착취 구조가 형성되고 있다.

또 다른 문제는 소도시 주민들의 계절노동이다. 많은 농민들이 개발 지역의 주택을 장만했지만, 실제로 그곳에 사는 경우는 그리 많지 않다. 그러다 보니 K진의 수천 개의 상가 중에서 실제로 문을 연 곳은 극소수에 불과하다. 장사도 신통치 않다. 한 상가 주인에 따르면, 하루 매상이 200~300위안 정도이고, 팔리는 품목도 대부분 담배와 술이다. 순이익 역시 하루 40위안을 넘지 않는다. K진은 상업 중심지도 아니고 산업 중심지도 아닌데, 모든 사람이 진에 거주한다고 해서 도시가 될 수 있겠는가? 모여 살기만 하고 산업이나 상업 등의 내용을 갖추지 못한 도시화는 '농민식 사유 모델의 도시화'에 지나지 않는다. 이러한 도시화와 허베이의 만인대촌萬人大村은 또 어떻게 다른 것일까? 다른 점은 허베이의 경우 자연기후 및 지리적 조건 때문에 농민들이 한곳에 모여 생활하게 되었고, 따라서 농업활동에 부합하는 면이 있지만, 허난성의 K진은 농민들이 소도시로 이주하는 바람에 경작을 하기가 힘들다는 것이다.

K진의 상권은 참담하기 그지없다. 농지가 많은 K진에 파종 시기가 돌아오면 젊은 사람이 모두 외지로 나간 탓에 농촌 노동력이 부족해진다. 따라서 많은 농가가 모내기를 도와줄 일손을 찾는다. 이때 K진에 거주하는 사람들이 부업 차원에서 모내기를 하러 농촌으로 향한다. 모내기를 도와주면 하루에 대략 100위안의 수입을 올릴 수 있다. 일반적으로 보름 정도 소요되므로 1,500위안 정도의 소득도 거뜬하다. 모내기가 비록 고된 일이긴 하지만 1,500위안은 K진에서 한 달 동안 장사로 벌 수 있는 것보다 더 많은 금액이다. 어쩔 수 없이 K진에 거주하는 도시 사람들이 농민들을 위해 계절노동을 한다.

이러한 상황이 더욱 암담하게 느껴지는 것은 향후 개선될 여지가 없어 보이기 때문이다. K진이 산업 중심의 도시로 발전할 가능성은 매우 낮다. 소도시 대공업의 시대는 이미 지나갔고, 향진기업鄕鎭企業의 시대도 이미 지나갔다. 현재 제조업은 시장 경쟁이 치열해서 토착기업이 성장하기가 대단히 어렵다. 투자도 기반시설이 잘 갖춰진 산업단지로 몰리고 있어 다른 지역에 있는 기존 공장이 이곳 소도시로 이전할 것 같지도 않다. 나아가 K진은 이 지역의 상업 중심 도시로 성장하기도 쉽지 않다. 주변의 다른 소도시들도 농민들에게 주택 매입의 투자 가치를 알리고 자녀의 혼사에 필요한 주택이라고 꼬드기면서 개발에 한창 열을 올리기 때문이다.

그렇다면 K진과 같은 도시화는 정부 주도에 의해, 그리고 농민들의 허구적인 소비 수요에 의해 만들어진 '번영'이라고 할 수 있으며, 따라서 본질적으로 가짜 '번영'일 수밖에 없다. K진은 소비만 가능할 뿐, 경제 기초와 소득 조건을 결여하고 있다. 이러한 도시는 지속되기 힘들다. 이러한 '번영'의 거품은 언젠가 터질 수밖에 없다.

그럼에도 많은 지방정부가 이러한 소도시 건설에 적극적으로 나서고 있다. 왜일까? 지방정부의 도시화 인식 속에서 농민식 사유 및 이론의 오류가 있다. 그러나 한 가지 분명한 사실은 지방정부의 지도자들이 엄청난 자원을 활용해 거대한 업적을 남기는 프로젝트를 자기 수중에 쥐고 있다는 점이다. 조상 대대로 전해졌고 자손 대대로 물려주어야 할 자원을 몽땅 소진해버리는 이 현존 자원의 유동화 과정에는 다양한 세력들이 '정액 지대'를 챙겨갈 수 있는 공간이 존재한다. 자원의 유량이 많을수록 가져갈 수 있는 지대가 더 많아진다. 이로 인해 불거질 문제는 결국 후임과 후대의 몫이다. 그때가 되면 지금 이 일을 추진했던 사람들은 흔적도 없이 사라진 상태일 것이다.

■ 이 글은 「중국 도시화의 염려」中國城市化之憂를 번역한 것이다. 본래는 중국 도시화의 기본 전제와 경제 발전의 청사진을 논의한 2개의 절이 더 있지만, 다른 글과 중복되는 내용이 많아 생략했다. 원문은 삼농중국 홈페이지(http://www.snzg.net)에서 확인할 수 있다. 2014년에 출판된 허쉐펑의 『도시화의 중국 모델』城市化的中國道路에도 이 글이 포함되어 있다.

'토지 재정'과 부의 재분배

중국의 토지공유제는 토지에서 비롯된 이익을 공유하는 것이기 때문에 토지 임대소득을 인정하지 않는다. 이것이 중국 토지제도의 헌법 질서이다. 20세기 부르주아 혁명과 사회주의 혁명을 거쳐 만들어진 이 성과 덕에,[1] 현재 중국 사회에서는 특정 집단이 토지를 통해 계급적 이익을 추구하는 것이 불가능하다. 그 어느 누구도 토지에 대한 소유권을 주장할 수 없으며, 동시에 자신의 노동과 전혀 상관없는 이익을 추구할 수 없다.

요소要素의 시각에서 보자면, 현재 경제 발전의 잉여 분배에 참여하는 것은 주로 네 가지다. 하나는 자본이고, 다른 하나는 노동이며, 또 다른 하나는 토지이고, 마지막 하나는 국가 권력이다. 국가 권력은 재분배 수단의 차원에서 세수의 방식으로 경제 발전의 잉여를 공

---

1 여기서 부르주아 혁명이 가리키는 것은 1950년대 초의 토지개혁이며, 사회주의 혁명이 가리키는 것은 1950년대 말 이후에 진행된 '합작사' 및 '인민공사'다. 즉 '토지개혁'을 통해 중국은 지주와 소작인의 관계를 일소했고, '합작사' 및 '인민공사'를 통해 토지공유제의 이념을 실현했다는 의미이다.

유한다. 일반적인 상황에서 국가는 국민과 상관없는 별도의 이익을 가질 수 없다. 세수를 통해 확보된 잉여는 공공재를 제공하는 데 사용되거나 재분배 과정에서 서로 다른 이익집단들의 관계를 조율하는 데 사용된다. 국가 권력은 때때로 탐관오리에 의해 부당하게 사용되기도 하지만, 탐욕과 부정을 통해 획득된 수익은 기본적으로 불법이기 때문에 경제 발전의 잉여 분배에서 고려되어서는 안 된다.

현재 중국에서 토지는 하나의 생산요소로서 경제 발전의 잉여를 분배할 때 매우 독특한 위상을 지니고 있다. 개혁개방 이후, 아니 신중국 성립 이후의 경제 발전은 중국의 독특한 토지제도에 의해 지탱되었다. 중국 모델[2]의 핵심적인 요소가 바로 토지제도다. 그런데 많은 사람들은 중국의 토지제도가 가진 장점을 제대로 파악하지 못하고 있다. 이런 인식의 전도顚倒에는 중국 특유의 토지제도가 갖는 합리성을 의식적으로 혹은 무의식적으로 부정하는 태도가 자리하고 있다. 그 내적 메커니즘에 대한 인식이 전반적으로 부족한 상황이다.

잉여를 공유하는 중국의 방식

중국 헌법과 법률에 따르면 중국의 토지는 국가와 집체의 소유다.

---

2 2000년대 중반부터 학계에서는 신중국의 발전 과정과 그 경험을 적극적으로 평가하려는 경향이 나타났고, 그 일반화의 가능성과 함께 '중국 모델'이라는 말이 사용되기 시작했다. '베이징 컨센서스' 北京共識나 '중국의 길'中國道路 등의 용어도 같은 맥락으로 이해되곤 한다. 국유기업이나 토지제도, 현능주의 등이 그 핵심적인 내용으로 자주 거론되지만, 일부에서는 이 '중국 모델'을 권위주의 국가 체제에 기초한 동아시아 발전 모델의 아류로 간주하기도 한다.

토지의 사유私有는 인정되지 않으며, 토지 용도에 대한 엄격한 관리가 실행된다. 좀 더 구체적으로 살펴보면, 중국의 토지는 크게 농업용 토지와 비농업용 토지로 나뉜다. 농업용 토지는 국유 농장과 임야, 초원을 제외하면 그 소유권이 모두 농민 집체에 있다. 집체 구성원으로서 농민은 농업용지에 대한 사용권과 경영권을 청부받는다. 집체 토지의 소유권은 양도가 불가능하지만, 경작지의 사용권은 양도할 수 있다. 그리고 농민의 주택부지나 집체의 공공사업 부지, 향진기업 부지 등을 제외하면, 비농업 용도의 건설용지는 국가가 소유한다. 농업용 토지를 비농업용 건설용지로 바꾸려면 반드시 정해진 국가의 수용 절차를 거쳐야 하는데, 이 절차를 통해 토지의 성격이 집체 소유에서 국가 소유로 바뀌고, 용도가 농업용에서 비농업 건설용으로 바뀐다. 국가의 수용 과정을 거쳐 비농업 건설용지가 만들어지면, 그 사용권이 경매를 거쳐 시장에 공급되고 토지의 시장가치가 실현된다. 정리해보면, 국가가 제한적인 양의 건설용지만 공급하기 때문에 건설용지는 희소성을 갖게 되고, 이로 인해 국가에 의해 수용된 토지가 농업용 토지보다 더 높은 시장가치를 갖게 된다. 이처럼 토지 용도에 대한 엄격한 관리 정책이 시행되기 때문에, 경제 발전의 잉여 분배에 참여하는 토지 요소는 농업용 토지와 비농업용 건설용지라는 두 가지 서로 다른 성격의 토지로 나누어 생각할 필요가 있다.

농업용 토지의 가치는 하나의 생산요소로서 농업생산에서 차지하는 역할을 가지고 생각해야 한다. 토지마다 비옥도와 생산력이 다

저장성의 한 농촌 주택과 경작지. 주택부지와 경작지 모두 해당 지역 농촌 집체의 소유이며, 개별 농가는 농업용지 사용권을 청부받아 농사짓는다. 사진 허쉐펑.

르기 때문에 농지는 서로 다른 지대地代로 거래될 수 있다. 현재 농지의 1년 지대는 일반적으로 무畝당 300위안 정도다. 광둥성廣東省과 같은 연해지역의 농지는 주로 경제 작물을 재배하기 때문에 그 가치가 1년에 무당 2,000위안까지 올라간다. 반면 중서부 지방의 경우에는 농촌 인프라 시설도 부족하고 농업생산 여건도 좋지 않기 때문에 지대가 1년에 무당 100위안 수준이다. 어떤 경우에는 농민들이 경작을 포기하기도 하며, 따라서 지대가 불필요한 경우도 있다.

현재 국가 정책은 농업세뿐 아니라 농민에 특정될 수 있는 그 어떤 비용도 모두 폐지했다. 국가와 집체는 농업활동에 종사하는 농민에게서 어떤 세비도 받지 않고 있다. 농업생산을 통해 거둔 수익은 온전히 농민의 소유다. 물론 누군가의 농지를 빌려 경작한다면, 그 토지의 청부 경영권을 가진 농민에게 임대료를 줘야 한다. 즉 국가와 집체는 농지 생산을 통해 만들어진 경제적 잉여의 분배에 전혀 참여하지 않고 있으며, 농지의 지대 수익에도 전혀 개입하지 않고 있다. 오히려 농촌의 세비 개혁에 따라 국가는 농촌에 상당한 이전지출을 지급하고 있으며, 청부 경영권을 가진 농가에 농업 보조금을 지급하고 있다.

비농업용 건설용지의 가치는 농업용 토지와 매우 다른 방식으로 형성된다. 구체적으로 보자면, 현재 중국의 비농업용 건설용지의 가치는 주로 두 가지 차원에서 비롯된다. 하나는 토지 용도의 관리다. 국가가 건설용지의 공급을 제한하고 있기 때문에 시장에서 건설용지의 희소성이 만들어지고, 그에 따라 비농업용 건설용지가 농업용지보다 더 높은 가치의 증식을 이루게 된다. 다른 하나는 지리적 위치에 따른 차액이다. 특히 경제 발전과 도시 확장이 가속화되면서 특정 위치의 건설용지가 다른 위치의 건설용지보다 더 높은 시장가치를 형성한다.

비농업용 건설용지의 가치가 이러한 두 가지 논리에 의해 형성된다고 한다면, 전자는 제도에서 비롯된 가치 증식이라 할 수 있다. 경작지 보호와 토지의 집약 및 절약이 강조되면서 건설용지의 가치 증식이 이뤄진 것이다. 이러한 토지의 가치 증식은 정책에 따라 얼마든지 달라질 수 있다. 반면 후자는 토지가 지닌 이동 불가의 자연적 속성에 따른 것이다. 토지는 기본적으로 이동이 불가능하기 때문에 공업화와 도시화의 과정에서 특정 위치의 농업용지가 우선적으로 도시화의 그림에 포함되고, 국가 수용의 가능성이 더 높아진다. 지리적

위치에 따라 경제적 기회가 달라지고, 그 결과 건설용지의 시장가치
도 달라진다.

정책적인 이유이든 아니면 자연적인 이유이든, 건설용지의 가치
증식은 기본적으로 농민의 노동과 아무런 관련이 없다. 또한 자본의
투입과도 아무런 관련이 없다. 단지 국가의 경제 발전 정책 및 경제
발전의 성과와 관련되어 있을 뿐이다. 국가의 경제 발전 정책과 경제
발전의 성과가 모든 민족 및 모든 인민이 협력해 이룬 결과라면, 이
토지의 가치 증식을 합리적으로 분배하는 것은 전체 인민의 복지를
개선한다는 것과 같은 의미다.

실제로 중국의 헌법과 법률은 농업용지가 비농업 건설용지로 바
뀔 때 반드시 국가 수용의 과정을 통해 집체 소유가 국가 소유로 바
뀌도록 규정하고 있으며, 농민에 대한 보상도 토지의 농업 용도를 기
준으로 책정하게끔 규정하고 있다. 이렇게 되면 농지가 비농업용 건
설용지로 바뀌면서 만들어지는 토지 가치의 증식은 모두 국가의 수
익이 된다. 현재 중국의 재정 및 세금 제도에 따르면, 이 국가 수익은
주로 지방정부의 몫이고, 바로 이 지방정부의 수입이 중국의 독특한
'토지 재정'土地財政을 낳게 된다.

비농업용 건설용지의 가치, 혹은 농지가 비농업용 건설용지로 바
뀜에 따른 가치 증식에 대해 몇 가지 설명이 더 필요할 것 같다. 우선
국가가 농지를 건설용지로 수용할 때, 그 목적이 언제나 상업적인 것
은 아니다. 오히려 더 많은 부분은 공업단지 조성이나 공공 프로젝트
혹은 공익사업을 위한 것이다. 공업단지의 토지 가격은 일반적으로

높은 편이 아니며, 공공 프로젝트나 공익사업을 위한 토지 역시 대부분 정부의 순수 투자다. 즉 수익이 발생하지 않는 것이다. 일부 매체에서는 농민 토지에 대한 낮은 보상과 상업적 활용에 따른 높은 토지 시세를 단순 비교하는데, 이는 지방정부가 수용하는 대부분의 농지가 사실은 공업단지 조성이나 공공 프로젝트 혹은 공익사업에 사용된다는 현실을 무시하는 처사다. 중국의 토지 정책은 농업 용도와 비농업 용도를 엄격히 구분해 관리할 뿐 아니라, 비농업 건설용지에 대해서도 그 용도를 엄격하게 관리하고 있다.

수용을 거쳐 농업용지가 비농업 건설용지, 특히 상업용 건설용지로 바뀌면 이전의 값싼 농업용지의 가치가 크게 상승한다. 무당 1만 위안도 안 되던 농업용지가 무당 수백만 위안에서 거래되는 것이다. 그러나 주의해야 할 사실은 농지이든 건설용지이든 거래되는 것은 소유권이 아니라 사용권이라는 점이다. 토지관리법에 따르면, 수용을 거쳐 상업용 건설용지가 된 토지의 사용권은 반드시 공개적인 '경매' 절차를 거쳐 토지 시장에 공급된다. 즉 '경매' 절차를 거치면서 상업용 건설용지의 시장 가격이 정해지는 것이다. 국가는 상대적으로 낮은 가격으로 농업용 토지를 수용하고(즉 농업 용도를 기준으로 토지 보상금을 책정하고), 상대적으로 높은 가격으로 상업용 건설용지를 판매한다. 이렇게 형성된 토지의 가치 증식은 국가에 귀속되며, 그중 대부분이 지방정부의 '토지 재정'으로 편성되어 '이익의 공유'를 실현하게 된다.

누군가는 이 '이익의 공유'가 불합리한 제도라고 생각한다. '이익을 공유'한다면 '손해도 공유'해야 한다는 의심이다. 그런데 이러한 의심은 성격이 완전히 다른 두 가지 토지의 가격 변화를 혼동하는 것이다. 이익의 공유가 가리키는 것은 농지가 건설용지로 바뀌면서 늘어나는 가치다. 토지 용도가 엄격하게 관리되고 건설용지의 공급이 제한적이기 때문에 비농업용 건설용지는 언제나 농업용 토지보다 가치가 높을 수밖에 없다. 토지 용도의 엄격한 관리와 토지 성격의 전환에서 만들어지는 이 가치 상승은 시장 행위가 아니라 정책 행위이며, 현재 중국의 법 질서가 만들어낸 것이다. 이 이익은 공업화 및 도시화에 따른 필연적인 결과다. 그러나 이른바 '손해'라 일컬어지는 것은 경매 이후 시장에 공급된 상업용 건설용지의 경우다. 그 사용권의 가격이 시장의 자유로운 거래를 통해 오르내리는 현상이다. 이는 정상적인 시장의 가격 변동이며, 여기서 이뤄지는 이익과 손해는 시장 주체의 몫이다. 국가와는 아무런 상관이 없다.

다시 토지 재정으로 돌아오면, 토지 재정의 주체는 지방정부이고, 토지 재정이 지방정부의 공공재정을 보충해준다. 토지 재정은 주로 도시 인프라 시설의 확충에 사용되는데, 이른바 "공공재정이 사람을 부양한다면 토지 재정은 일을 한다"라는 말이 여기에서 비롯되었다. 지방정부가 비교적 양호한 도시 인프라 시설을 확충하고 중앙정부에 대한 재정 의존도를 낮출 수 있는 것은 이 토지 재정 덕분이다. 또한 토지 재정 덕분에 중앙정부는 전체 중국을 대상으로 재정의 재분배를 실천할 수 있다. 첫째, 전국적인 인프라 시설을 건설할 수 있고, 둘째, 전략 산업을 발전시킬 수 있으며, 셋째, 사회 빈민층 특히 중서

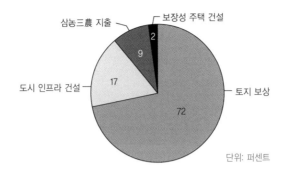

삼농三農 지출
보장성 주택 건설
2
9
도시 인프라 건설
17
토지 보상
72

단위: 퍼센트

2011년 중국 '토지 재정'의 지출 구조.
토지 보상 비용을 빼면 도시 인프라 건설 비용이 가장 크다. 중국 재정부 자료 참조.

부 지역의 수많은 농민들에게 보조금을 지원할 수 있다. 토지 재정은 국가의 공공재정을 유기적으로 구성하는 일부분으로, 재분배의 범주에 속한다. 시장市長의 개인적인 호주머니로 들어가는 몫이 아니다.

9억 4,000만 농촌 인구의 삶을 떠받치고 있는 토지

토지는 3대 생산요소 중 하나로 생산 과정에 투입되기 때문에 이로 인한 경제 발전의 성과는 마땅히 분배되어야 한다. 현재 중국의 토지는 두 가지 방식으로 생산 과정에 투입되고 있다. 우선 농업생산의 기초 수단으로 투입되고, 다음으로 건설용지의 형식으로 경제 과정에 투입된다. 앞에서 언급했던 것처럼, 중국 농지의 소유자는 농촌 집체이고, 농민들은 집체 소유 토지에 대해 청부 경영권을 가진다. 농업세가 폐지되기 전에는 농민이 농업용지를 청부받을 때 반드시 그에 상응하는 세비를 부담해야 했다. 신중국은 토지개혁을 통해 토지 권리를 골고루 나누어주었다. 농민들이 나눠 가진 토지 규모에는 큰 차이가 없었고 농가는 직접 자신의 토지를 경작했기 때문에, 토지 점유에 근거해 형성되었던 건국 이전의 착취 관계는 신중국에서 사라지게 되었다.

당시 농지가 만들어낸 잉여의 분배는 주로 세 주체를 중심으로 이뤄졌다. 하나는 농업세를 거둬들이는 국가였고, 다른 하나는 '삼제오통'三提五統[3] 등의 경작 비용을 거둬들이는 집체였으며, 셋째는 노동을 투입해 수익을 올리는 농가였다. 이른바 "국가에 충분히 납부하고 집체에 남겨주고 나서 남는 것을 자기 것으로"라는 말은 바로 이 상황을 가리킨다. 과거 토지 점유 관계가 낳았던 지대의 착취가 여기서는 보이지 않는다.

21세기 들어 농촌의 세비 개혁이 진행되면서 농업세가 폐지되었다. 그에 따라 농민들은 국가에 더 이상 충분히 납부할 필요가 없게 되었고, 집체에도 남겨줄 필요가 없게 되었다. 모든 수익이 자기 것이 되었다. 토지가 비교적 골고루 분배되었기 때문에 모든 농민들은 농업활동을 통해 수익을 거둘 수 있다. 국가와 집체는 더 이상 토지 소유자의 자격으로 농업생산에서 비롯된 이익의 분배에 참여하지 않는다. 토지 사용권이 양도된 경우가 아니라면, 청부 경영을 맡은 농가는 토지 사용에 따른 지대를 추가로 부담할 필요가 없다. 농업세가

---

3 이에 대해서는 이 책에 수록된 「농민 탄원의 실상과 '조화사회'의 역설」의 역주 16(130쪽) 참조.

폐지된 이후 국가는 오히려 농업활동에 대한 다양한 보조금을 지급하고 있다.

전체적으로 현대화의 추진과 부단한 경제 발전 속에서 농업이 중국 경제에서 차지하는 비중은 계속 낮아지고 있다. 현재 중국의 GDP에서 농업이 차지하는 비중은 간신히 10퍼센트를 넘는 정도다. 중국의 경제 성장은 주로 2차 산업 및 3차 산업에 의해 견인되고 있으며, 공업화와 도시 발전이 큰 몫을 차지하고 있다. 특히 재정 수입에서 농업이 차지하는 비중은 거의 무시해도 될 정도로 미미하다.

그런데 GDP에서 차지하는 낮은 비중과 달리, 농업은 국민경제의 기초라고 할 수 있다. 또한 식량 안보는 국가 안정의 근간이다. 농업 자체에 매우 핵심적인 기능이 존재한다. 따라서 농업 발전, 특히 식량의 안정적인 공급은 국가의 가장 기초적인 임무에 속한다. 산업적으로 취약한 농업을 어떻게 계속 발전시킬 수 있을 것인가는 국가가 반드시 중점적으로 고려해야 할 문제다. 농업 보조금을 통해 농업 발전을 꾀하는 것은 현대 국가가 일반적으로 취하고 있는 정책임을 잊어서는 안 된다.

중국은 조금 더 특수한 상황에 놓여 있다. 중국에는 호적상 9억 4,000만 명에 이르는 농촌 인구가 있고, 그중 절대다수가 여전히 농촌에서 생활하며 농업 및 토지와 긴밀한 관계를 유지하고 있다. 농업은 중국의 취약 산업이고, 농민은 중국의 취약 집단이며, 중국 농민의 수는 절대적으로 많다. 어떻게 이 방대한 농민들의 기본 소득을 보장할 것인가? 어떻게 그들의 경제적 부담을 덜어주고 이전지출을

원난성의 한 농촌에 새롭게 조성된 마을. 최근 중국은 생활 조건이 열악한 농촌 가구를 인근의 다른 지역으로 옮겨 생활 편의를 제공하려 한다. 이른바 '역지부빈'易地扶貧이라 일컬어지는 정책인데, 이러한 사업은 모두 중앙정부의 재정적 지원 속에 이뤄지고 있다. 사진 허쉐펑.

통해 그들을 보조할 것인가? 현재 중국은 매년 1조 위안이 넘는 재정을 농업과 농민을 지원하는 데 쓰고 있다. 이는 현재 중국이 초보적으로나마 공업화를 실현하여 공업이 농업을 부양하게 하고 도시가 농촌을 지원하게 하고 있음을 보여주는 증거다.

바꿔 말하자면, 현재 중국의 토지제도에서는 토지 소유자인 국가와 집체가 토지 요소라는 명분을 내세워 잉여 생산의 분배에 참여하지 않고 있다. 그리고 농민들은 비교적 고르게 토지를 점유하고 있기 때문에(토지 청부 경영권을 가지고 있기 때문에), 비교적 고르게 농지 수익을 거둔다. 농업은 취약 산업이고 농민은 취약 집단이며 경제구조는 이미 상공업 중심으로 바뀌어 있다. 그렇다면 이러한 토지제도는 국가 차원에서 이뤄지는 재분배 제도의 한 부분으로 간주되어야 한다. 현재 농민에게 다양한 보조금을 주는 것도 국가의 재분배 차원에서 이해해야 한다.

국가 재정 수입을 확보하는 통로

국가가 재분배 정책을 실천하려면 분배할 자원이 있어야 한다. 새로운 세기에 국가가 농업세를 폐지한 것은 정책 조정을 통해 농민들이 더 많은 농업 수익을 가져가도록 하기 위한 것이다. 그런데 그렇게 할 수 있었던 것은 중국의 공업화가 단계적 성과를 냈기 때문이다. 중국 경제구조의 중심이 상공업으로 옮겨가고 국가 재정 수입이 주로 도시에서 비롯되면서, 농업세가 국가 재정 수입에서 차지하는 비중은 현저히 줄어들었다.

국가가 매년 수조 위안에 달하는 자금을 농촌에 지원하는 것도 재정 재분배에서 중요한 부분을 차지한다. 바로 이 재정 재분배 덕분에 취약한 농업과 농민이 공공재정의 수혜를 받게 되었고, 경제 발전의 성과를 나눠 가질 수 있게 되었다. 엄청난 규모의 농민과 점점 심화되는 도농의 격차 속에서, 국가가 어떻게 공업이 농업을 부양하고 도시가 농촌을 지원하는 재정 정책을 마련해 도시와 농촌의 공동 발전을 이룰 것인지, 그리고 이를 토대로 어떻게 중국 현대화의 지속가능한 기초를 마련할 것인지는 여전히 미완성된 임무다.

국가가 재정 재분배를 하려면 먼저 재정 수입을 확보할 능력을 갖춰야 한다. 현재 국가의 재정 수입에서 가장 중요한 부분을 차지하는 것은 두 가지다. 하나는 공공재정, 곧 상공업 분야에서의 세수다. 다른 하나는 토지 재정인데, 지방정부가 토지를 팔아 거둔 수입이다. 현재 중국의 재정 체제에서는 중앙정부가 핵심 세수 항목을 대부분 차지하고 있다.[4] 공공재정에서 중앙정부의 세수가 차지하는 비중이 절반을 넘는다. 지방정부의 공공재정은 주로 주민 생활의 필요를 채우는 데 사용된다. 따라서 만약 어떤 일을 벌이고 싶다면 토지 재정에 의지할 수밖에 없다. 전국 대부분의 지방 도시에서 토지 재정 수입의 규모는 공공재정의 그것과 거의 차이가 나지 않는다. 지방정부에 토지 재정 수입이 있기 때문에 비교적 양호한 도시 인프라를 건설할 수 있고, 도시 관리와 경제 발전을 추진할 수 있다. 만약 토지 재정 수입이 없으면, 지방 도시의 인프라 건설은 중앙 재정의 힘을 빌려야 하거나, 혹은 지금의 공공재정 체제에서 중앙의 비중을 낮춰야 한다.

어떤 의미에서는 토지 재정이 있기 때문에 중앙의 공공재정이 전국적인 인프라 건설을 추진할 수 있다고 볼 수 있다. 지역 간 재정 재분배를 추진할 수도 있고, 9억 명의 농민에게 이전지출을 제공할 수도 있으며, 국방 건설과 전략 산업의 육성, 국가의 중장기 전략을 추진할

---

4 1990년대 초만 하더라도 중국 중앙정부의 재정 수입은 전체 재정 수입의 4분의 1 정도에 불과했다. 1994년 중국은 중앙정부의 재정을 강화하기 위해 재원을 기준으로 국세와 지방세를 나누는 분세제分稅制 개혁을 단행했다. 핵심 대상은 증치세增値稅, 곧 부가가치세였는데, 분세제 개혁으로 중앙정부는 전체 증치세의 4분의 3을 가져가게 되었다.

수 있는 것도 이 토지 재정이 있기 때문이다. 중국처럼 대일통大一統의 전통이 살아 있고 인구가 많으며 지역 간의 격차가 큰 개발도상국가에게는 이 토지 재정이 더할 나위 없이 중요하다.

노동과 상관없는 토지 이익집단을 저지해야

문제는 토지 재정의 원천이다. 앞에서 언급했던 것처럼, 토지 재정은 지방정부가 토지를 매각해 거둔 수입이다. 지방정부는 낮은 가격으로 농민의 토지를 수용해 높은 가격에 팔고, 이를 통해 토지 재정의 수입을 만들어낸다. 그런데 이미 보았던 것처럼 지방정부가 낮은 비용으로 높은 수익을 낼 수 있는 데에는 두 가지 이유가 있다.

첫째, 토지의 용도 관리와 경작지 보호를 위한 국가의 건설용지 공급 제한 때문이다. 둘째, 도시 발전에 따른 특정 위치 토지의 가치 증식 때문이다. 이 두 가지 모두 해당 지역 농민의 노동과는 아무런 상관이 없다. 단지 토지의 정책적 성격(토지의 용도 관리와 건설용지 공급의 제한)과 토지의 자연적 성격(토지의 이동 불가)이 관련될 뿐이다. 만약 토지가 완전히 사유화된다면, 그래서 토지의 용도 변경에 따른 가치 증식분이 모두 특정 위치에 자리한 농민 개인에게 돌아간다면, 그 농민(주로 경제 발달 지역과 대도시 근교에 거주하는 농민)은 농지가 건설용지로 바뀌는 과정에서 거액의 토지 이익을 챙길 수 있다. 그렇게 되면, 전체 중국 농민의 5퍼센트에 불과한 도시 근교 농민이 농지의 건설용지 변환 과정에서 벼락부자가 될 것이고, 이는 엄청난 토지 수익을 가져가는 지대소득 계층의 탄생을 의미한다. 이 계층이 벌어들일 수 있는 지대 수입이 바로 현재 각급 지방정부가 토지 재정을 통해 획득하고 있는 수입이다.

만약 중국의 토지제도를 고쳐서 현재의 제도적 기본 질서를 뒤집고 지방정부의 토지 재정을 없애버린다면, 토지 수입은 주로 특정 위치의 청부 경영권을 획득한 농가에 돌아갈 것이고, 그러면 토지의 용도 변경에 따른 이익은 설사 농민에게 돌아가더라도, 그 농민 앞에는 "전체 농민의 5퍼센트에 불과한 도시 근교 농민"이라는 수식어가 붙어야 한다. 이 5퍼센트의 도시 근교 농민이 차지한 토지 수익은 어마어마하기 때문에, 그들은 너무나 쉽게 백만장자, 아니 천만장자가 될 수 있다. 결국 노동과 상관없이 토지를 활용해 막대한 지대를 챙기는 계층이 생기는 것이다.

일단 지대소득 계층이 생기고, 그들이 자신의 지위를 이용해 거액의 이익을 추구하기 시작하면, 현재 중국에서 매우 중요한 역할을 담당하고 있는 토지 재정이 붕괴하고 만다. 지방정부의 토지 재정이 붕괴하면, 중앙은 지방의 인프라 건설을 지원해야 하고, 더 많은 중앙 재정을 지방을 위해 사용해야 한다. 그 결과는 전국 단위의 인프라 건설과 지역의 균형 발전, 농민 지원, 그리고 전략 산업의 발전이 차질을 빚게 되는 것이다.

거시적으로 보면, 이전에는 중국 경제 발전의 잉여 분배에서 주로 자본과 노동, 국가가 참여했다. 그중에서 국가는 재분배를 통해서로 다른 이익집단들의 관계를 조정하기 때문에, 현재 중국의 경제 발전 성과를 나누는 두 축은 자본과 노동이라고 해도 과언이 아니다. 그런데 이제는 여기에 도시 근교의 토지 이익집단을 추가해야 한다. 그들은 수는 적지만 이익 분배에는 그 누구에게도 뒤처지지 않는다.

만약 토지 이익집단이 경제 발전의 잉여 분배에 참여하게 된다면, 중국의 현 발전 단계를 고려할 때 이는 심각한 재앙으로 이어질 수 있다. 현재 중국은 대단히 빠른 공업화와 도시화를 경험하고 있으며, 그 대단히 빠른 공업화와 도시화가 더 많은 농지의 건설용지 전환을 재촉하고 있다. 농지의 건설용지 전환에서 비롯된 수익이 해당 지역의 청부 경영권을 가진 농민에게 고스란히 돌아간다면, 중국은 얼마 안 되어 엄청난 규모(9억 농민의 5퍼센트에 불과하지만 그 수치는 수천만 명에 이른다)의 토지 이익집단을 양산하게 된다. 이 토지 이익집단은 청부 토지가 자리한 특정 위치의 덕을 보았을 뿐이다. 그들은 어떤 노동도 지불하지 않았고 어떤 노력도 하지 않았으며 어떤 위험도 부담하지 않았다. 엄청난 수익만 챙겼을 뿐이다.

방대한 토지 이익집단이 중국 경제 발전의 잉여를 나눠 갖게 되면, 애시당초 얼마 되지 않았던 자본과 노동의 수익이 줄어들고 만다. 자본은 전 지구적인 환경에서 매우 높은 유동성을 보이며, 어떻게 해서든 평균 이윤을 확보하려 든다. 토지 이익집단이 경제 발전의 잉여를 나눠 갖는 순간, 자본의 이익은 잠식될 것이고, 따라서 자본은 다른 곳으로 흘러갈 수밖에 없다. 결국 토지 이익집단이 형성되면 가장 먼저 수익이 줄어드는 쪽은 노동인 것이다. 이는 노동과 상관없이 형성된 토지 이익집단이 노동의 대가로 만들어진 수익 공간을 잠식한 결과다. 중국 사회의 소득 구조가 더욱 불공평해질 것이고, 경제 발전 역시 지속되기가 힘들어질 것이다.

개혁개방 이후 중국 경제가 놀랄 만한 성취를 낼 수 있었던 것은 중국의 독특한 토지제도 덕분이다. 이 제도가 있었기에 중국에는 지금까지 대규모 토지 이익집단이 양산되지 않았다. 경제 발전 및 도시 확장에 따른 농지의 건설용지 전환과 그 가치 증가는 대부분 지방정부의 토지 재정 수입이 되었고, 최종적으로 국가 재정의 주요 항목이 되어 국가 발전 전략과 서로 다른 이익 주체들 간의 관계 조정에 사용되었다. 즉 재분배의 한 방식이 된 것이다. 나아가 중국 경제가 자본에 이윤 추구의 공간을 열어줄 수 있었고, 노동이 기본적인 소득을 확보할 수 있었으며, 세계 무대에서 중국 경제가 경쟁력을 가질 수 있었다. 이 모든 것이 중국의 토지제도 덕분이었다. 이 토지제도가 중국이라고 하는, 세계에서 가장 큰 개발도상국가에게 빠른 경제 성장과 도시화의 가능성을 열어주었다. 중국의 독특한 토지제도가 있었기에, 그리고 그로 인해 지대소득 집단이 형성될 수 없었기에 중국은 빠른 경제 성장을 도모할 수 있었다. 중국의 토지제도, 특히 토지 수용 제도가 중국 모델의 핵심에 자리하고 있다.

부르주아 혁명과 사회주의 혁명의 성과

중국의 독특한 토지제도는 20세기 부르주아 혁명과 사회주의 혁명의 중요한 성과다. 민주주의 혁명을 통해 중국은 비교적 철저히 토지개혁을 이룰 수 있었고, 토지 권리를 골고루 나눠주어 농민에 대한 지주의 착취를 일소할 수 있었다. 농민 착취의 소작료를 집중시켜 공업화 건설을 추진했고, 이를 통해 중국은 사회주의 건설 단계에서 빛나는 성과를 거두었으며 개혁개방을 위한 초석을 마련했다. 건국 이후의 합작화 및 인민공사 운동은 사회주의 혁명에서 핵심적인 부분에 속한다. 그중에서도 가장 중요한 성과는 토지사유제를 폐지하여 중화인민공화국의 토지를 모두 공유로 바꾸었다는 것이다. 국가와 집체가 그 공유의 주체가 되었다. 토지사유제를 폐지함으로써 소작료를 없앴을 뿐만 아니라 쑨원孫文이 제창했던 위대한 이상, 곧 '토지 이익의 산출과 토지 이익의 공유'地盡其利 地利共享를 실현할 수 있는 기초를 마련했다.

현재 중국 토지제도의 뚜렷한 특징은 특권적인 토지 귀족 집단을 양산하지 않는다는 점이다. 그 어느 누구도 자신이 소유한 토지를 가지고 다른 사람을 착취할 수 없다. 아무런 수고 없이 수익을 챙기는 지대소득 계층이 형성될 수 없다. 토지개혁을 핵심으로 하는 토지 권리의 균등화와, 합작화와 인민공사를 바탕으로 하는 집체 토지제도와 그 기초 위에 형성된 건설용지의 국유화가 이것을 가능하게 했다. 농지의 건설용지 전환에서 만들어지는 가치 증식은 국가가 독점하므로 그 수익을 바탕으로 사회주의 현대화 건설을 추진할 수 있다.

토지공유제와 토지 이익의 공유, 지대소득 계층의 억지가 중국 토지제도의 헌법 질서이고, 20세기 중국 부르주아 혁명과 사회주의 혁명의 중요한 성과다. 그 덕택에 현재 중국에서는 토지에 기초한 특권 집단이 하나의 계급으로 등장하지 못하고 있으며, 그 어느 누구도 특정 위치의 토지가 자기 것이라 외치지 못하고 있고, 노동과 상관없는 특수한 이익을 주장하지 못하고 있다. 만약 철저한 부르주아 혁명과 사회주의 혁명이 없었다면 인도의 경우처럼 토지 이익집단이 나타날 수밖에 없었을 것이다. 개인이 토지 소유권을 가진다면, 토지 소유자는 곳곳에서 자신이 누려야 할 특권을 요구할 것이 분명하다. 만약 국가가 이러한 이익을 취소한다면, 토지 이익집단은 격렬히 저항할 것이다. 혹 토지 이익집단의 격렬한 저항을 국가가 진압하게 되면, 그것은 혁명을 촉발하게 된다. 현재 인도의 경제 발전에서 가장 큰 걸림돌 중 하나가 방대한 토지 이익집단이다. 그 봉건성이 자본주의의 발전을 방해하고 있다. 라틴아메리카에서도 상황은 마찬가지다. 서구 부르주아 혁명의 임무 중 하나는 바로 봉건귀족 가운데 토지 이익집단을 해체하는 것이었다.

부르주아 혁명과 사회주의 혁명을 통해 중국은 토지 이익집단을 일소했다. 이것이 바로 두 번의 중국 혁명이 일군 중요한 성과다. 중국의 헌법 질서 속에 이 점이 분명히 나타나 있다. 중국 경제가 발전할 수 있었던 힘도 바로 여기에서 찾아야 한다. 그런데 이해하기 힘든 점은 이미 사라진 이 토지 이익집단을 다시 만들어내려는 목소리가 현재 중국 내에서 커지고 있다는 것이다. 더 이해하기 힘든 점은 이 요구가 중국 농민이라고 하는 취약 집단의 이익을 대변하는 것처럼 제시된다는 것이다. 이러한 목소리들은 국가의 지원을 기다리는 95퍼센트의 농민을 의도적으로 언급하지 않고 있다. 이 95퍼센트의 농민과 특정 위치에 거주하는 5퍼센트의 지대소득 농민을 동일시해서는 안 된다. 중국 사회주의 혁명의 성과를 지켜내려면 현재 중국의 기본적인 토지제도와 헌법 질서를 수호하는 데서 출발해야 한다.

■ 이 글은「중국 토지제도의 헌법 질서」中國土地制度的憲法秩序를 번역한 것이다. 본래는 별도의 제목 없이 6개의 절로 구성되어 있었으나 내용과 편폭을 고려해 5개의 절로 편집했다. 절 제목도 옮긴이가 추가한 것이다. 원문은 삼농중국 홈페이지(http://www.snzg.net)에서 확인할 수 있다. 이 글에서 주로 논의되는 대상은 '토지 재정'이다. '토지 재정'은 지방정부가 토지를 활용해 재정을 확충하는 방식을 가리킨다. 일반적으로 토지 수용의 과정에서 실현되는데, 지방정부는 가능한 한 낮은 가격으로 농촌 집체 소유의 토지를 수용하려 하고, 가능한 한 높은 가격으로 그 토지를 시장에 공급하려 한다. 그 과정에서 생기는 차익을 지방정부의 재정에 편입시키는 것이다. 최근에는 지방정부가 별도의 융자 플랫폼을 만들어 토지 재정을 실현하는 방식이 적극 활용되고 있다.

성중촌과 판자촌 개발의 대가

다양한 이유들로 인해 중국의 도시에는 성중촌城中村과 판자촌棚戶區이 곳곳에 형성되어 있다. 성중촌이나 판자촌은 분명 질서정연하고 웅장한 그 주변의 현대식 건물과 어울리지 않는 면이 있다. 게다가 성중촌 안에는 많은 불법 구조물이 세워져 있고 건물과 건물 사이의 간격도 지나치게 좁아 심각한 안전사고가 우려된다. 판자촌의 자그마한 주택들도 상태가 안 좋기는 마찬가지여서 거주지로서 부적절하고 기본적인 도시 인프라 시설 역시 결여하고 있다. 그런데 이 성중촌과 판자촌이 어떤 경우에는 도심 내 노른자위에 자리하곤 한다. 어수선한 환경과 무질서한 건물들이 도시 미관을 해칠 뿐 아니라 도시의 중요한 토지자원을 낭비하고 있는 것이다. 이 때문에 중국의 새로운 지도부는 판자촌과 성중촌의 개발을 핵심적인 사안으로 제기하고 있다. 이 도시의 병폐를 없애기로 결심한 것이다.

그런데 다른 국가의 상황을 보면, 성중촌과 판자촌은 어느 국가에나 있는 보편적인 현상이다. 정부가 이를 반드시 개조하겠다고 나서는 경우도 매우 드물다. 개발도상국으로 한정해보면, 거의 모든 개발도상국의 대도시에 대규모 빈민굴이 형성되어 있다. 선진국 이탈리아의 로마 같은 대도시에도 옛 도심 안에는 건물들이 무질서하게 섞여 있고 인프라 시설 역시 노후하다. 중국의 여느 대도시와 견주어 보았을 때, 심하면 심했지 결코 덜하지 않다. 태국은 한때 중국보다 경제적으로 발전한 국가였지만, 태국의 수도 방콕은 질서정연한 이미지와 거리가 멀었다. 개발도상국이든 선진국이든, 도시에 건물들이 그처럼 무질서하게 들어선 데에는 두 가지 이유가 있다.

하나는 역사적인 원인인데, 재산권 문제로 인해 개발하기가 쉽지 않기 때문이다. 타이완 역시 이와 비슷한 상황이다. 타이베이臺北의 도시 개발은 대단히 곤란하다고 알려져 있다. 다른 하나는 경제 발전의 수준이다. 개발도상국의 도시 빈민굴이 여기에 속하는데, 그곳에 거주하는 사람들은 소득이 적기 때문에 제대로 된 거주지를 확보하기가 어렵다. 정부 역시 재정 부족으로 모든 도시 이주민들에게 좋은 거주지를 제공해주지 못한다.

현재 중국의 상황도 이 두 가지 이유와 관련되어 있다. 성중촌은 역사가 남겨놓은 문제이고, 이는 경제 발전의 수준과도 관련되어 있다. 이 두 가지 이유가 여전히 남아 있는 한, 중국이 성중촌과 판자촌을 개발해 빈민굴 없는 도시, 그리고 질서정연하고 훌륭한 도시를 건설하겠다는 계획은 그리 쉽지 않을 수 있다.

성중촌과 판자촌은 빈민굴인가

그런데 중국의 상황은 여타 국가와 다른 부분이 또 있다. 우선 성중촌과 판자촌을 빈민굴과 동일시해서는 안 된다. 성중촌이 나타나게 된 것은 도시가 빠르게 발전하면서 일부 농민의 토지가 국유 토지로 채 수용되기 전에 도시가 그 농촌 토지를 에워쌌기 때문이다. 즉 국유 토지 중간에 농민 집체 토지가 남게 된 것이다. 이렇게 형성된 성중촌의 농민들은 자신들의 주택부지에 다량의 합법적인 혹은 불법적인 건물을 지어 다른 도시 거주자에게 임대하고 있다. 도시 한복판에 위치하고 있어 성중촌의 임대 수익은 상당한 편이다. 거의 모든 성중촌 농민들은 큰 수고 없이 소득을 올릴 수 있는 임대사업자들이다. 그렇다면 성중촌에 살고 있는 농민을 소득이 없고 생활환경이 열악한, 사회보장 혜택이 거의 없는 빈민굴의 주민과 동일시해서는 안 된다. 오히려 성중촌에 살고 있는 임차인 중에는 평범한 직장과 불안정한 소득, 불완전한 사회보장을 가진 이가 적지 않다. 그런데 이 임차인들도 대부분 도시로 이주한 농민공이다. 고향 농촌에 자신의 집을 가지고 있을 뿐만 아니라 청부받은 경작지도 있다. 그들은 결코 성중촌을 자기 집이라 생각하지 않는다. 성중촌에 임대료를 내고 거주하는 것은 단지 근처에서 일자리를 구하기가 편리하기 때문이다. 그 일자리 때문에 성중촌에 거주하는 것이다. 따라서 그들은 나이가 들면 고향 농촌으로 돌아갈 수 있다. 겉으로 보기에는 성중촌이 개발도상국의 빈민굴처럼 보이겠지만, 사실은 그 내용이 같지 않다. 나아가 외관상으로도 성중촌의 인프라 시설은 일반적인 개발도상국의 빈민굴과 확연히 구별된다.

판자촌은 특정 역사 시기, 특히 국유기업의 개혁이 있기 전 복지 차원에서 주택을 제공하던 시기[1]에 형성되었다. 판자촌의 주택들은 일반적으로 상태가 안 좋고 인프라 시설이 부족하며 계획 자체가 비합리적이다. 건물 높이도 매우 낮고 거주 공간도 협소하다. 그럼에도 판자촌의 집들은 여전히 한 가구가 사는 곳이다. 다른 개발도상국의 경우처럼 집이 없어 천막을 치고 임시로 거주하는 빈민굴과는 다른 것이다.

만약 성중촌과 판자촌을 개발하고자 한다면, 무엇보다 그 주택의 재산권을 가진 주민들에게 보상을 해주어야 한다. 성중촌도 그렇고 판자촌도 그렇지만, 그곳의 집들은 무질서하게 지어졌기 때문에 합법적인 혹은 불법적인 건축 면적이 놀라울 정도에 이른다. 특히 성중촌 농민들은 이 합법적인 혹은 불법적인 건축물을 통해 상당한 임대 수입을 올리고 있다. 만약 지금 이 지역을 개발한다면, 그들에게 그 임대 수입까지 보상해줘야 한다. 어떤 기준으로 보상해야 할까? 보상 기준을 높일 수도 있겠지만, 그러면 그럴수록 더 많은 보상을 요구하는 '알박기' 가구가 나오게 마련이다. 결과적으로 성중촌과 판자

---

1 개혁개방 이전의 도시 노동자들은 '단웨이'單位, 곧 직장으로부터 복지 차원의 주택을 제공받았다. 물론 임대료가 있었지만, 매우 적어서 거의 무상이라 해도 과언이 아니었다. 그런데 이러한 주택 공급 시스템은 재원이 마련되기 전에는 주택 공급을 늘릴 수 없는 한계가 있었다. 최초의 주택 공급이 추가적인 주택 공급으로 이어져야 하는데, '단웨이'의 주택 공급은 일회성 사업에 그치고 말았던 것이다. 결국 개혁개방 이전의 도시 노동자들은 만성적인 주택난에 시달려야 했고, 주택 환경 역시 열악할 수밖에 없었다.

촌의 개발은 어떤 경우이든 국가의 막대한 재정 투입을 필요로 한다. 그리고 성중촌과 판자촌의 주민들은 그 개발 덕택에 하루아침에 벼락부자가 된다. 결국 성중촌과 판자촌의 개발이란 국가가 돈을 내서 도시 이미지를 쇄신하고 주민이 그 이익을 가져가는 과정이다. 그 과정에서 유일한 승자는 성중촌과 판자촌의 집주인뿐이다. 국가도 돈을 들여 미관을 바꾸었으니 최소한 패자는 아닐 수 있다. 그러나 한 가지 아쉬운 점은, 아니 불공평하다고 생각되는 점은 성중촌을 개발하기 훨씬 전부터 그곳 주민들은 도시 개발에 따른 이익을 충분히 누리고 있었다는 것이다. 그리고 정부가 성중촌을 개발하면, 또다시 엄청난 이익을 챙기게 된다. 어떤 노력도 기울이지 않았고 어떤 위험도 부담하지 않았는데 1,000만 위안에 달하는 이익을 가져가게 된다. 이는 불공평한 일이 아닐 수 없다. 수고 없이 받아간 그 이익은 분명 누군가가 지불한 돈이다. 국가가 그 돈을 지불했으니, 그리고 국가의 돈은 납세자가 냈을 터이니, 결국 납세자들이 성중촌 개발에 따른 비용을 감당했다고 할 수 있다. 광저우廣州 아시안게임 경기장이 있는 하이신샤촌海心沙村[2]은 본래 성중촌의 하나였는데, 광저우 정부는 이 성중촌을 개발하기 위해 40억 위안을 지불했다. 하이신샤촌의 농민들은 그 덕택에 벼락부자가 되었다.

더 중요한 사실은 이전에 성중촌에 살던 농민공들이 더 이상 임

2 　원문에는 '하이싱샤海星沙'로 되어 있으나 아시안게임이 개최되었던 곳은 '하이신샤'다. 주장珠江 가운데 위치한 모래섬으로, 지금은 공원으로 개발되어 있다.

광저우 아시안게임이 개최되었던 하이신샤. 본래는 성중촌의 하나였다.

대료가 저렴한 거주지를 찾을 수 없게 되었다는 것이다. 특히 도심에서 가까워 취업이나 장사 기회가 많았던 거주지가 사라지고 말았다. 농민공의 거주 문제를 해결하기 위해 중앙정부는 지방정부에 저렴한 임대주택을 늘리라고 요구한다. 그리고 지방정부는 변두리에 값싼 임대주택을 공급한다. 그런데 만약 농민공들이 그곳으로 이주하게 되면, 임대료는 비록 저렴할지 몰라도 일을 하기에는 대단히 불편해진다. 대부분의 임대주택에 사람이 살지 않게 된 것도 바로 이 때문이다. 도시의 농민공들은 차라리 이전의 그 더럽고 어수선하며 지저분한 성중촌에 계속 살고 싶어한다.

이런 식으로 성중촌과 판자촌을 개발하면 정부는 도시 이미지를 바꾸는 데 성공할지 몰라도 그 대가가 만만치 않다. 첫째, 상당한 돈을 지불해야 하고, 둘째, 도시 농민공들의 거주가 불안정해진다.

도시 빈민굴을 양산할 수 있는 성중촌과 판자촌 개발

성중촌 농민보다 성중촌 주택을 임차해 살고 있는 이주 농민의 수가 훨씬 많다. 그들 중에는 화이트칼라도 대단히 많다. 이들이야말로 도시가 가장 신경 써야 하는 사람들이다. 도시로 이주한 농민공들은 성중촌을 개발한다고 해서, 혹은 저렴한 임대주택을 제공받는다고 해서 도시에서 더 좋은 일자리나 더 높은 소득을 가져갈 수 있는 것이 아니다. 중국과 같은 개발도상국의 도시들은 도시로 이주한 농민들에게 안정적인 일자리와 소득을 제공해주기가 쉽지 않다. 국가 역시 그들에게 높은 수준의 사회보장 혜택을 제공해주지 못한다. 거의 모든 개발도상국에 대규모 도시 빈민굴이 형성되는 이유가 바로 여기에 있다. 중국이 일반적인 개발도상국과 다른 점은 도시로 이주한 농민공이 혹 도시 정착에 실패하더라도 고향 농촌으로 돌아갈 선택권이 있다는 것이다. 도시로 이주해서 높은 소득의 안정적인 일자리를 얻는다면 쉽게 도시에 편입될 수 있지만, 만약 빈민굴로 전락해야 한다면 중국 농민은 최소한 고향 농촌으로 돌아가는 선택을 할 수 있다. 이것이 바로 중국의 도농 이원구조가 도시 정착에 실패한 농민들을 보호하는 방식이다. 그리고 이것이 개발도상국에서 흔히 나타나는 대규모 빈민굴이 중국 도시에는 없는 이유이다.

농민공은 돈을 벌기 위해 도시로 들어온다. 돈을 많이 벌 수 있다면 도시에 정착해서 도시 주민으로 계속 살아갈 수 있다. 만약 돈을 충분히 벌지 못한다면, 고향으로 돌아가 노후를 대비할 자금을 마련해야 한다. 따라서 도시로 이주한 농민공은 상대적으로 저렴하고 근접성이 좋은 성중촌에 머무르려고 한다. 그들의 마음은 여전히 고향 농촌 마을에 남아 있다. 성중촌에서 그들은 잠시 머물러 있는 과객에 지나지 않는다. 돈을 벌기 위한 간이역이 바로 성중촌이다. 그들의 종착역은 도시에서 주택을 장만하는 것일 수도 있지만, 반대로 고향 집으로 돌아가는 것일 수도 있다.

정부가 성중촌 개발에 나서고 농민공들에게 값싼 임대주택을 제공하면서, 농민공들은 성중촌에 거주할 때 누렸던 이점, 곧 일자리를 찾고 돈을 벌기가 수월했던 부분을 잃어버리고 말았다. 변두리의 저렴한 임대주택에 거주한다는 것은 도심에서 멀어진다는 뜻이므로, 그만큼 일자리의 기회가 적어질 수밖에 없고 도시 정착의 가능성 역시 떨어질 수밖에 없다. 그들이 만약 값싼 임대주택을 도시 정착의 근거지로 삼는다면, 그래서 고향 농촌의 가족을 모두 데려와 그곳에서 함께 산다면, 그들은 도시 생활에 필요한 수입을 확보할 수 없기 때문에 극심한 빈곤에 처할 수밖에 없다. 외관은 빈민굴이 아닐지라도, 실제로는 빈민굴(곧 값싼 임대주택단지)에 사는 것과 다르지 않다. 그들의 삶에서 희망이 사라질 수 있다.

성중촌과 판자촌의 개발은 기본적으로 도시 빈민굴을 없애겠다는 의도이지만, 이는 도리어 더 심각하고 실질적인 빈민굴을 양산하게 된다. 표면적으로는 성중촌과 판자촌이 더럽고 어수선하며 지저분할지라도 그 안에는 활력이 있으며, 농민공²에게는 고향으로 돌아갈 수 있는 기회가 여전히 남아 있다. 이 때문에 중국은 개발도상국임에도 불구하고 대규모 빈민굴의 문제가 발생하지 않는 것이다. 성중촌을 개발하고 저렴한 임대주택을 공급하여 농민들의 불가역적인 도시 이주를 유도한다면(도시 정착에 실패했을 때 농촌으로 돌아갈 수 있는 기회가 없다면), 결국 중국도 다른 개발도상국처럼 도시 빈민굴의 문제를 떠안을 것이다. 그때에는 후회해도 늦다.

토지 재정을 잠식하는 성중촌과 판자촌 개발

만약 정부가 돈을 낼 필요가 없다면, 즉 상업적인 목적이 성중촌과 판자촌의 개발을 유인하게 된다면, 인프라 시설도 훌륭하고 질서정연한, 그리고 외관상으로도 아름다운 도시가 만들어질 수 있지 않을까? 도시 미관을 개선할 수도 있고 정부가 돈을 쓸 필요도 없으니, 일석이조가 아닐까? 이 가능성에 대해 조금 더 토론할 필요가 있어 보인다.

일반적으로 성중촌은 도시가 그 주위를 에워싸고 있기 때문에 도시 면적建成區³의 한 부분으로 간주된다. 따라서 성중촌의 토지는 도

---

3 도시의 행정구역 안에 이미 개발이 끝난 지역을 '젠청취'建成區라고 부른다. 중국에서 행정구역상의 도시는 관할을 의미할 뿐, 그것 자체로 도시를 의미하는 것은 아니다. 따라서 중국 도시의 행정구역 안에는 얼마든지 농촌이 포함될 수 있으며, 이로 인해 개발 면적을 뜻하는 용어가 따로 필요하게 되었다.

상하이의 판자촌. 본래 건물에 거주 공간을 추가한 흔적이 곳곳에 보이지만, 그렇다고 해서 판자촌이라 부르기에 어울리지 않는 측면이 있다. 중국 정부는 이 도시 판자촌을 개발하겠다고 공언한 상황이다.

시 원교는 말할 것도 없거니와 도시 근교보다도 시장가치가 높은 편이다. 게다가 성중촌의 건물들은 그 지역 농민들이 자신의 주택부지에 임의로 지은 것이기 때문에 간격이 촘촘하고 높이도 대부분 낮다. 즉 성중촌의 건물들은 한편으로는 무질서한 동시에 다른 한편으로는 용적률이 심각하게 낮은 것이다. 도심의 노른자위 땅이 충분히 이용되지 못하고 있다는 지적이 바로 여기에서 비롯된다.

만약 개발업체가 이 성중촌을 개발할 수 있도록 허락한다면, 그들은 성중촌 건물들을 일괄 철거한 후 새로운 건물을 지을 것이다. 철거된 곳에 상업시설을 짓는다면 큰 이익을 확보할 수 있고, 그 이익을 가지고 성중촌 농민들에게 충분히 보상해줄 수 있다. 그렇게 되면 한편으로는 성중촌의 토지 용적률이 오르고, 다른 한편으로는 이전의 더럽고 어수선하고 지저분한 건물들이 고급 주택단지나 상업단지로 바뀐다. 토지 가치가 충분히 실현되는 셈이다. 개발상들도 합리적인 이윤만 보장된다면, 성중촌 농민들에게 철거에 따른 보상을 충분히 해줄 수 있다. 아마도 성중촌 농민들은 그 덕택에 모두 벼락부자가 될 것이다. 이런 식으로 시장 논리를 도입해 성중촌과 판자촌을 개발하면, 국가는 돈을 낼 필요가 없고 정부는 좋은 도시 이미지를 가질 수 있으며 개발업체들은 이익을 얻고 철거 농민들은 벼락부자가 된다. 모두가 승자일 수 있다!

실제로 중국의 거의 모든 도시들은 이런 시장 논리에 따라 성중촌과 판자촌을 개발하고 있다. 모두 승자가 되는 방식을 취하고 있는 것이다. 현재 지방정부가 직면한 유일한 문제는 성중촌과 판자촌의 주민들이 지나치게 높은 가격을 부른다는 점이다. 알박기 가구들은 분신 위협과 같은 극단적인 방식을 써서 자신의 이익을 최대한 늘리려 한다. 그들의 결심은 지방정부의 상상을 뛰어넘곤 한다. 이 알박기 가구만 없다면, 성중촌과 판자촌 개발은 조화롭고 따뜻한, 그리고 모두가 만족하는 결과를 낳을 수 있다. 물론 앞에서도 계속 강조했지만, 그 따뜻함이란 그곳에 거주하고 있던 농민공들과 농촌 출신 화이트칼라에게는 불이익을 뜻한다.

그러나 여기서 묻고 싶은 것은 모두가 만족하는 그 구조가 정말 가능한가이다. 어느 누구도 대가를 지불하지 않았는데 모든 사람이 이익을 취한다는 것은 상식적으로 불가능하다. 단편적으로 보면, 성중촌과 판자촌의 개발은 분명 많은 사람들에게 이익을 가져다준다. 특히 성중촌의 주민들은 하루아침에 벼락부자가 될 수 있다. 그러나 전체적으로 살펴보면, 이는 지역 경제의 발전에 따른 특정 토지의 가치 상승이 일부 집단에 의해 독점되는 것과 다르지 않은 현상이다.

중국의 현행 토지제도에 따르면, 경제 발전의 필요에 따라 농지를 건설용지로 전환할 때 발생하는 수익은 모두 국가의 소유가 되어야 한다. 이것이 이른바 '늘어난 가치의 공유'漲價歸公다. 한 도시는 경제 발전 규모와 인구 증가에 따라 그에 적합한 건설용지 규모를 가져야 하고, 그에 따라 성중촌 개발 등의 방식으로 토지 용적률의 제고와 건물의 질적 향상, 새로운 상업적 가치의 창출 등을 시도해야 한다. 그런데 문제는 한 도시의 상업적 가치는 비교적 고정적이라는 사실이다. 성중촌 개발을 통해 새로운 상업적 가치가 창출된다면, 이는 다른 지역의 상업적 가치가 훼손된다는 뜻이고, 나아가 아직 실현되지 않은 그러나 분명 실현될 수 있었던 다른 지역의 상업적 가치가 훼손된다는 뜻이다. 즉 성중촌 개발은 상업적 가치를 새롭게 만들어내는 것이 아니기 때문에, 지방정부는 개발 잠재력이 있었던 도시 근교의 토지를 수용하지 못하게 되거나 혹은 연기해야 한다. 지방정부는 도시 근교의 토지를 낮은 가격으로 매입해 높은 가격으로 팔아, 막대한 토지 매각 대금을 토지 재정에 귀속시킬 수 있었다. 토지 재정 수입이 있어야 도시 인프라 건설을 지원해줄 수 있고, 그래야 중국의 도시가 유럽처럼 될 수 있다. 성중촌과 판자촌 개발이 가져간 상업 가치는 본래 지방정부가 도시 개발을 통해 획득해야 했던 토지 재정 수입이다. 바꿔 말하자면, 지방정부는 토지 재정으로 귀속시킬 수 있었던 가치를 성중촌을 개발하는 데 지불해버린 셈이다. 성중촌 주민들이 하루아침에 벼락부자가 된 것은 단순한 우연이 아니라 나름의 필연이다. 그렇다면 성중촌과 판자촌 개발을 모두가 승리하는 구조라고 불러서는 안 된다. 외관상 더럽고 어수선하고 지저분한 성중촌을 일소하는 데 지방정부가 어마어마한 대가를 지불하고 있는 것이다.

성중촌과 판자촌 개발을 서두를 이유가 없다

지금의 문제는 성중촌이나 판자촌 같은 도시의 '병폐'를 제거하기 위한 대가가 단순히 잠재적인 토지 재정 수입의 유실에 그치는 것이 아

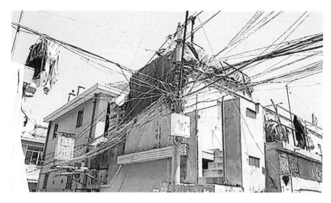

산둥성 칭다오시에서 가장 유명한 성중촌인 중한촌中韓村.
전봇대를 중심으로 복잡하게 얽혀 있는 전선줄이 위험해 보인다.

니라는 점이다. 많은 경우 상당한 재정적 지출이 뒤따르고 있다. 앞에서 언급했던 하이신샤촌 개발의 경우에도 광저우 정부는 잠재적인 토지 재정 수입을 잃었을 뿐 아니라 40억 위안의 자금을 추가로 지불해야 했다.

게다가 성중촌에 살던 농민공들은 비교적 만족스러웠던 염가의 거주지가 사라지면서 상당한 불편을 겪고 있다. 그렇다고 해서 그들이 성중촌 철거로 인해 더 많은 수익을 얻게 된 것도 아니다. 도리어 도심에서 값싼 거주지를 찾기가 어려워지면서 더 높은 소득을 벌 수 있는 기회가 줄어들고 말았다. 그들이야말로 도시 빈곤층으로 전락할 수 있으며, 실질적인 도시 빈민굴의 일원이 될 수 있다.

또한 지방정부가 성중촌이나 판자촌을 개발하면 할수록 그 주민들은 알박기 가구가 되어 더 높은 가격을 부르기에 이른다. 철거에 따른 갈등과 불만도 계속 불거질 수밖에 없다. 그들 중에는 자신이 똑똑해서 이익을 취하게 된 것인 양 뽐내는 이들도 있다.

성중촌의 건물들이 비록 조잡하기는 하지만 그렇다고 해서 모든 건물에 문제가 있는 것은 아니다. 어떤 건물은 지은 지 얼마 되지 않아서 질도 괜찮고 사람이 살기에 큰 문제가 없는 것도 있다. 그럼에도 성중촌 개발을 빌미로 그 건물들을 모두 철거한다면 그야말로 자원 낭비이고 정서적으로도 유쾌한 일이 아니다. 현재 끊임없이 옛 건물을 철거하고 새 건물을 짓고 있는데, 그에 따른 비용이 어마어마하다. 이 모든 것들이 단편적으로 문제를 파악하고 이후의 결과를 고려하지 않은 채 진행되고 있다. 호수를 만드는 것도 이익이고 호수를 메우는 것도 이익이라고 말해서는 안 된다. 시 정부를 없애는 것도 이익이고, 시 정부를 만드는 것도 이익이라고 말해서는 안 되는 것이다.

현재 중국 전역에서 유행하고 있는 성중촌과 판자촌 개발을 서둘러서는 안 된다. 국가는 성중촌과 판자촌 개발에 소요되는 자원을 더 합리적인 곳에 투입해야 한다. 중국은 개발도상국이다. 국가의 자원에는 한계가 있으며, 따라서 단 한 푼이라도 합리적이고 효과적인 곳에 써야 한다. 성중촌과 판자촌 개발 같은 이미지 개선사업에 지나치게 많은 자원을 사용해서는 안 된다.

물론 성중촌과 판자촌에 대한 관리는 지속적으로 이뤄져야 한다. 아니, 훨씬 더 엄격하게 관리되어야 한다. 불법 건축물이라면 철거해야 하고, 안전사고의 위험이 있는 곳은 미리미리 정리해야 한다. 인프라 시설도 꾸준히 확충해야 하며, 임대소득에 대해서도 높은 세금을 물려야 한다. 더럽고 어수선하고 지저분한 부분은 관리를 통해 개선해야 하고, 매춘과 도박, 마약 등이 그곳에 자리잡지 못하도록 지속적으로 관리해야 한다. 요컨대 법에 근거한 엄격한 관리가 필요하다. 불법행위가 부당한 이득을 취하지 못하도록 만들 필요가 있다.

■ 이 글은 「성중촌과 판자촌 개발에 대하여」關於城中村和棚戶區改造를 번역한 것이다. 본래는 6개의 절로 구성되어 있었는데, 여기서는 옮긴이가 4개의 절로 편집하고 제목도 수정·보완했다. 원문은 삼농중국 홈페이지(http://www.snzg.net)에서 확인할 수 있다.

토지 사유화의 신화

중국의 상황을 이해하지 못하고 농촌의 현실을 제대로 살피지 않으면, 이데올로기 논쟁에 함몰되어 상식에 가까운 사실을 놓치기 쉽다. 중국의 현실을 들여다보면, 서구 제도를 그대로 답습하는 것이 사실은 불가능하다는 것을 깨닫게 된다. 다량의 현장조사와 정책 경험이 없다면, 각종 이론과 개념으로 삼농三農 문제를 해석하는 것은 그저 방해가 될 뿐이다. 사실 지금 처해 있는 복잡한 상황은 어떤 의미에서는 오랫동안 관례처럼 해오던 방식 때문이기도 하다. 오늘날 복잡하게 얽혀 있는 삼농 문제를 해결할 때에는 외국에서 들여온 학문을 신중히 검토할 필요가 있다. 서재 속 학자들은 삼농 문제에 대해 더욱 '말을 신중히 해야' 한다.•

• 원톄쥔溫鐵軍, 「'토지 사유화'는 중국 농촌의 미래일 수 없다」'土地私有化'不是中國農村的未來方向, 『환구기업가』環球企業家, 2008년 제13기.

토지 사유화를 말하는 사람들

최근 몇 년 사이 국내외 학계와 매체는 토지 사유화의 목소리를 드높이고 있다. 학계로 한정해보면, 외국의 중국계 경제학자들이 주로 토지 사유화를 강하게 주장하고 있고, 대외적인 활동 역시 활발한 편이다. 이 중국계 경제학자들은 일반적으로 서구의 명문 대학에서 한자리 꿰차고서 자신들의 전공 영역에서 작게나마 영향력을 발휘하고 있는 사람들이다. 그들은 어느 정도 학술적 명망을 가지고 있으며, 서구 이론에도 밝고, 기탄없이 자신의 생각을 이야기할 줄 안다. 중국의 기본 제도에 대해서도 그들은 쉽게 말하곤 한다. 양샤오카이楊小凱,[1] 원관중文貫中,[2] 천즈우陳志武[3] 등이 그렇다. 그들이 토지 사유화를 주장하는 가장 큰 이유는 사유화가 효율을 높이고, 농민의 이익을 보호한다는 것이다. 그러나 효율을 높이고 농민의 이익을 보호한다는 목표 사이에는 불명확한 점이 많다. 신자유주의적 경제학의 영향 때문인지 혹은 신자유주의적 경제학의 신도이기 때문인지, 그들은 습

---

1 본명은 양시광楊曦光으로, 문화대혁명 당시 썼던 대자보 「중국은 어디로 가는가」中國向何處去로 유명하다. 1960년대 말 수감 생활을 겪기도 했으며, 출감 이후에는 중국사회과학원 등에서 수학했다. 1980년대 초 미국으로 건너가 프린스턴 대학에서 경제학 박사학위를 받았고, 이후 호주에서 학술활동을 하던 중 2004년에 세상을 떠났다.
2 미국에서 활동 중인 저명한 경제학자. 푸단復旦 대학과 시카고 대학에서 수학했으며, 현재 트리니티 대학의 교수로 재직 중이다. 초기에는 주로 인민공사와 대약진 운동을 가지고 중국의 농업생산성을 분석했지만, 최근에는 중국 현대화와 도시화에 대해 폭넓은 의견을 개진하고 있다.
3 중국 내에서 가장 유명한 경제학자 중 한 사람. 예일 대학에서 수학했으며, 금융 및 재정 방면의 전문가로 통한다. 예일대 교수로 재직 중이지만, 베이징 대학의 특임 교수도 겸하고 있다. 시장 형성에 필요한 제도적 조건이 그의 연구 주제 중 하나이며, 그 맥락에서 토지 문제에 대한 의견을 피력하곤 한다.

관적으로 '경제학의 상식에 따르면'이라는 말을 내뱉는다. 그들의 언사言辭 뒤에는 정부에 대한 강한 불신이 도사리고 있으며, 이른바 '독재정부'에 대한 반감이 드러난다. 그들은 이미 중국의 토지제도와 사회 발전에 관한 궁극의 진리를 찾은 것처럼 보인다. 혹은 서구가 진리에 도달했다고 믿는 것 같다. 그들은 새로운 자료를 더 이상 필요로 하지 않으며, 논쟁이나 변론도 필요로 하지 않는 듯 보인다. 그저 자신의 주장을 선포할 뿐이다. 그들은 극도의 도덕적 우월감과 학술적 자신감으로 중국 민중을 깊은 수렁에서 건져내려 하고 있다.

외국의 중국계 학자들이 기탄없이 이야기하는 것과 달리, 중국 내 일부 학자는 슬그머니 토지 사유화를 주장한다. 물론 공개적인 자리에서는 함축적으로 암시만 할 뿐이다. 그들은 일반적으로 토지 사유화를 직접 언급하지는 않는다. '영전제'永佃制[4]를 언급하거나 혹은 '농민에게 더 많은 권리'를 줘야 한다는 식으로 에둘러 표현할 뿐이다. 중국 내 학자들이 이처럼 토지 사유화를 에둘러 표현하는 것은 그 주장이 중화인민공화국의 헌법과 상충하기 때문이다. 중국의 헌법은 토지가 국가 혹은 집체 소유라고 명시하고 있으며 토지사유제를 인정하지 않는다. 저우치런周其仁[5]이나 당궈잉堂國英,[6] 마오위스茅于

4　항구적인 지주-소작 관계를 가리킨다. 이론적으로만 보면, 이 관계에서 지주는 임의로 소작농의 소작권을 회수하거나 소작료를 올릴 수 없고, 경작에 대한 간섭도 일절 할 수가 없다. 반면 소작농은 소작권을 거부할 수 있고, 소작권을 일종의 자산처럼 활용해 전대轉貸하거나 저당 설정을 할 수도 있다. 이러한 상황은 소유권과 사용권의 분리와 매우 비슷하기 때문에 일부에서는 중국 토지제도를 '영전제'라 부르기도 한다.

5　중국의 저명한 경제학자. 중국인민대학에서 수학했으며, 중국사회과학원 산하의 농업경제연구소에서 근무하면서 삼농 정책 연구와 인연을 맺었다. 현재 베이징 대학 교수로 재직 중이고, 토지 양

軾[7] 등이 농민에게 더 많은 권리를 줘야 한다고 주장한다. 그리고 그들 주장의 본질은 토지 사유화다.

최근에는 『재경』財經,[8] 『남방주말』南方週末,[9] 『경제관찰보』經濟觀察報[10] 같은 영향력 있는 매체들이 끊임없이 토지 사유화를 제기하고 있다. 『재경』은 「농촌토지청부법」[11]이 만들어지는 과정을 돌아보면서, "2000년 초 법률 초안을 담당했던 실무 그룹은 청부 경영권을 부분적으로나마 소유권처럼 비춰지게 하도록 요구받았고, 최종적으로 통과된 법안에서는 토지 청부 경영권이 훨씬 더 소유권에 가까워졌다"

도권 등의 제도 개혁에 심혈을 기울이고 있다.

6　중국 내 삼농 전문가 중 한 사람. 중국사회과학원에서 수학했으며, 현재 중국사회과학원 산하의 농촌발전연구소에 재직 중이다.

7　중국 내에서 자유주의 입장을 가장 잘 드러내고 있는 민간 경제학자 중 한 사람이다. 본래는 중국 사회과학원 산하의 미국연구소에 있었으나, 1990년대 초 중국사회과학원을 퇴사한 후 천칙경제연구소天則經濟研究所를 설립했다. 현재 이 연구소의 소장으로 재임 중이다. 마오위스에 대한 평가는 극과 극을 달린다. 한쪽에서는 "가장 양심적인 경제학자"라고 칭하지만, 다른 한쪽에서는 "한간"漢奸 (매국노)이라 부른다.

8　중국 내 가장 영향력 있는 경제 주간지 중 하나. 본래는 차이쉰財訊미디어그룹이 발행했지만, 지금은 중국의 대표 금융회사인 중신中信그룹이 발행을 맡고 있다. 1998년 창간 당시에는 주로 증시 관련 기사와 평론을 실었지만, 2000년 제호를 『재경』으로 바꾼 이후에는 경제 전반과 사회 이슈를 다루고 있다.

9　남방南方신문미디어그룹이 발행하는 주보週報. 광둥성 등의 화남華南 일대에서 특히 그 영향력을 발휘하고 있다. 중국 신문이나 잡지 앞에 '남방'이 붙어 있으면 같은 회사라 할 수 있는데, 가령 『남방일보』南方日報, 『남방도시보』南方都市報, 『남방인물주간』南方人物週刊 등이 그 예다. 2013년 신년사 검열을 거부하며 파업을 일으켰던 신문이 바로 『남방주말』이었다.

10　산둥山東삼련그룹이 발행하는 경제 전문 주보. 2001년 창간된 이후 중국의 대표적인 경제 신문으로 발돋움했다.

11　본래 이름은 「중화인민공화국 농촌토지청부법」中華人民共和國農村土地承包法이다. 2002년 전인대 상무위원회의 의결을 거쳐 2003년부터 시행되었다. 농촌 토지의 청부 방식과 권한, 의무 등이 담겨 있다.

라고 설명했다. "어느 학자는 이를 중국 농촌 토지의 사유화"라고도 했다. 그럼에도 저우치런은 "개혁을 철저히 하려면 토지제도 방면에서 러시아가 취한 방식을 채택해야 하고, 명확한 토지 사용권을 전제로 농민에게 자유로운 양도 권한과 판매 권한을 주어야" 한다고 주장한다.•

국내 학자와 매체만 그런 것이 아니라 중앙의 농촌 토지제도에도 비슷한 변화가 나타나고 있다. 「농촌토지청부법」이 등장한 이후 2007년 「물권법」[12]은 농민의 토지 청부 경영권을 용익물권用益物權[13]으로 규정했고, 2008년에 개최된 제17기 3중전회에서는 한 걸음 더 나아가 농촌의 "현행 토지 청부관계를 안정적으로 유지할 뿐 아니라 장구불변長久不變"이라고 규정했다. 여기서 특히 주목할 부분은 '장구불변'이라는 표현인데, 이는 이전의 '장기불변'長期不變에서 바뀐 것이다. 과거 당 중앙 문건에서는 농촌의 기본 경영제도가 '장기불변'이라고 명시했다. 중국의 기본 경영제도는 농촌 토지의 집체 소유와 가정 청부 경영이라는 기초, 통합과 분할의 이중 경영체제를 모두 가리

• 『재경』財經, 2002년 제19기의 「새로운 토지혁명」을 참조.

12　본래 명칭은 「중화인민공화국 물권법」中華人民共和國物權法이다. 2007년 제10기 전인대 5차 회의에서 통과되었고, 같은 해 10월에 시행되었다. 부동산 및 동산에 대한 귀속과 이용, 그리고 그 다양한 재산관계가 핵심 내용이다. 특히 사회주의 시장경제의 개인 재산권이 처음으로 명문화되었다는 점에서 중요한 의미를 지닌다.

13　「물권법」에 등장하는 새로운 개념 중 하나로서, 소유 여부로 규정지을 수 없는 재산권을 지칭할 때 사용된다. 즉 '용익물권'은 타인 소유에 대한 점유와 사용, 수익 권리를 뜻한다. 농촌 토지 청부 경영권이 대표적인 예인데, 농촌 경작지의 소유권은 집체에 있지만, 그 경영권과 수익권은 경작지를 청부받은 개별 농가에 귀속되어 있다.

중국의 한 지방정부가 운용하는 '농촌 토지 청부 경영권' 선전 차량. 가족이 늘어도 청부 토지의 면적은 늘지 않으며, 가족이 줄어도 청부 토지의 면적은 줄지 않는다는 문구가 쓰여 있다. 현행 청부관계가 앞으로도 계속 바뀌지 않을 것임을 강조하는 것이다.

킨다. 이 장기불변의 기본 경영제도에서 집체는 여전히 중요한 경영의 주체다. 집체 토지의 소유자로서, 토지를 통해 만들어진 수익을 가질 뿐 아니라 토지 이익을 분배하는 권리도 가진다. 그런데 구체적인 청부관계를 1984년의 중앙 1호 문건은 '15년 불변'이라 규정했고, 1994년의 중앙 문건은 그 기한을 한 번 더 연기해 '30년 불변'이라고 규정했다. 제17기 3중전회는 이 청부관계를 이전의 '15년 불변'과 '30년 불변'에서 '장구불변'으로 다시 바꾸어놓았다. 농업세도 없고 집체가 청부 농가에 어떠한 비용도 받지 않는 상황에서, 농촌 토지의 구체적인 청부관계마저 장기적인 안정으로 간다면, 이 안정은 일종의 '영구적인 소작관계'와 다르지 않다.[14] 소유자인 집체가 그 어떠한 소유권 행사 수단도 갖지 못하는 '영전제'인 것이다.

물론 제17기 3중전회는 '현행 토지 청부관계의 장구불변'을 말하는 동시에 '농촌 토지의 집체 소유제는 바뀌지 않을 것'임을 명확히 했다. 또한 '장구불변'은 정책 규정일 뿐, 법률적으로 명시된 것은 아니다. 따라서 중국 농촌 토지제도가 향후 어디로 가야 할지는 여전히 토론의 여지가 남아 있다.

이데올로기적인 영향을 고려하지 않는다면, 토지 사유화를 주장하는 핵심적인 근거는 다음의 세 가지라고 할 수 있다. 첫째, 토지 사유화가 농민의 이익을 보호하는 데 도움이 된다. 농민은 중국 사회에서 가장 약한 집단이고, 중국 혁명과 건설은 농민의 힘을 통해 이뤄졌기 때문에, 그들의 이익을 보호하는 것이 도의적으로 옳다는 것이다. 이는 윤리에 입각한 논증이라 할 수 있다. 특히 이 근거는 매체 및 일반 시민들의 지지를 얻고 있다. 둘째, 토지 사유화가 농업 효율을 제고하고 농업생산을 향상시키며 농지의 경영 규모를 확대하고 더 빨리 중국 현대화를 추진하는 데 유리하다. 이 논리는 일반적으로 경제학자들이 제기하고 있다. 셋째, 토지 사유화가 중국의 재산권 기

---

14 본래 중국 농촌 토지의 청부관계는 인구 변동을 고려해 주기적으로 조정되어야 했다. 애초에 청부관계를 설정하는 기준이 가구 구성원의 규모였으므로, 사망과 출생, 이동 등의 인구 변화가 발생하면 당연히 청부관계도 달라져야 한다. 게다가 경작지의 비옥도가 달라질 수도 있고, 주변 환경 변화에 따른 재조정의 필요도 발생할 수 있다. 그런데 이런 식의 주기적인 청부관계 조정은 개별 농가의 무책임한 경작을 조장하는 측면이 있고, 무엇보다 복잡한 이해관계가 얽혀 있어 막대한 거래비용 transaction cost을 유발했다. 중국공산당이 이 청부관계의 안정을 강조한 데에는 이러한 배경이 자리하고 있다.

초를 재조정할 수 있는 기회다. 명확한 토지 재산권이 없고 신성불가침의 사유재산이 없다면, 중국의 자유민주와 헌정 질서가 세워질 수 없고 중국 독재제도의 사회 기초가 와해될 수 없으며, 중국의 독재사회가 타도될 수 없다는 것이다. 따라서 혁명의 수준에서 토지 사유화를 실현해 새로운 제도적 기초를 만들어야 한다. 아마도 양샤오카이가 이 주장의 대표 인물일 것이다. 토지 사유화를 주장하는 경제학자 중 일부는 중국의 토지제도를 제대로 알지 못하는 것처럼 보인다. 원관중이나 천즈우가 대표적이다. 반면 다른 누군가는 일부러 모르는 척하는 것 같다. 모르는 척하면서 토지 사유화를 주장하는 경제학자들에게는 '깊은 생각'이 있는 듯하다.

필자는 토지 사유화가 농민의 이익을 보호하지 못할 뿐 아니라 농업 효율을 제고하지도 못한다고 본다. 현재 토지제도와 관련해 제기되고 있는 윤리적인 담론과 효율의 상상은 근거 없는 것이다. 모두 중국 토지제도에 대한 기본적인 상식을 결하고 있다.

발전의 관점에서 바라본 중국의 토지제도

현재 토지 문제에 대한 학계와 매체의 논의는 지나치게 낭만적이다. 마치 중국의 모든 문제가 불합리한 토지제도에서 비롯되었고, 토지 사유화가 이뤄지면 그 모든 문제가 해결될 수 있다는 식이다. 그러나 이러한 인식은 유토피아적인 전망이며, 현재 중국 토지제도가 가지는 합리성을 간과한 것이다.

무엇보다 중국의 토지제도는 중국의 발전 추세 속에서 고려되어야 한다. 근대 이후 중국의 가장 큰 임무는 멸망의 위기에서 생존을 도모하는 것이었고, 세계 여러 민족들 가운데 자립해 경제 발전과 현대화를 실현하는 것이었다. 따라서 중국의 토지제도는 중국의 현대화라는 역사적인 사명 속에서 고민되어야 한다. 중국의 경제 발전에 도움이 되는지, 그리고 중국의 발전 수준에서 적절한지를 따져야 하는 것이다.

　　현재 중국의 GDP는 세계 3위를 자랑하지만,[15] 1인당 GDP는 서구 선진국가의 10분의 1 수준에 머물고 있다. 여전히 개발도상국가에 불과하다. 농촌 인구가 도시 인구보다 여전히 많고, 도시로 이주한 농민공들도 대부분 진정한 의미의 도시 주민이라고 할 수 없다. 그들은 도시와 농촌 사이를 오가는 사람들이다.

　　장기적인 관점에서 보면, 아무리 중국의 도시화가 빠르게 추진된다 하더라도, 농촌의 인구 규모는 계속 유지될 확률이 높다. 경제 발전 수준이 여전히 낮고 수출 중심의 저부가가치 제조업이 산업의 근간을 이루는 상황(세계의 공장)에서, 취업 기회는 여전히 1차 산업과 2차 산업에 집중될 수밖에 없다. 1차 산업과 2차 산업의 이윤이 높지 않다면 3차 산업의 발전이 더디게 된다. 만약 중국의 산업구조가 크게 바뀌지 않고 경제 발전 수준 역시 현 상태를 유지한다면, 농민들의 불가역적인 도시 이주를 통해 도시화를 추진하는 것은 도시에 대

15　이 글이 발표된 것은 2010년이다. 2011년 이후 중국은 줄곧 세계 2위의 GDP를 기록하고 있다.

규모 빈민굴을 양산하는 결과를 초래할 것이다. 공통의 종교나 신앙이 부재하고 주기적으로 경기 변동이 발생할 수 있음을 고려한다면, 대규모 빈민굴의 출현은 중국 현대화에 심각한 위협이 될 수 있다. 다른 많은 개발도상국가들의 경험을 살펴보더라도 빈민굴의 삶이 중국 농촌의 삶보다 질적으로 훨씬 처진다.

현재 중국의 토지 문제는 토지 면적의 문제이거나 혹은 농업 문제가 아니다. 9억 명의 농민이 존재하는 현실에서 어떻게 그들의 기본적인 생존을 보장해줄 것인지, 어떻게 그들의 마지막 인간 존엄을 지켜줄 것인지, 어떻게 현대화의 열매를 공평하게 나눌 것인지가 농촌이 앞으로도 중국 현대화의 안전판이자 저수지로 기능할 수 있는지를 결정한다. 지금도 그렇지만 향후 오랜 시간 동안, 중국의 토지 문제와 농업 문제는 지엽적인 것이다. 핵심은 농민 문제이고 농촌 문제다. 9억 농민의 출로를 고려하지 않은 채, 그리고 도시화의 전략적 선택을 고려하지 않은 채, 단지 농업만 이야기하고 토지만 이야기하는 것은 심각한 문제가 아닐 수 없다. 차라리 동문서답에 가깝다.

빠른 경제 성장에 대한 토지제도의 기여

개혁개방 이후 중국 경제가 빠르게 발전하면서, 인프라 시설 건설 및 도시 건설도 하루가 다르게 새로워지고 있다. 그 배경에는 두 가지 비밀이 숨어 있는데, 하나는 양질의 노동력을 값싸게 제공할 수 있었다는 점이다. 이는 린이푸林毅夫[16]가 한때 강조했던, 중국의 값싼 노동력이 갖는 비교우위다. 또 다른 하나는 중국의 독특한 토지제도다. 이 두 가지는 신중국의 전반 30년이 물려준 유산이다. 허신何新[17]은 다음과 같이 말한 바 있다.

어째서 중국의 도시와 농촌이 이처럼 빠르게 만들어질 수 있었을까? 자본의 투입 양이 구미와 비교해 절대적으로 부족한 상황에서 그 발전의 속도가 일본이나 구미 등의 선진국보다 더 빠를 수 있었던 이유가 무엇일까? 모두가 동의하는 한 가지 사실은 중국 국내의 제조 단가가 싸고, 도로 등의 인프라 건설 비용이 서구보다 낮기 때문이라는 것이다. 그런데 많은 사람들은 이 염가의 비용에서 염가의 노동력, 곧 인적 자본만 생각할 뿐 토지 소유권과 관련된 토지 사용비, 즉 지대가 값싸다는 사실은 잘 인식하지 못하고 있다.

선진국에서는 토지사유제로 말미암아 토지 대금이 비교적 높게 형성된다. 따라서 인프라 건설이나 교통 건설에서 그 토지 비용, 곧 지

16 중국 내에서 가장 영향력 있는 경제학자 중 한 사람. 타이완 출신으로 시카고 대학에서 수학했다. 세계은행 부총재를 역임한 바 있으며, 현재 베이징 대학 교수로 재직 중이다. 대외적인 활동 범위도 대단히 넓어서, 중국의 전국공상련全國工商聯 부주석과 중국민간상회中國民間商會 부회장도 겸하고 있다. 주요 연구 분야는 발전경제학과 제도경제학이지만, 그 구분이 무색할 정도로 폭넓은 학술 활동을 자랑한다.
17 허신의 이력은 독특하다. 문화대혁명 시기에는 베이다황北大荒에서 생활한 것으로 알려져 있으며, 대학입학시험이 부활된 후에는 짧게나마 대학 교육도 받았던 것으로 알려져 있다. 그러나 어떠한 정규 교육과정도 제대로 마치지는 못했다. 경제학과 역사학, 철학 등을 거의 독학했다고 할 수 있는데, 그럼에도 그의 연구는 1990년대 많은 학자로부터 높은 평가를 받았다. 2000년대 들어서는 대외활동을 거의 하지 않고 있으며, 저술 출판에만 힘을 쏟고 있다. 중국공산당 지도부에도 상당한 영향력이 있었다고 알려져 있는데, 가령 "개발도상국에게 인권이란 먹고살 권리"라는 말도 그가 처음 제기했다고 한다.

대가 중국보다 훨씬 높게 나타나기 마련이다(영미 국가에서 도로 하나가 만들어지거나 혹은 도시 근교 지역에 단지를 조성하려면 반드시 토지 주인의 동의를 받아야 한다. 만약 토지 주인이 법에 근거해 그 개발에 반대하거나 혹은 지나치게 높은 가격을 부르면 도로 건설이나 단지 조성은 물거품이 될 수밖에 없다). 그런데 중국은 토지가 국유이기 때문에 공공사업을 위한 토지수용 비용이 비교적 낮은 편이고, 따라서 도시 인프라 건설이나 교통시설 건설의 비용이 상대적으로 저렴하다. 이것이 바로 근래 중국 도시와 교통시설 상황이 비교적 적은 투자로도 신속히 발전할 수 있었던 이유이다.

바꿔 말하자면, 우리는 다음과 같이 생각할 수 있다. 마오쩌둥 시대의 토지개혁이 있었기 때문에, 그리고 토지의 개인 소유가 국가 소유로 바뀌는 변화가 있었기 때문에, 오늘날 그 혜택을 누릴 수 있는 것이다. 바로 그 유산 덕분에 싼샤三峽와 가스관 건설, 남수북조南水北調 프로젝트, 고속도로, 대규모 도시 건설 등을 비교적 낮은 지대, 즉 낮은 토지 비용으로 추진할 수 있었다.

(……) 명목상으로는 집체 소유이지만 실질적으로 국유에 가까운 토지를 수용하기 때문에 염가의 가격이 가능해진다. 낮은 토지 비용은 첫 번째 5년 계획 이래 중국 도시 및 농촌이 빠르게 성장하고 공업화가 신속히 추진될 수 있었던 중요한 조건 중 하나였다. 마르크스는 한때 토지 사유권의 부정이 근대 자본주의 산업혁명의 발생 조건이라고 지적한 바 있다. 중국의 빠른 공업화도 이 사실을 증명하고 있다.•

황주후이黃祖輝[18] 역시 비슷한 지적을 내놓은 바 있다. 그는 "염가의 노동력과 염가의 토지가 중국 경제 성장의 두 가지 중요한 보너스"라고 말했다. 딩르청丁日成[19]도 "토지 문제가 매우 심각한 것은 사실이지만, 과거 28년 동안 경제 발전에 기여한 공로를 간과해서는 안 된다"라고 했다. "토지 정책을 빼고서는 과거 수십 년에 걸쳐 거둔 고속 성장을 해석할 방도가 없다. 푸둥浦東과 선전深圳 등의 도시 발전 과정이 그러한 토지의 공헌도를 명확히 반영해주고 있다."** 중국의 독특한 토지제도 때문에 중국은 비교적 낮은 비용으로도 도시 확장과 인프라 건설을 추진할 수 있었고, 아울러 경제 발전의 기본적인 조건을 마련할 수 있었다. 이것이 바로 중국 토지제도의 상식이다.

토지 사유화를 주장하는 학자들, 예컨대 저우치런은 토지의 비농업 사용을 통해 얻은 차익이 농민에게 돌아가야 한다고 주장한다. 농민 소득 증가의 주된 원천은 농업이 아니라 토지의 비농업 사용에 있다는 것이다. 나아가 그는 다음과 같이 주장한다.

● 허신何新, 「지대와 토지 사유화, 그리고 삼농 문제에 대하여」關於地租, 土地私有化及三農問題, 『삼농중국』三農中國, 후베이인민출판사湖北人民出版社, 2003년 겨울호.

18 중국 내 농촌 경제 분야의 권위자 중 한 사람. 현재 저장 대학 교수로 재직 중이며, 삼농 문제와 관련해서 폭넓은 대외활동을 펼치고 있다.

19 미국에서 활동 중인 비교적 젊은 학자. 베이징 사범대학과 일리노이 대학교(어버너-섐페인 캠퍼스)에서 수학했고, 현재 메릴랜드 대학의 교수로 재직 중이다. 도시 경제와 토지 정책이 주요 연구 분야이며, 중국 관련 연구에서도 폭넓게 활동하고 있다. 원문에는 '딩청르'丁成日로 잘못 표기되어 있다.

●● 2006년 7월 4일, 딩르청·황주후이 등의 경제 성장 및 토지제도에 대한 좌담 내용 참조, 중국경제학교육연구 사이트中國經濟學教育科研網(http://economics.cenet.org.cn/show-1545-38262-1.html).

상하이 푸둥의 1990년(위)과 2015년(아래) 모습.

농지가 산업용이나 도시 건설용으로 사용될 때 더 효율적인지를 알수 있는 가장 간단한 방법은 토지 사용 희망자의 제시 가격이 경작을 통해 거둬들이는 수익보다 많은가를 보는 것이다. 이처럼 간단한 법칙을 따를 때, 토지를 효율적으로 이용할 수 있다. 그런데 '보상'이 농지 주인이 요구하는 만큼 높아져버리면 공업화와 도시화를 해치지 않을까? 역사를 돌아볼 필요가 있다. 서구와 북미, 일본은 전세계적으로 공업화와 도시화를 가장 먼저 일군 국가들이다. 이들 국가의 토지제도는 기본적으로 개인 소유와 자유 거래, 가치에 따른 거래다. 1700년, 영국의 도시 인구가 전체 인구의 25퍼센트를 차지했던 것이 설마 '하늘 아래 모든 토지는 왕의 토지'라는 것의 결과였겠는가? 메이지 유신 이후 일본에 공업화와 도시화의 싹이 자랐는데, 설마 이것이 자유로운 토지 거래를 법률로 보장한 결과가 아니었다고 할 수 있겠는가?*

저우치런은 역사학자가 아니다. 그리고 그의 논증은 너무 어설프다. 서구의 도시화는 식민의 역사나 그들의 특수한 발전 과정과 분리해서 생각할 수 없다. 서구 역사에 대한 깊은 이해 없이 서구 선진국의 도시화 경험을 그대로 가져와서 위와 같은 방식으로 이야기하는 것은 논리적이지도 않고 설득력도 떨어진다. 유럽 역사에 대해 조

● 저우치런周其仁, 「농지 재산권과 그 수용 제도: 중국 도시화의 중대 선택」農地産權與征地制度: 中國城市化面臨的重大選擇, 『경제학계간』經濟學季刊, 2004년 제4기.

예가 깊은 차오진칭曹錦淸[20] 교수는 저우치런과 완전히 상반된 입장을 견지하고 있다.

토지 용도가 제한된 상황에서 농민에게 더 많은 토지 권리를 부여한다면, 토지의 비농업 사용을 실현하고 협상을 통해 높은 차익을 챙길 수 있는 사람은 자기 토지가 도시 주변이나 혹은 인프라 시설의 건설 계획안에 있는 농민들이다. 바꿔 말하자면, 더 많은 토지 권리를 부여한다는 것은 단지 특정 위치의 토지를 점유하고 있는 농민에게 막대한 토지 수익을 가져다준다는 의미다. 만약 토지의 비농업 사용에 따른 차익이 모두 농민에게 돌아간다면, 그리고 그 농민이 대다수 농민이 아니라 극히 제한된 수의 농민이라면, 이 극소수 농민은 자기 토지의 특수한 위치와 높은 협상 능력을 발판으로 손쉽게 백만장자 혹은 천만장자가 될 것이다. 그렇게 되면 도시 확장과 인프라 시설의 비용이 크게 올라가게 된다. 국가는 토지로부터 어떤 이익도 확보할 수 없기 때문에, 지방정부는 도시 인프라 건설을 추진할 수 있는 힘을 잃게 된다. 중앙정부 역시 농업생산에 힘쓰는 진정한 의미의 농민에게 지금과 같은 재정적 지원을 하지 못할 것이다.

간단히 말해서, 농민에게 더 많은 토지 권리를 부여한다는 것은 특정 농민에게 더 강한 토지 협상 능력을 갖게 해준다는 의미이며, 토지의 비농업 사용에 따른 차익을 더 많이 챙겨준다는 의미다. 이는

---

20 중국의 저명한 사회학자. 푸단 대학과 화동사범華東師範 대학에서 수학했으며, 현재 화동이공華東理工 대학의 교수로 재직 중이다. 특히 그가 2003년에 펴낸『황하변의 중국』黃河邊的中國은 중국의 농촌 사회를 사실적으로 묘사해서 학계로부터 상당한 반향을 이끌어냈다.

엄청난 규모의 지대소득 계층을 양산하는 결과로 이어진다. 이 계층의 이익이 공공 부문에 들어갈 자원과 대다수 농민에게 돌아갈 이전지출을 잠식하게 된다.

토지 사유화를 주장하는 사람들은 농민에게 더 많은 토지 권리를 주어야 관리들의 탐욕과 정경유착을 막을 수 있다고 말하기도 한다. 그러나 이 설명은 근거가 빈약하다. 관리들의 부정과 정경유착은 사실 토지 권리의 설정 수준과 아무런 관계가 없다. 홍콩이나 싱가포르처럼 토지 국유화를 시행하고 있는 나라나 지역을 보면, 토지 국유화 때문에 관리들의 부패가 발생하고 정경유착이 형성되는 것이 아니다. 반대로 인도나 필리핀처럼 토지가 사유화된 국가에서 관리들의 부패와 정경유착이 자주 발생한다. 따라서 토지의 비농업 사용에 있어서 토지 권리의 핵심은 2차 산업 및 3차 산업의 발전, 곧 토지의 비농업 사용이 만든 수익을 국가가 어떻게 분배할 것인가이다. 즉 국민 자산의 재분배 방식에 속하는 문제인 것이다. 토지의 비농업 사용에 따른 전체 수익이 어느 정도 한정된 상황에서, 토지를 내준 농민의 수익이 많아질수록 도시 건설은 더욱 어려워지고, 국가가 그 수익을 다른 농민에게 나눠주기가 더욱 힘들어지며, 도시화의 추진이 더욱 느려진다. 물론 토지를 내준 농민의 이익은 존중되어야 한다. 토지를 잃은 농민과 지방정부 그리고 국가 사이에 이익의 균형이 이루어져야 하고, 그 최소한의 기준은 토지를 잃어버린 농민의 기본적인 이익을 보호하는 것이다. 그러나 그렇다고 해서 방대한 지대소득 계층을 만들어내서는 안 된다.

2차·3차 산업의 발전에서 비롯되는 토지개발 수익

토지의 비농업 사용에 따른 수익은 토지의 위치와 규모에 의해 결정된다. 국가는 토지 용도를 엄격하게 관리하고 토지의 비농업 사용을 제한하지만, 2차·3차 산업의 발전은 더 많은 건설용지를 요구하기 마련이다. 이 제한된 건설용지의 수급 때문에 비농업용 토지가 더 높은 수익을 내게 된다. 바꿔 말하자면, 토지의 비농업 사용이 가져다주는 차익은 결코 정해져 있는 것이 아니다. 건설용지 시장의 수요 및 공급 상황과 밀접하게 관련되어 있다. 만약 더 많은 농지가 비농업 용도로 사용되면 건설용지 시장의 공급이 수요를 넘어섬으로써 가격은 하락하고, 비농업용 토지가 기대하던 높은 차익은 어려워진다.

국가가 농지의 비농업 사용을 제한하기 때문에, 즉 가장 엄격한 경작지 보호 정책을 실행하기 때문에 비농업용 토지가 기대 이상의 가치를 갖게 된다. 즉 대부분의 토지가 건설용지 시장에 공급되는 것을 허락하지 않기 때문에 건설용지 시장에 진입한 토지가 비싼 가격으로 팔릴 수 있는 것이다. 따라서 현재 건설용지 시장에서 거래되는 토지 가격을 기준으로 중국 토지의 전체 가격을 추산해서는 안 된다. 어떤 이는 중국에 18억 무의 경작지가 있다고 말하면서, 만약 식량 공급에 문제가 없다면, 이 18억 무의 경작지를 현재 시장에서 거래되는 가격, 즉 1무당 100만 위안으로 추산할 때 중국은 대략 1,800조 위안에 달하는 토지 자산을 가지고 있다고 주장한다. 또 어떤 이들은 이 방식으로 중국 농민의 토지 자산을 계산해, 농민들이 황금알을 낳는 거위를 가졌으면서도 걸식한다고 한탄한다. 이는 너무나 황당한 인식이 아닐 수 없다.

이러한 자산 계산 방식은 소산권방小産權房[21]의 문제에서도 나타난다. 농민이 자신의 토지에 주택을 지어 판매하면 그들의 소득이 늘어날 뿐 아니라 도시의 심각한 주택난도 해결할 수 있다는 것이다. 일석이조인 셈이다. 그런데 소산권방이 합법화되면 도시에 공급되던 주택은 더 이상 예전 가격으로 판매될 수 없다. 소산권방 역시 높은 가격을 기대하기가 어려워진다. 농민들이 시장 수요를 고려하지 않고 너나 할 것 없이 소산권방을 건설하기 시작하면, 결국 공급이 수요보다 많아질 것이고 그러면 농민들의 소산권방 건설은 부를 가져다주지 못할 뿐 아니라 도시계획 역시 심각하게 망가지고 토지는 불필요하게 낭비되고 말 것이다.

간단히 말해서, 만약 농민들이 자유롭게 토지를 비농업 용도로 사용할 수 있게 하면, 비농업용 토지가 시장의 수요를 넘어서게 되고, 그에 따라 비농업용 토지의 거래 가격이 큰 폭으로 떨어지게 된다. 비농업용 토지가 늘면서 토지 가격은 떨어지고, 비농업용 토지의 전체 가치가 대폭 하락할 수밖에 없다. 제한된 건설용지 시장 때문에

---

21 농촌 집체 소유의 토지에 지은 주택을 '소산권방'이라 부른다. 2000년대 초 베이징 등의 대도시 주택 가격이 상승하면서, 인근 농촌 집체가 자신들이 소유한 토지를 임의로 개발해 도시 거주자에게 공급한 일이 있었다. 그러나 '소산권방'은 토지수용 절차를 거치지 않기 때문에, 국가로부터 재산증명을 발급받지 못했고, 향鄕 정부가 발급하는 재산증명만 제공되었다. 이 때문에 이름 앞에 '소小'라는 단어가 붙게 된 것이다. 중국공산당은 '소산권방'을 불법으로 규정하고 있으며, 따라서 어떠한 법률상의 보호도 받을 수 없다.

허난성 신양시信陽市의 소산권방. 토지수용을 거치지 않은 주택이기 때문에 중앙정부가 아니라 진 정부가 재산권 증명을 내준다. 따라서 이것은 진정한 의미의 재산권이라고 보기 어렵다.

비교적 적은 비농업용 토지가 높은 가치를 획득할 수 있다. 소산권방의 논리도 이 맥락에서 이해되어야 할 것이다.

어쩌면 또 다른 누군가는 농민들이 자유롭게 토지 용도를 바꿀 수 있어야 한다고 주장할지 모른다. 농민이 자신의 토지를 비농업으로 사용할 수 있어야 부를 창출할 수 있고, 그런 점에서 소산권방 시장을 열어줘야 한다는 것이다. 그런데 이러한 주장은 다음의 둘 중 하나라고 할 수 있다. 토지의 시장가치를 제대로 이해하지 못했거나, 혹은 농민의 이익과 정반대되는 입장에서 이야기하는 것이다.

토지의 비농업 사용이 제한적이기 때문에(즉 단순히 위치 때문이 아니라 건설용지 시장에서 토지가 제한적으로 공급되기 때문에) 농지의 비농업용 사용이 막대한 차익을 획득할 수 있다. 그렇다면 그 차익이 토지를 수용당한 농민에게 전부 돌아가서는 안 된다. 전국의 농민 모두에게 수익이 재분배되어야 한다.

현재 농민이 자유롭게 토지를 사용할 수 있어야 한다는 목소리가 커지고 있다. 천즈우는 "만약 토지를 비농업용으로 사용했을 때 그 가치가 높게 형성된다면, 어째서 농민들의 토지를 구태여 농업 용도로 제한하는가?"라고 묻는다. 자오샤오趙曉[22]는 소산권방을 금지하는 중앙의 정책이 시민권에 대한 습격이라고 말한 적이 있다.

여기서 주목할 점은 토지에서 나오는 차익의 성질이다. 비농업용 토지의 차익이 만들어지는 과정을 살펴보면, 그 수익은 무엇보다 2차·3차 산업의 토지 수요에서 비롯된다고 할 수 있다. 2차·3차 산업이 발전하면서 더 많은 토지가 필요하게 되고, 그에 따라 막대한 자산이 창출되는 것이다. 비농업용 토지가 만들어내는 더 많은 가치와 수익이란 기본적으로 2차·3차 산업의 발전에서 비롯된다. 그렇다면 토지의 차익은 파생적인 것이지 그 자체에서 만들어낼 수 있는 것이 아니다. 2차·3차 산업의 발전이라는 가죽이 있어야 수익을 만들어낼 수 있는 구조다. 가죽이 없는데 어떻게 털이 존재할 수 있겠는가?

현재 중국에서 비농업용 토지가 만들어내는 전체 가치는 기본적으로 2차·3차 산업이 발전한 결과다. 중국에 토지가 적어서 지가가 높게 형성되는 것이 아니다. 토지가 적다는 것은 단지 표면적인 이유

---

22 중국의 비교적 젊은 경제학자. 산둥山東 대학과 베이징 대학에서 수학했으며, 현재 베이징 과기科技대학 교수로 재직 중이다.

에 불과하다. 2차·3차 산업의 발전과 그로 인해 야기되는 토지 수요가 근본적인 이유다. 누군가는 이를 왜곡하고 있다. 비농업용 토지의 공급을 늘리면 막대한 토지 자산이 만들어진다는 것이다. 그러나 이는 실제와 다른 환상에 지나지 않는다.

농민 집단의 다양한 분화

개혁개방 30년을 거치면서 중국의 농민도 분화를 겪고 있다. 지역에 따라서, 혹은 영역에 따라서 농민들이 말하는 이익이 서로 달라서 이제 농민의 이익을 하나로 말하기가 어려워졌다. 그런데 안타까운 사실은 현재 중국의 매체와 여론이 이 분화를 이해하지 못하고 있다는 점이다. 학계나 정책 담당자 역시 농민 분화에 대해 민감하게 반응하지 못하고 있다. 습관적으로 농민이라는 단일한 명칭으로 농민의 이익을 토론하고, 습관적으로 농민의 이미지를 상상하고서는 농촌 정책의 좋고 나쁨을 따지고 있다. 그 결과 농민 중에서도 상대적으로 우위에 있는 집단이 현재의 제도적 환경에서 이익을 취하고 있으며, 농민이라고 하는 사회적 약자의 이미지를 이용해 윤리적인 공감마저 얻고 있다. 상대적으로 강자라고 할 수 있는 집단의 요구가 마치 농민 대부분의 요구인 것처럼 둔갑하지만, 사실 다수 농민의 이익과 그들의 이익은 상반되는 경우가 많다.

몇 가지 예를 들어보자. 농업에 종사하는 일반적인 농가에 비해 농업 기업이나 대규모 경작의 농가는 의심할 여지없이 강자다. 그런데 매체나 정부가 관심을 보이는 이들은 대부분 농업 기업이나 대규모 경작의 농가다. 이들은 손쉽게 재정적 혹은 정치적 지지를 획득하고, 농업 부처의 칭찬을 한 몸에 받고, 더 많은 농업 보조금을 받는 혜택을 누리고 있다. 가령 1만 마리 양돈업자에 대한 보조금이라든지 혹은 2010년 중앙 1호 문건에서 언급된 대규모 경작 농가에 대한 보조금이 그렇다. 심지어 그들은 각급 전인대와 정협政協의 대표로 활동하기도 한다. 당연히 그들이 처한 상황과 일반 농가의 상황은 같지 않다. 그들이 일반 농가를 대표해서는 안 된다.

또 다른 예를 보자. 95퍼센트의 일반적인 촌락과 달리 화시촌華西村[23]과 난제촌南街村[24]은 성공적으로 공업화를 이루었다. 매체의 집중 조명을 받을 뿐 아니라 정부의 관심도 대단히 높다. 이 촌락의 지도자들은 대부분 각급 인민대표로 활동 중이며, 상당한 정책 영향력을 발휘하기도 한다. 그들은 중국 농민을 대표해 중국의 정치 협상과 정책 결정에도 참여한다. 그러나 이미 상당 수준의 공업화를 이룬 이들 농촌과 중국의 일반적인 농촌이 동일한 이익을 추구한다고 볼 수는 없다. 더구나 중국의 일반적인 농촌이 이들 농촌의 경험을 복제할 수

---

23 장쑤성江蘇省 장인시江陰市 화스진華士鎭에 있는 촌. 2000년대 초 주변의 몇몇 행정촌과 함께 개발에 나서 "산과 호수가 있는, 그리고 고속도로와 터널, 헬기장이 있는" '도시 같은 농촌'을 건설하는 데 성공했다. 특히 화시촌이 운영하는 화시華西그룹은 기본적으로 향진기업이지만, 중국 내 100대 기업에 들어갈 정도로 규모가 크다. 중국에서는 '천하제일촌天下第一村'이라는 별명으로 불린다.
24 허난성 뤄허시漯河市 린잉현臨潁縣 청관진成關鎭에 있는 촌. 교통의 요지에 있고 인근 자연경관이 좋다. 1990년대부터 집체경제의 대명사로 통했다. 난제촌이 설립한 난제촌그룹은 식품, 음료, 인쇄, 포장, 공예, 여행 등의 기업을 거느리고 있으며, 자산 규모가 30억 위안에 이른다. 중국의 많은 정치 지도자들이 방문했을 뿐 아니라, 외국 매체에도 여러 번 소개되었다.

화시촌(위)과 난제촌(아래). 화시촌 입구에는 '천하제일촌'天下第一村이라는 문구가 쓰여 있다. 난제촌은 홍색 광장이 유명한데, 마오쩌둥 입상과 양옆의 마르크스와 레닌 초상이 랜드마크이다.

있는 것도 아니다.

연해와 도시 근교의 농촌 역시 일반적인 농촌은 아니다. 중국 대부분의 농촌은 아직 2차·3차 산업이 발달하지 않아서 농업활동을 통해 대부분의 소득을 얻는다. 특히 그들에게는 토지를 수용당할 수 있는 '기회'조차 없다. 그들의 소득은 임금소득과 농업소득의 겸업에서 비롯된다. 그러나 경제적으로 발달한 지역에 위치한 농민은 그 지역의 2차·3차 산업에 종사할 기회를 잡을 수 있다. 게다가 경제적으로 발달한 지역의 농촌은 토지수용의 가능성이 높다. 토지가 수용되면 비교적 많은 보상금이 나온다. 막대한 토지 보상금이 있기 때문에, 이 지역에서는 농민과 농민 사이, 농민과 향촌 간부 사이, 농민과 지방정부 사이에 자주 충돌이 일어나고, 농민들의 대규모 탄원도 자주 발생한다. 경제적으로 발달한 지역에서 토지를 수용당한 농민은 전체 농민의 5퍼센트에 불과하지만, 이들 지역에서 발생한 군체성 사건이 농촌 군체성 사건의 50퍼센트 이상을 차지하고 있다. 격렬한 충돌의 발생 가능성 역시 다른 지역보다 높을 수밖에 없다. 결국 이들 지역이 사회 각계의 주목을 끄는 경우가 많으며, 정부 부처의 관심을 한 몸에 받기도 한다. 이들 지역 농민이 추구하는 이익과 이런 요구를 드러내는 능력은 95퍼센트의 일반 농민들을 압도한다. 안타까운 사실은 대부분의 농민들이 토지를 수용당하고 싶어 안달이 나 있다는 것이다. 중국 대다수 농민들의 이익과 연해지역이나 도시 근교 농민들의 이익은 서로 많이 다르다.

농업에 주력하는 농촌 안에서도 다양한 농민이 존재한다. 현재 중국의 농촌에는 최소한 두 종류의 농민이 있는데, 하나는 대부분의 소득을 2차·3차 산업에 의지하며 농업생산 소득을 더 이상 기대하지 않는 농민이다. 농업소득을 부수입으로 삼거나, 혹은 청부 토지를 농촌에 남겨둔 채, 온 가족이 도시로 이주해 안정적인 소득원을 마련한 '농민'들이다. 또 다른 부류는 주소득원이 여전히 농업생산이고, 가족 구성원이 농업생산에 종사하는 경우다. 가령 순수 경작 가구나 임금 소득을 부수입으로 삼는 농가가 여기에 속한다.

2차·3차 산업에서 주된 수입을 얻는 농민들은 농업소득에 그다지 관심이 없다. 그들은 농업활동을 포기한 상태이기 때문에 자신의 경작지를 다른 사람에게 빌려주는 경우가 많다. 마치 도시로 나간 부재지주와 흡사하다. 도시에 안정적인 소득이 있기 때문에, 그들은 자신의 청부 토지를 싼값에 넘기려 하지 않으며 임대소득에도 그다지 관심이 없다. 단지 자신의 토지가 그곳에 '있기'만 하면 그만이다. 그들은 자기 경작지에서 일하는 농민이 생산 편의를 위해 경작지를 개조하는 것에도 소극적인 모습을 보이곤 한다. 반면 전적으로 농사만 짓는 농민들은 매일 논밭을 오가는 수고로움을 마다하지 않는다. 그들이 바라는 것은 농업생산 조건이 개선되는 것이고, 체력적으로 노동 강도가 완화되는 것뿐이다. 바꿔 말하자면, 주로 2차·3차 산업에서 소득을 얻는 농민들은 명확한 '토지 권리'를 바라지만, 농업생산에 종사하는 농민들은 생산의 편의와 생산성의 제고를 희망한다.

소득이 주로 2차·3차 산업에서 나오는 농민들도 단일한 집단이 아니다. 한쪽에 '비농업 종사 가구'가 있다면, 다른 한쪽에 '반半 도시 이주 가구'가 있다. '비농업 종사 가구'가 가리키는 것은 이미 농촌을 떠나서 도시에 정착한 경우다. 다만 현행 토지 청부관계 때문에 여전히 청부 토지가 있고, 그런 점에서 '농민'이라고 할 수 있다. 그들은 도시에 안정적인 일자리와 소득원이 있기 때문에 토지 수입에 그다지 관심이 없다. 토지는 정말 자기 고향에 '있기'만 하면 그만이다. 그런데 '반半 도시 이주 가구'는 도시에 아직 안정적인 일자리가 없기 때문에 언제든지 도시 생활에 어려움을 겪을 수 있는 사람들이다. 인생의 모든 문턱이 항상 넘어서기 쉬운 것은 아니기에, 그들은 토지 사용권을 영구 양도해 '현금화'하려는 충동을 느끼곤 한다. 그러나 토지 사용권을 양도한다고 해서 그들이 완전히 도시에 정착할 수 있는 것은 아니다. 오히려 그들은 토지 사용권을 양도하는 바람에 도시와 농촌 그 어느 곳에서도 정착하지 못할 수 있다. 결국 '비농업 종사 가구'와 '반 도시 이주 가구'는 서로 완전히 다른 토지제도를 주장할 수 있다.

'반 도시 이주 가구'와 농업생산에 종사하는 가구도 서로 다른 이익을 이야기할 수 있다. '반 도시 이주 가구' 중에는 자신의 경작지를 마을 주민에게 임대해 경작하게 하는 경우도 있지만, 그 경작지에 나무를 심어버리는 경우도 있다. 이렇게 하면 노동력 및 관리 비용을 절약할 수 있기 때문이다. 그런데 한 가구가 나무를 심어버리면, 그 주변 토지는 경작하기가 대단히 어려워진다. 어쩔 수 없이 심어야 하는 상황이 초래될 수도 있다. 농촌에서 농사지으려던 농가가 이 때문에 농사를 포기할 수 있는 것이다.

이처럼 농민 집단이 다양하게 분화하고 있다. 농촌 정책과 제도 설계는 두루뭉술하게 이뤄져서는 안 된다. 또한 도덕적인 차원에서 추상적으로 접근해서도 안 된다. 구체적으로 어떤 농민인지, 그리고 어떤 문제인지를 처음부터 명확히 할 필요가 있다.

소농경제의 중요성

9억 명의 농민에게 농업소득이 중요한 이유가 무엇인가? 현재 중국 농민의 수입은 대부분 두 종류로 나뉜다. 하나는 농업소득이고, 다른 하나는 임금소득이다. 전국 통계를 살펴보면, 농업소득이 대략 55퍼센트를 차지하고, 임금을 비롯한 비농업활동의 소득이 45퍼센트를 차지한다. 주의해야 할 사실은 이 소득 구성이 중국 농민의 55퍼센트가 농업생산에 종사하고 45퍼센트의 농민이 비농업활동에 종사한다는 의미가 아니라는 점이다. 절대다수의 농가는 농업소득과 비농업소득을 함께 가지고 있다. 그리고 이 두 가지 소득은 대부분 농가 내부의 분업활동을 통해 이루어진다. 구체적으로 살펴보면, 현재 대부분의 농가에서 비교적 젊은 사람들은 외지로 나가 비농업활동에 종사하고 나이가 많은 사람은 농촌에 남아 농사를 짓고 있다. 농업소득이 농가의 먹고사는 문제와 일상적인 지출을 해결해주고, 임금을 비롯한 비농업소득은 다른 중요한 일을 위한 여유 자금으로 저축된다.

소농경제가 만들어내는 소득이 여전히 유효하기 때문에 농민은 임금소득을 저축할 수 있고 간신히 먹고사는 것 이상의 생활수준을 유지할 수 있다. 만약 농업소득과 비농업소득 중 어느 하나가 사라지면, 농민들은 생활의 질적 하락을 겪을 수밖에 없다. 농민들의 소농경제를 지켜주는 것이 그들의 인간다운 삶을 보장해주는 것이며, 농민들이 도시와 농촌을 자유롭게 이동할 수 있게 해주고, 자기 토지로 돌아갈 수 있는 농민들의 기본 인권을 지켜주는 것이다.

향후 긴 시간 동안 소농경제는 중국 농업의 중심으로 남아 있을 확률이 높다. '1인당 1무 남짓, 가구당 10무 남짓'의 이 소농경제를 절대 낭만적으로 이해해서는 안 된다.

결국 소농경제를 꾸려가는 농가에게 토지 권리의 문제는 허구적일 수밖에 없다. 토지 권리가 아무리 강력해지더라도 그들은 토지를 여전히 농업생산에 투입해야 한다. 중국처럼 가구당 토지 규모가 지극히 작은 상황에서는 농업생산 조건의 개선이야말로 그들이 진정으로 바라는 사안이라고 할 수 있다. 미국에서는 농장 하나의 경작지 면적이 중국의 1개 행정촌의 경작지 총면적보다 많은 것이 보통이다. 미국 농장에서라면 개인이 혼자 할 수 있는 일들이, 중국 농촌에서는 수백 농가가 함께 협의해야 하는 일이 되곤 한다. 만약 모든 농가가 완전한 토지 권리를 갖게 되면, 이 수백 농가가 협의하는 데 드는 비용이 늘어날 수밖에 없다. 관개와 배수, 기계 경작, 산림 보호, 농지 기본 건설 등을 추진하기 어려워지고, 농업생산 비용 역시 큰 폭으로 상승하게 된다. 그렇다면 중국의 소농경제 체제에서는 농가 이상의 층위, 곧 집체가 더 강한 경영 권리를 가져야 한다. 개별 가구가 '처리할 수도 없고 잘 처리할 수 없는' 일을 집체가 맡아 처리하는 것이 중국 농업에 주어진 유일한 선택지다.

■ 이 글은 「토지 사유화에 반대하며」土地不能私有化의 일부를 번역한 것이다. 본래는 4개 절로 구성되어 있는데, 여기서는 중복되는 내용을 고려해 앞의 2개 절만 번역하고 내용과 편폭을 감안해 6개 절로 재편집했다. 제목도 다시 달았다. 2010년에 출판된 『토지 권리의 논리』地權的邏輯의 마지막 부분이기도 하다. 원문은 삼농중국 홈페이지(http://www.snzg.net)에서 확인할 수 있다.

허쉐펑, 중국을 읽는 새로운 렌즈

한국 사회에서 중국에 관한 어떤 이야기들은 간혹 '친중'親中이나 '국가주의', 심지어 '반反민주'라는 평가를 듣곤 한다. 그것이 한국의 중국 연구자가 항상 조심해야 할 부분이라는 점에서는 공감하지만, 그 평가 이면에 어떤 '정답'이 자리하고 있는 것은 아닌지 의심스러울 때가 있다. 이를테면 경제 체제로서의 '시장'을 일종의 '정답'으로 정해놓고서, 중국의 사회경제적 환경과 그 '정답' 사이의 거리를 따지는 경우 말이다. 그러나 모두가 알고 있듯이, '시장'이 언제나 바람직한 결과를 가져다주는 것은 아니며, 세계 어느 국가도 완전한 형태의 '시장'을 고수하지는 않는다. 아직 '역사의 종언'을 말하기가 조심스럽다면, 체제 전환 중의 중국이 겪고 있는 변화에 조금 더 진지해질 필요가 있다. '중국'이 아니라 '중국의 경험'에 초점을 맞춰야 한다.

허쉐펑의 논의는 그런 점에서 유익할 수 있다. 물론 옮긴이 역시 그가 '중국의 특수성'을 지나치게 강조하는 것은 아닌지 묻고 싶을 때가 있다. 중언부언도 심해 보이고, 글의 구성도 뭔가 매끄럽지 못한 인상을 주기도 한다. 참고문헌도 자주 어느 한쪽에 치중되어 있어, 종합적이라기보다는 편향적으로 보일 때가 있다. 그럼에도 그의 논의는 해외 관찰자들이 보기 힘든 부분을 지적한다는 점에서 가치가 있고, 그 지적이 좀 더 일반적인 차원에서 생각해볼 수 있는 여지를 남겨준다는 점에서 중요하다.

예를 들어 허쉐펑이 계속해서 강조하는 농민공의 퇴로가 그러하다. 잘 알려진 사실이지만, 중국의 빈부 격차는 기본적으로 도시와 농촌의 격차이다. 때때로 도시 빈민이 매체의 관심을 받기도 하지만, 그들 대부분이 농촌에서 건너간 사람들임을 잊어서는 안 된다. 사실 이는 필연에 가까운데, 개혁개방 이전 중국은 90퍼센트의 인구가 농촌에 살고 있었고, 단웨이單位 및 인민공사人民公社 등의 사회조직이 도시와 농촌 간의 인구 이동을 원천적으로 막고 있었다. 이러한 상황에서 개혁개방으로 인한 기회는 도시 주민들에게 우선적으로 돌아갔고, 결과적으로 그들이 먼저 부를 쌓았다. 중국에서 빈곤 계층 혹은 사회적 약자는 어떤 식으로든 농촌과 관련된 사람들이다. 농민공이 중국 사회의 대표적인 빈곤층으로 자리할 수밖에 없다.

그렇다면 농민공에게 퇴로를 남겨주어야 한다는 것은 단순히 대규모 실업 사태를 미연에 방지해 사회 안정을 도모해야 한다는 국가 전략의 수준이 아니다. 그보다는 사회보장 체계가 아직 부족한 상황에서 시장 경쟁에서 밀려난 사람들을 어떻게 보호할 것인가의 물음으로 받아들여야 한다. 시장 경쟁에서 자본의 우위가 얼마나 유리한지는 구태여 설명할 필요가 없다. 설사 공정한 경쟁이었다 하더라도,

그 경쟁에서 밀려난 이들을 돌아보는 것은 사회의 책임이기도 하다. 허쉐펑에게 농민공의 퇴로 확보가 긴박했던 것은 농촌이 그들의 먹고사는 문제를 해결해줄 수 있는 일종의 보험이라고 보았기 때문이다. 다른 어떤 사회에서는 그 보험이 '기본 소득'의 형식일 수 있지만, 중국에서는 그 형식이 '농촌'일 수 있다.

중국 사회의 이익 갈등 역시 허쉐펑처럼 바라보면 기존의 이해와는 매우 다른 맥락을 발견할 수 있다. 현재 중국 사회에서는 시위나 연좌농성, 항의 방문, 탄원 등이 끊이지 않고 있다. 이를 보통 중국에서는 '군체성 사건'群體性事件이라 부르는데, 많은 경우 이 '군체성 사건'은 중국 인민의 권리 및 이익 수호로 해석된다. 이전까지는 중국 인민들이 국가 앞에 숨죽인 채 있었다면, 이제는 국가 앞에서 자기 이익과 권리를 주장하기 시작한 것이다.

이 변화는 기본적으로 국가의 퇴장과 관련된다. 개혁개방 이전 중국에서는 일자리와 주택, 교육, 심지어 오락까지도 모든 것이 국가의 책임 아래 있었다. 이러한 상황에서는 국가의 요구에 충실하기만 하면 생존에 필요한 수단을 모두 채울 수 있었기 때문에 구태여 자기 권리와 이익을 주장할 필요가 없었다. 그러나 그 수단들을 모두 사적으로 해결해야 한다면, 그 해결 과정에서 혹 부딪치게 되는 국가의 존재는 걸림돌일 수 있다. 어떤 경우에는 생존을 위협하는 것으로 비칠 수도 있다. 자연스럽게 국가를 향한 권리 수호의 목소리가 높아진다. 생활수단의 사적 해결, 즉 시장 기제의 형성 속에서 중국 인민의 권리의식이 자라난 배경을 찾아야 한다.

허쉐펑은 시위와 연좌농성, 항의 방문, 탄원이 모두 동질적이지 않다고 지적한다. '알박기'는 정말 말 그대로 '알박기'일 수 있으며, 시위나 연좌농성도 게임 전략에 지나지 않을 수 있다. 탄원 역시 더 많은 이익을 가져가기 위한 수단일 때가 있다. 생존 차원을 넘어선 영리행위가 '권리 수호'의 이름으로 버젓이 행해지고 있는 것이다. 이 '악성'의 '군체성 사건'을 어떻게 처리할 것인가? 내버려둘 것인가? 그렇다면 그 비용은 누가 담당할 것인가? 저지할 것인가? 그렇다면 어느 것이 '악성'이고 어느 것이 '양성'인지 누가 그리고 어떻게 판단할 것인가?

허쉐펑이 '낯익은 사회', 혹은 '향촌 사회의 거버넌스'를 가져오는 지점이 바로 이 맥락이다. 사회 구성원들이 서로서로 이름을 부를 수 있을 만큼 촘촘한 네트워크를 형성한다면 자율에 기초한 거버넌스를 상상해볼 수 있다. 이 대답이 정말 기대만큼의 결과를 낼 수 있을지 혹은 현실적으로 실행 가능한지는 여기서 중요한 문제가 아니다. 중요한 것은 '생존'의 문제가 아님에도 '권리'라는 이름으로 자행되는 영리행위가 중국 사회에만 존재하는 특수한 문제는 아니라는 점이다.

마지막으로 중국의 토지제도 역시 허쉐펑의 설명 속에서 새로운 문제의식으로 확장될 수 있다. 지난 10여 년간 중국 사회의 최대 이슈는 도시 개발이었고, 이는 도시 주민의 주택 문제와 맞물려 토지제도에 대한 성찰로 이어졌다. 핵심 쟁점은 개별 농가의 토지 소유권을 강화해야 하는가이다. 이 쟁점의 함의를 정확하게 이해하기 위해서는 중국 도시와 농촌의 토지 성격이 서로 매우 다르다는 점을 기억해야 한다.

도시 토지는 지방정부가 소유권을 갖고 그 사용권을 시장에 공급하는 반면, 농촌 토지는 해당 지역의 집체가 소유권을 갖고 집체 구성원에게 그 사용권을 청부한다. 그런데 도시 확장에 따라 도시 인근의 농촌 토지를 개발하려면, 해당 지역의 농촌 토지는 반드시 '수용'의 과정을 거쳐 소유권이 집체에서 지방정부로 먼저 양도되어야 한다. 즉 도시의 토지 시장에서 사용권을 공급할 수 있는 주체는 지방정부밖에 없는 것이다. 따라서 개별 농가의 토지 소유권을 강화한다는 것은 공급 측면에서 토지 시장에 다양한 시장 주체가 참여할 수 있도록 하겠다는 뜻과 다르지 않다.

허쉐펑은 이 주장이 중국 토지제도가 지닌 장점을 의식적으로 혹은 무의식적으로 무시한 결과라고 본다. 개별 농가의 토지 소유권을 강화하면 도시 인근에 거주하는 극소수의 농가들만 그 혜택을 본다. 또 그 혜택이 그들에게 돌아가는 것도 문제인데, 왜냐하면 그들이 혜택을 입는 데 어떤 비용도 어떤 노력도 담당하지 않았기 때문이다. 더 중요한 것은 토지 시장에 공급자가 늘어나는 순간, 지금까지 지방정부가 토지를 팔아 마련하던 일명 '토지 재정'土地財政이 와해되고 만다는 사실이다. 지방정부는 도시 인프라 건설에 필요한 재원을 마련하지 못할 것이고, 중앙정부는 지방정부의 재정을 메우느라 농촌 빈민층에 대한 지원을 줄여야 할 것이다.

그렇다면 도시개발에 의해 유인된 토지 가치의 증식은 지금처럼 '토지 재정'으로 실현해 이를 다양한 공공 부문에 사용되도록 하는 것이 훨씬 더 합리적일 수 있다. '공유'인가 '사유'인가의 해묵은 이념의 문제에 매몰될 것이 아니라 재분배 방식의 상상력을 넓히는 차원에서 다시 생각해볼 만한 문제이다.

이상에서 살펴본 허쉐펑의 중국 이해가 절대적으로 옳다거나 혹은 반드시 그래야 한다는 것은 아니다. 차라리 현상을 포착하는 다양한 렌즈 중 하나로 그 의미가 상대화되어야 한다. 그럼에도 그의 설명이 대단히 흥미로운 것은 사실이며, 나름의 설득력을 갖춘 것도 부인하기 힘들다. 더구나 허쉐펑은 중국 사회에서 상당한 영향력을 지닌 연구자이다. 농촌 문제에 관한 한 중국 최고의 전문가 중 한 사람이고, 중국 유수의 매체가 관련 사안에 대해 코멘트를 얻고자 할 때 가장 먼저 찾는 인사이기도 하다. '중국의 길'을 상대적으로 강조하는 이른바 '신좌파'들도 그에게 폭넓은 지지를 보내고 있다.

그의 글을 고르고 한국어로 옮긴 입장에서는 이런 허쉐펑의 이야기가 한국 독자들에게 잘 전달되길 바랄 뿐이다. 그리고 그 속에서 중국 사회뿐 아니라 사회 일반을 함께 토론할 수 있었으면 한다.

이 책이 나오기까지 힘써주셨던 몇몇 분들께 감사를 전하고 싶다. 허쉐펑 선생님은 생면부지임에도 번역 출판 제의에 흔쾌히 동의해주셨다. 김진공 선생님은 출판의 처음부터 마지막까지 세심한 조언을 아끼지 않으셨다. 이 지면을 빌려 두 분 선생님께 특별히 감사를 표하고 싶다. 바쁜 일정에도 일반 독자의 입장에서 원고를 읽어준 여인우 선생님께도 감사하다. 마지막으로 항상 곁에서 힘이 되어주는 아내 김보영에게 감사를 전한다.

2017년 8월 23일

김도경

찾아보기